LOUIS XVIII

ET

LES CENT-JOURS A GAND

RECUEIL DE DOCUMENTS INÉDITS

PUBLIÉS

POUR LA SOCIÉTÉ D'HISTOIRE CONTEMPORAINE

PAR

MM. ÉDOUARD ROMBERG ET ALBERT MALET

TOME I

PARIS

ALPHONSE PICARD ET FILS

LIBRAIRES DE LA SOCIÉTÉ D'HISTOIRE CONTEMPORAINE

Rue Bonaparte, 82

1898

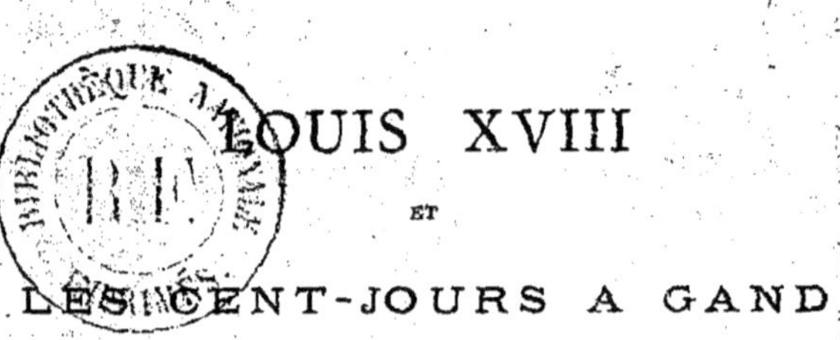

LOUIS XVIII

ET

LES CENT-JOURS A GAND

LOUIS XVIII

ET

LES CENT-JOURS A GAND

RECUEIL DE DOCUMENTS INÉDITS

PUBLIÉS

POUR LA SOCIÉTÉ D'HISTOIRE CONTEMPORAINE

PAR

MM. ÉDOUARD ROMBERG ET ALBERT MALET

TOME I

PARIS

ALPHONSE PICARD ET FILS

LIBRAIRES DE LA SOCIÉTÉ D'HISTOIRE CONTEMPORAINE

Rue Bonaparte, 82

17.

1898

EXTRAIT DU RÈGLEMENT

Art. 14. — Le Conseil désigne les ouvrages à publier et choisit les personnes auxquelles il en confiera le soin.

Il nomme pour chaque ouvrage un commissaire responsable, chargé de surveiller la publication.

Le nom de l'éditeur sera placé en tête de chaque volume.

Aucun volume ne pourra paraître sous le nom de la Société sans l'autorisation du Conseil et s'il n'est accompagné d'une déclaration du commissaire responsable, portant que le travail lui a paru digne d'être publié par la Société.

———

Le commissaire responsable soussigné déclare que l'ouvrage Louis XVIII et les Cent-jours a Gand *lui a paru digne d'être publié par la* Société d'histoire contemporaine.

Fait à Paris, le 5 avril 1898.

Signé : L. de Lanzac de Laborie.

Certifié :

Le Secrétaire de la Société d'histoire contemporaine,
Albert Malet.

INTRODUCTION

I.

Sainte-Beuve écrivait en 1869, à propos des lettres de
sir Henry Bulwer sur Talleyrand [1] : « Les mémoires par-
« ticuliers sur l'Empire n'ont point encore paru ; les con-
« temporains qui savaient ont cessé de vivre ; les fils, les
« descendants tiennent en échec jusqu'à présent les révé-
« lations posthumes. Toute cette histoire finira par sortir. »
Aujourd'hui, les scellés ont été rompus. Les délais que
les grands acteurs ou les témoins directs du drame de la
Révolution et de l'Empire avaient mis à la publication
de leurs *Souvenirs* sont tous ou presque tous périmés.
Il a surgi, de partout, des *Mémoires* moins apocryphes
que la plupart de ceux qui avaient fait naguère la fortune
des cabinets de lecture ; et grâce à la vogue qui a fait une
sorte d'article de mode de tout ce qui se rapporte à
l'époque impériale, à côté des récits de personnages qui
s'y trouvaient au premier rang, on a tiré de la poussière
les notes d'obscurs coryphées qui y figuraient à peine au
dernier. Mais ce sont les archives diplomatiques surtout,
dont le secret a été levé presque partout, après avoir été
de rigueur dans la plupart des chancelleries, qui ont

1. *Nouveaux lundis*, tome XII, p. 62.

fourni aux chercheurs les informations les plus certaines et les plus importantes sur les vingt-cinq années qui vont de la chute de la royauté jusqu'à la Restauration, quart de siècle qui a été rempli des transformations et des bouleversements les plus extraordinaires, dans l'ordre social et politique.

Les *Cent-jours* [1] furent comme le dernier acte de ce drame unique qui a Sainte-Hélène pour épilogue. Les historiens n'ont pas manqué à cette période courte mais décisive. Seulement, ils se sont attachés d'une manière presque exclusive aux événements dont Napoléon a été le héros tragique, et aux actes par lesquels il avait cherché à reconstituer l'empire en lui donnant de nouvelles bases. Les écrivains ne se sont guère occupés de Louis XVIII et de son séjour à Gand, où il avait transporté sa cour, son ministère, son esprit et ce merveilleux appétit que rien ne pouvait décourager.

Cependant, sans vouloir établir de parallèle entre la grandeur des deux théâtres et l'importance des scènes qui s'y déroulèrent en même temps, les *petits Cent-jours*, selon l'expression de Chateaubriand, ont bien aussi leur intérêt, ne fût-ce que par le changement qui fut apporté, pendant cette sorte d'interrègne, dans la direction des idées de Louis XVIII sur la politique qui convenait le mieux à la France, et sur le choix des hommes qui devaient être chargés de l'appliquer, au moins à l'origine. Le système constitutionnel n'était plus en cause : Napoléon lui-même avait reconnu, en ouvrant, le 7 juin 1815, la session du Corps législatif, que désormais le principe s'en imposait. Mais le Roi, en arrivant à Gand, ne prévoyait guère qu'il aurait à prendre comme porte-parole de sa politique M. de Chateaubriand, qui attendait, d'assez méchante humeur, à Bruxelles, le moment, peu désiré, d'aller rejoindre son poste diplomatique à Stockholm, que le roi Bernadotte n'était pas pressé non plus

---

1. En réalité, *cent onze* jours s'étaient écoulés entre le départ et le retour de Louis XVIII. L'appellation de *Cent-jours* est due à M. de Chabrol, préfet de la Seine, qui, en haranguant le Roi, à sa rentrée à Paris, lui dit : « Sire, *cent jours* se sont passés depuis que.... »

de le voir occuper. Louis XVIII songeait encore moins à recevoir en audience familière M. Guizot, envoyé auprès de lui par le parti constitutionnel, et à devoir briser avec M. de Blacas, son chevaleresque et loyal conseiller, le fidèle ami des mauvais jours, pour faire entrer dans le conseil, dès sa rentrée en France, le duc d'Otrante, qui avait voté la mort de Louis XVI.

Mais les questions de politique intérieure, subordonnées après tout à des événements encore très incertains, cédaient le pas à des préoccupations plus graves et d'un intérêt plus immédiat. Le trône pouvait échapper à Louis XVIII, même au cas où les forces alliées auraient raison du génie militaire de Napoléon. Si les puissances étaient d'accord pour abattre celui-ci, elles étaient moins décidées à repousser absolument toute autre combinaison que le retour de la branche aînée des Bourbons, si la nation française s'y montrait hostile. Non seulement l'empereur de Russie [1], mais encore le cabinet de Londres et M. de Metternich, ne se croyaient pas liés vis-à-vis de Louis XVIII, en tout état de choses.

Le Roi et la plus grande partie de son entourage se résignaient aussi non sans regret à l'idée de devoir compter uniquement sur le triomphe des armées étrangères pour

[1]. L'empereur de Russie était assez partisan de la consultation de la nation : « Vouloir ramener les Bourbons sur un trône qu'ils n'ont pas su « garder, disait-il, ce serait exposer la France et l'Europe à de nouvelles « complications dont les suites seraient incalculables. » (*Mémoires de Metternich*, I, 183.)

Dans les fameuses instructions que M. de Metternich donna à M. d'Ottenfels lors de son envoi à Bâle pour y rencontrer l'agent de Fouché, il lui déclarait que, sauf le refus de conserver Napoléon Bonaparte à la tête de son gouvernement, les puissances ne voulaient pas faire la loi à la France, et dicter son choix entre la rentrée de Louis XVIII, le duc d'Orléans et la Régence. « Si la France veut le duc d'Orléans, lui disait-il « en particulier, les puissances serviront d'intermédiaire pour engager le « Roi et sa lignée à se désister de leurs prétentions. » (*Mémoires de Metternich*, II, 515.)

« J'étais alors assez rapproché des conseils des princes étrangers, » dit le comte Beugnot (*Mémoires*, édit. 1889, p. 446), « et j'avais eu, durant mon séjour « en Allemagne, l'occasion de connaître personnellement quelques-uns de « leurs principaux ministres. Je reste persuadé que si le Sénat avait appelé « au trône une famille autre que les Bourbons, elle eût été acceptée de « l'Europe, je ne dis pas sans difficultés, mais avec une sorte de complai- « sance. »

le rétablissement du pouvoir légitime. Il y avait dans ce fait une cruelle extrémité pour toute âme française, même dans ces temps troublés où les intelligences les plus droites étaient souvent hésitantes devant la rapidité et la contradiction des événements. De là ces projets chimériques du Roi pour donner une part, même la plus infime, aux couleurs françaises dans l'action militaire contre Napoléon, et ces tentatives, difficilement excusables, ayant pour objet d'engager des troupes à l'étranger, au nom du roi de France, pour seconder les forces alliées.

Les *Mémoires* de Chateaubriand, du comte Beugnot, du chancelier Pasquier, les correspondances de Talleyrand, de Metternich et de Pozzo di Borgo, le *Journal* de Louis-Philippe d'Orléans, le *Moniteur de Gand*, organe officiel du Roi [1], et d'autres publications connues, permettent de reconstituer en grande partie l'histoire de Louis XVIII pendant les Cent-jours. Mais, indépendamment des renseignements qu'on y trouve, nous avons eu la bonne fortune de voir s'ouvrir pour nous une source abondante d'informations nouvelles. M. le duc de Blacas a bien voulu, avec la plus gracieuse libéralité, nous autoriser à faire usage des papiers réunis par son éminent aïeul, le ministre de la maison et le secrétaire intime du Roi et le dépositaire de sa correspondance politique pendant les Cent-jours. A côté des pièces en grand nombre et d'un sérieux intérêt que nous avons pu en extraire, nous avons reproduit un choix de documents diplomatiques, empruntés aux archives officielles de Londres, de Berlin et de Vienne, qui sont publiés pour la première fois. On sait que les gouvernements étrangers avaient cessé toute relation officielle avec Napoléon, et que leurs agents étaient restés accrédités auprès de Louis XVIII, que la plupart, et surtout les plus notables, avaient suivi en Belgique.

Notre historique aurait été incomplet si l'on n'y avait

---

1. Nous donnons à ce journal le titre sous lequel il est le plus généralement connu; il portait en réalité celui de *Journal universel.*

trouvé des renseignements sur l'établissement du Roi à Gand, sa manière de vivre, son entourage. Nous avons recueilli les éléments de ce récit dans les journaux et les écrits contemporains, dans les archives communales de Gand, dans certains travaux d'érudition locale, sans omettre une relation manuscrite en flamand, tenue, jour par jour, par un bourgeois de la ville [1]. On avait déjà pour ce *reportage* les révélations piquantos de Chateaubriand et du comte Beugnot. Nous avons pu y ajouter de nouveaux détails dans cette Introduction.

La Belgique fut, à toutes les époques, hospitalière aux proscrits et aux émigrés français. Réfugiés des temps de la Ligue et de la Fronde, réformés s'expatriant à la suite de la révocation de l'Édit de Nantes, jansénistes chassés de Port-Royal, pamphlétaires se mettant à l'abri de la Bastille, comédiens menacés du For-l'Évêque, puis à partir de la Révolution et jusqu'à ce que la France s'assimilât les provinces belges, émigrés allant rejoindre l'armée de Condé, généraux, comme Dumouriez, ou simples écrivains, comme Rivarol, se dérobant à la guillotine, tous rencontrèrent dans ce pays un refuge dont la sécurité fut troublée très rarement; on sait que ces généreuses traditions se sont maintenues depuis la proscription des régicides, en 1816, jusqu'aux fréquentes secousses politiques de nos jours. Ce n'est pas en exilé que Louis XVIII vint y attendre le moment de remonter sur le trône de France. Il était traité en monarque régnant, et il aurait pu se considérer presque, comme Charles-Quint, *dans sa bonne ville de Gand*, tant la courtoisie du roi des Pays-Bas avait tout subordonné à ses convenances et à son prestige, et relégué en quelque sorte au second plan l'autorité du souverain véritable, sans toutefois compromettre celle-ci.

(1) Je ne saurais trop me louer du concours d'un érudit gantois d'un rare savoir, M. l'avocat Prosper Claeys, auteur des *Mélanges historiques et anecdotiques de la ville de Gand*, des *Pages d'histoire locale gantoise*, etc., qui a bien voulu se mettre à ma disposition, pour toutes mes recherches, avec une extrême obligeance.

II.

L'empereur Napoléon avait quitté l'île d'Elbe, en devançant, selon toute apparence, les desseins de ceux qui avaient proposé d'assigner la souveraineté dérisoire de quelques lieues carrées à l'homme dont l'ambition se trouvait presque à l'étroit dans tout le continent européen, et qui ne voyaient dans ce lieu d'exil qu'une étape vers un endroit de captivité plus sûr.

La capitulation de Fontainebleau fut signée le 11 avril 1814, et le lendemain même, l'empereur François écrivait à Metternich : « Plût à Dieu qu'on envoyât Napoléon bien « loin. A l'île d'Elbe il est trop près de la France et de « l'Europe [1]. » La même opinion se produisit au congrès de Vienne : « On montre une idée assez arrêtée d'éloigner « Bonaparte de l'île d'Elbe », mandait Talleyrand à Louis XVIII. « Les uns proposaient de le transférer à « *Sainte-Hélène*, les autres dans l'une des Açores. On « parlait partout de ce projet. » Le chancelier Pasquier en attribue la première pensée à Pozzo di Borgo, « *dont la haine aiguisait la perspicacité* », et qui, d'accord avec Talleyrand et le duc de Wellington, avait dès lors mis en avant la proposition d'envoyer l'Empereur à l'île de Sainte-Hélène [2]. Napoléon eut connaissance de ce plan qui hâta, sans nul doute, la résolution arrêtée dès le début, dans son esprit, de quitter l'île d'Elbe au premier moment favorable. Lorsqu'il s'occupait, à Porto-Ferrajo, de projets d'organisation administrative, de décréter des routes ou d'autres travaux, ou qu'il recevait dans de mesquines fêtes les petites bourgeoises de l'île, c'était pour

1. L'idée de la souveraineté de l'île d'Elbe venait de l'empereur Alexandre, qui alla jusqu'à déclarer que si Napoléon refusait l'offre, il accueillerait celui-ci dans ses États avec tous les honneurs princiers. (*Mémoires de Macdonald,* p. 382.) Lord Castlereagh, le prince de Schwarzenberg et M. de Metternich acceptèrent difficilement cette combinaison, dont ils semblaient prévoir les conséquences. (*Mémoires de Metternich,* t. I, p. 194.)
2. *Mémoires du chancelier Pasquier,* t. III, p. 120.

tromper ou amuser son activité qu'il jouait sur cet échi-
quier d'enfant.

On sait que l'Empereur s'embarqua le 26 février 1815,
en plein jour, avec ses troupes, ses armes, ses approvisionnements, malgré la surveillance de l'escadrille
française, et en déjouant la vigilance, dont on a suspecté
la sincérité, du commissaire anglais, le colonel Campbell,
qu'on voyait à Florence plus souvent qu'à Porto-Ferrajo.
L'avant-veille, Napoléon avait reçu, en audience officielle,
les autorités de la ville, qui étaient venues lui faire leurs
adieux et lui apporter ouvertement leurs vœux de succès
pour la revanche qu'il allait tenter contre la fortune.

Pour nous qui jugeons les choses à distance sans parti
pris, il ne pouvait exister que peu de doute sur l'issue de
l'entreprise de Napoléon, à moins qu'un événement im-
prévu n'en vînt compromettre le succès. Lorsqu'on est
témoin du prestige extraordinaire qui s'attache encore
aujourd'hui à l'homme et au nom, malgré tant de malheurs
et de fautes, on comprend l'ascendant irrésistible que le
retour du vainqueur de Marengo et d'Austerlitz devait
exercer sur des soldats qui avaient partagé sa gloire, et
même sur des populations qui, malgré leurs épreuves
passées, supportaient mal l'abaissement de la France.

La Restauration avait découragé le bon vouloir de
beaucoup de ceux qui l'avaient accueillie d'abord avec
soulagement et sympathie, par des actes blessant la fierté
nationale ou rejetant la société en arrière d'un demi-siècle.
Mais le mauvais effet de ces actes n'eut qu'une influence
secondaire sur le mouvement qui ramena Napoléon aux
Tuileries, où sa rentrée n'eût pas été différée peut-être
d'un jour si Louis XVIII avait eu la sagesse ou la force de
résister aux entraînements d'une politique de réaction
et de favoritisme à outrance, qu'il ne faut pas juger cependant avec une rigueur trop absolue si l'on tient compte
des exigences auxquelles il avait été obligé de se plier.

On connaît la manière dont la nouvelle du débarquement
de l'empereur Napoléon parvint à Vienne et à Paris et

comment elle y fut reçue. Les témoins les mieux placés, Metternich, Talleyrand et M. de Vitrolles, nous en ont transmis le récit; les lecteurs qui savent ne nous sauront pas mauvais gré de le reproduire en substance, et ceux qui ignorent y trouveront des détails piquants.

A Vienne, le congrès tirait à sa fin. Les souverains se préparaient à retourner dans leurs États. L'empereur de Russie avait fixé son départ au 20 mars, pour être rentré à Saint-Pétersbourg au moment de la Pâque russe. L'empereur d'Autriche s'apprêtait à aller visiter ses provinces d'Italie. Le congrès ne dansait plus, selon le mot du prince de Ligne, sur le volcan, dont une nouvelle éruption se préparait, mais il se divertissait à des jeux innocents dans lesquels la galanterie avait sa part. On avait organisé chez la princesse Marie Esterhazy une loterie où les choses avaient été arrangées de façon que le lot le plus magnifique échût à une femme que le Tsar distinguait particulièrement. La combinaison fut dérangée par le fils du prince de Metternich, qui tira un billet hors de son tour et gagna l'objet. L'Empereur en eut du dépit, et c'était le sujet principal des conversations lorsque dans la nuit du 6 au 7 mars, M. de Metternich, qui s'était couché fort tard et avait recommandé qu'on le laissât dormir, fut réveillé par son valet de chambre, qui lui apportait une dépêche pressée; le prince lut sur l'enveloppe qu'elle venait du consul général d'Autriche à Gênes. M. de Metternich, n'y attachant pas d'importance, cherchait à se rendormir, mais le sommeil ne venait pas, et la dépêche était toujours là. M. de Metternich se décida à la décacheter et il y lut que Napoléon avait disparu de l'île d'Elbe. Il s'habilla à la hâte, et avant neuf heures les souverains d'Autriche, de Russie et de Prusse étaient mis au courant, et une heure plus tard les aides de camp partaient dans toutes les directions, pour porter aux armées qui se retiraient l'ordre de s'arrêter dans leur marche. A dix heures, les plénipotentiaires des puissances étaient reçus dans le cabinet de M. de Metternich. M. de Talleyrand parut le premier. Le chancelier lui fit lire l'avis qu'il venait de recevoir de Gênes. Talleyrand resta impassible ; quelques mots furent échangés. Talleyrand jugea que Bonaparte débarquerait sur quelque côte d'Italie et se porterait vers la Lombardie. Metternich vit plus clair : il prophétisa que l'Empereur irait droit à Paris.

A Paris, les choses se passèrent d'une manière moins simple. M. de Vitrolles, secrétaire d'État, était dans son cabinet le 5 mars, vers une heure, lorsque M. Chappe, directeur des télégraphes, se fit annoncer. Il était fort agité et tendit à M. de Vitrolles une dépêche cachetée. Ce dernier conclut de son trouble qu'il en savait le contenu, que le traducteur seul devait connaître. Prévoyant quelque chose de grave, M. de Vitrolles aima mieux apporter la dépêche au Roi pour qu'il l'ouvrît lui-même. La goutte tenait en ce moment Louis XVIII fortement aux mains ; il brisa avec peine le cachet de l'enveloppe et resta quelques instants les yeux fixés sur le message : « Vous ne savez pas « ce que c'est? » dit-il à M. de Vitrolles avec un calme parfait. — « Non, Sire, je l'ignore. — C'est Bonaparte qui est « débarqué sur les côtes de la Provence. Il faut porter « cette dépêche au ministre de la guerre, qui verra ce qu'il « y a à faire. »

Après avoir rempli ce message, M. de Vitrolles alla au pavillon Marsan pour voir *Monsieur*. On lui apprit qu'il était à vêpres. « Comment, à vêpres, dans un pareil « moment, se dit M. de Vitrolles. Jacques perdit son « royaume pour une messe ; mais ils perdront le leur pour « des vêpres. »‘ Enfin *Monsieur* parut. « *A propos*, « demanda-t-il à M. de Vitrolles, que dites-vous de la « grande nouvelle? » Celui-ci trouva le *à propos* un peu léger pour la circonstance et insista vivement pour que le prince se montrât à l'armée. « Je pense, répondit le prince, « que vous avez raison et qu'il faut *graisser mes bottes*. — « Non, Monseigneur, répliqua M. de Vitrolles, il faut partir sans que vos bottes soient graissées, immédiatement. » Le prince partit le soir même.

Dans les premiers moments, Louis XVIII considéra l'aventure de Napoléon comme devant être fatale à celui-ci, et il en prévoyait le prompt échec.

Il écrit à Talleyrand le 7 mars : « Avant de recevoir « cette dépêche, vous serez instruit, sans doute, de l'au- « dacieuse entreprise de Bonaparte. J'ai pris sur-le-champ « les mesures nécessaires pour l'en faire repentir et je « compte avec confiance sur leur succès [1]. » Talleyrand ne paraît pas plus alarmé. Il se contente de traiter d'*incident désagréable* l'apparition de Napoléon en France, et il s'en félicite même, puisque cet événement décidera les puissances à en finir d'une manière définitive avec Bonaparte.

La déclaration du 13 mars, publiée par les États signataires du traité de Paris, réunis en congrès à Vienne, vint lui donner raison en mettant *l'évadé* de l'île d'Elbe au ban de l'Europe, comme ennemi public et per- turbateur du monde.

Le 5 mars, Louis XVIII avait reçu la nouvelle du débar- quement à Fréjus ; le 20 mars, il quittait les Tuileries. Dans cet intervalle de quinze jours, le trône des Bourbons s'était effondré par secousses rapides. La foi dans la résis- tance, qui avait été assez générale d'abord, s'était prompte- ment affaiblie. Déjà très ébranlée par l'accueil fait à l'Em- pereur à Grenoble, son entrée à Lyon l'avait réduite à néant.

Le peuple était conquis d'avance à la restauration im- périale par la magie de l'aventure. Ainsi que le dit un écrivain royaliste [2], les vives images par lesquelles l'Em- pereur annonçait le retour de ses aigles, volant de clocher en clocher jusqu'à Notre-Dame, entraînaient les masses. Ceux qui avaient été attachés à la fortune de Napoléon et qui la croyaient perdue sans retour saluaient l'heure prochaine de sa rentrée aux Tuileries.

Dans un sens opposé à ces courants favorables, écla- tait la colère indignée des amis récents ou anciens des Bourbons, et un mouvement d'opposition se dessinait dans les salons politiques qui s'étaient ouverts avec la Restaura- tion. M. Villemain nous a laissé [3] le tableau intéressant et

---

1. **Correspondance du prince de Talleyrand avec le roi Louis XVIII**, pen- dant le Congrès de Vienne, par G. Pallain, p. 316.

2. *Histoire de la Restauration*, par Alfred Nettement, II, 75.

3. *Souvenirs contemporains d'histoire et de littérature*, seconde partie, p. 15.

animé d'une de ces réunions où l'élite de la société parisienne se rencontrait chez Mme de Rumfort, la veuve de l'illustre Lavoisier. Là se trouvaient Benjamin Constant, Lafayette, de Sismondi, Lemercier, Cuvier, Maine de Biran, Mme de Staël. On écoutait d'une oreille distraite Garat et la comtesse Merlin alors dans tout l'éclat de sa voix et de sa beauté. Les rumeurs du dehors, contradictoires et confuses, ne trompaient personne, dans ce milieu, sur le dénouement qui devait éclater quarante-huit heures après (on était au 18 mars), et que tous, royalistes modérés et constitutionnels, républicains, voyaient avec effroi pour la France.

L'accueil fait à Louis XVIII à la séance royale des deux Chambres, le 16 mars, lui donna l'illusion qu'avec de la fermeté la situation pouvait être sauvée. Le Roi dit : « J'ai revu ma patrie. Pourrai-je, à soixante ans, mieux « terminer ma carrière qu'en mourant pour sa défense? » *Monsieur* ajouta, au nom de la famille royale : « Nous « jurons sur l'honneur de vivre et de mourir fidèles à « notre roi et à la charte constitutionnelle qui assure le « bonheur de la France. » Cet éloge de la Constitution était assez nouveau chez le comte d'Artois. Louis XVIII, comme pour mieux marquer le souci, un peu tardif, qu'il prenait de l'opinion publique, portait pour la première fois, ce jour-là, la plaque de la Légion d'honneur. Les acclamations furent unanimes; la preuve qu'elles ne manquaient pas de sincérité, même en dehors du parti foncièrement royaliste, c'est que l'on vit se grouper ensemble des hommes appartenant aux nuances les plus diverses du parti modéré : M. Lainé, M. Benjamin Constant (qui ne devait pas tarder à renier la cause royaliste), M. de Chateaubriand, M. de Lafayette, qui se déclarèrent résolus à soutenir le roi, pourvu qu'il se maintînt dans la voie libérale. Ces sentiments se retrouvaient dans l'adresse de la Chambre des députés en réponse au discours du trône, où une politique de modération, de liberté et de justice était recommandée au gouvernement.

Le 17 mars, au soir, on apprit la défection du maréchal Ney, suivie du soulèvement de la vieille garde commandée par le maréchal Oudinot. Ce fut comme un coup de foudre, et le départ du roi fut résolu pour le lendemain. Il eut lieu dans la nuit du 19 au 20, après bien des tergiversations, car le sentiment intime de Louis XVIII était d'attendre les événements à Paris. Obligé de quitter la capitale, son plan fut de se retirer à Lille avec *Monsieur* et le duc de Berry; il espérait, si la garnison lui restait fidèle, pouvoir s'y maintenir le temps nécessaire pour que les secours lui arrivassent du dehors, en attendant le succès des tentatives du duc de Bourbon, qui partait pour soulever la Vendée, et des efforts du duc et de la duchesse d'Angoulême pour s'assurer la fidélité du Midi.

On trouve dans les *Souvenirs du maréchal Macdonald* le récit le plus complet de cet exode de Louis XVIII, avec des épisodes tantôt voisins du tragique, tantôt touchant au bouffon [1], comme c'est presque toujours le cas dans l'odyssée des souverains prenant la route de l'exil. Le Roi s'installa à l'auberge, le 20, à Abbeville, sans avoir été rejoint par sa maison militaire, qui avait quitté Paris presque en même temps que lui, et que Macdonald avait rencontrée en désarroi à Beaumont. Le maréchal n'obtint point sans peine que le Roi renonçât, avant d'aller plus loin, à voir arriver les troupes de sa maison, et se dirigeât sur Lille par le chemin le plus court, Hesdin et Béthune.

Le duc d'Orléans, nommé au commandement en chef des troupes stationnées dans le département du Nord, par une ordonnance royale du 16 mars, était à Lille depuis le 19, avec le maréchal Mortier. L'exaltation de la population contre Bonaparte s'y manifestait de la manière la plus énergique, suivant les expressions du prince [2]. Quant aux dispositions des troupes, elles ne paraissaient

1. « En quittant Paris, on n'avait eu que le temps de faire un portemanteau pour le Roi; il fut volé en route. Sa Majesté y fut d'autant plus sensible, que ce portemanteau contenait son seul rechange : six chemises, une robe de chambre et des pantoufles auxquelles le Roi tenait beaucoup, car en me racontant le vol, il me dit : « On m'a pris mes chemises, je n'en avais pas déjà trop; » puis il ajouta tristement : « Ce sont mes pantoufles que je regrette davantage; vous saurez un jour, mon cher Macdonald, ce que c'est que la paire de pantoufles qui ont pris la forme du pied. » (*Souvenirs du maréchal Macdonald*, p. 376.

2. *Mon journal*, par Louis-Philippe d'Orléans, I, p. 173.

point mauvaises dans le premier moment, mais les nouvelles qui arrivaient de partout, et ce mouvement ins-
tinctif vers l'Empereur qui gagnait de proche en proche,
dans l'élément militaire, ne tardèrent pas à rendre ces
dispositions contraires, comme Louis XVIII put le constater lorsqu'il entra à Lille le 22, à une heure de l'après-
midi. Ainsi que le déclare la relation officielle publiée
dans le *Moniteur de Gand* dans son numéro du 14 avril :
« Les soldats, mornes et glacés, gardaient un sombre
« silence, présage alarmant de leur prochaine défection. »
Les dernières heures du 22 mars se passèrent en conférences du Roi avec le duc d'Orléans, les maréchaux
Berthier, Macdonald et Mortier, et M. de Blacas. L'opinion y prévalut que Louis XVIII n'était pas en sûreté à
Lille. Le Roi était lui-même si frappé de l'attitude hostile
des troupes qu'il voulut partir la nuit même. Pour le déterminer à retarder son départ jusqu'au matin, il fallut lui
faire observer qu'il était indigne d'un roi de France
d'avoir l'air de fuir, en partant clandestinement de nuit,
ainsi que déjà le fait avait eu lieu au départ de Paris.
Cependant il était toujours incertain, comme il avait
hésité au moment de quitter les Tuileries, et il parlait de
rester à Lille, lorsqu'on sut que les troupes, excitées par
le bruit que le duc de Berry allait arriver avec la maison
royale et deux régiments suisses, étaient prêtes à se soulever. On disait également, fait qui a été contesté, que des
ordres étaient parvenus de Paris au préfet de Lille et
aussi au maréchal Mortier, d'arrêter le Roi. Celui-ci ne
pouvait prolonger son irrésolution ; il partit à trois heures,
mais au lieu de se diriger sur Dunkerque, comme le lui
conseillaient les maréchaux, pour attendre dans cette ville
la tournure des événements, il prit directement le chemin
d'Ostende.

L'accueil qui attendait Louis XVIII en Belgique ne
pouvait manquer d'être favorable. Le régime impérial y
avait laissé des souvenirs qui en faisaient craindre le
retour. Les *droits réunis*, les levées en masse, la censure
et la suppression des journaux, les mesures hostiles au

clergé, etc., avaient aliéné à l'Empereur la grande majorité du peuple belge, et il n'avait guère conservé d'adhérents que parmi les militaires qui avaient été associés à la gloire des légions françaises. Louis XVIII pouvait également compter sur toute la sympathie du nouveau souverain des Pays-Bas, qui venait de prendre le titre de roi, avec l'adhésion du congrès de Vienne, et dont la stabilité pouvait être liée au sort de la maison des Bourbons. Déjà, à Lille, le duc d'Orléans avait reçu une lettre du prince d'Orange, offrant au roi de France l'assistance de l'armée alliée [1], s'il la réclamait, mais cette offre fut indirectement déclinée, dans une réponse qui ne parvint pas, d'ailleurs, au prince.

III.

Louis XVIII passa la frontière belge à Menin, où le maréchal Macdonald prit congé de lui. De là il partit pour Ostende; il n'avait pas abandonné complètement l'idée de se rendre, de cette ville, en Angleterre [2]; mais tous les avis se réunissaient pour l'en dissuader.

M. de Talleyrand écrivait de Vienne au Roi : « Si « j'osais exprimer au Roi mon opinion, qui est aussi « celle des plénipotentiaires de toutes les puissances, je « lui dirais que le séjour d'une ville aussi rapprochée de « la mer que l'est Ostende ne peut que nuire beaucoup « à sa cause dans l'opinion publique, parce qu'il peut faire « croire que Votre Majesté est disposée à quitter le conti-« nent et à mettre la mer entre Elle et ses États. » M. de Talleyrand indiquait sa préférence pour le séjour de Liège; « il paraît, disait-il, que les dispositions des armées « le rendent sûr. »

Le prince Guillaume d'Orange avait chargé le prince Berthier, qui était à Bruxelles, de se rendre auprès de

1. Les Hollandais faisaient partie du premier corps d'armée, dont le commandant supérieur était le duc de Wellington.

2. « La philosophie du Roi va droit à Hartwell. » (M. de Jaucourt à Talleyrand, du 27 mars 1815.)

Louis XVIII, afin de l'engager à fixer sa résidence dans cette dernière ville. « Votre Majesté, disait le prince au Roi, y sera « beaucoup mieux qu'à Ostende; Elle y sera « au centre de toutes les nouvelles, et bien plus à même « de tenir des relations avec l'intérieur de la France. « Ce sera, en outre, donner aux Français une preuve que « Votre Majesté compte bientôt revenir au milieu d'eux, « tandis que son séjour à Ostende pourrait faire croire à « son intention de se rendre en Angleterre, et cette idée, « je crois, ferait bien du tort au parti de Votre Majesté. »

Mais le Roi était peu tenté de s'établir à Bruxelles, par des raisons qui font honneur à sa sagacité. Cette ville était le centre de tout le mouvement qui se préparait contre la France ; c'était aussi, selon toute apparence, de ce côté que devait se produire le premier choc entre les armées alliées et les forces de Napoléon; Bruxelles était assez loin des départements du nord, où Louis XVIII comptait toujours trouver un point d'appui pour sa rentrée dans son royaume. Enfin, ce qui n'était pas une circonstance indifférente, le Roi aurait eu son ministère et sa maison relégués à un rang assez effacé, à Bruxelles, à côté du gouvernement et de la cour du nouveau roi desPays-Bas.

Aucune de ces raisons ne s'élevait contre le choix de la ville de Gand, lequel se recommandait par son voisinage immédiat de la région du nord. Un motif particulier signalait, d'ailleurs, cette résidence à la préférence du Roi.

Déjà plusieurs années auparavant, le comte J.-B. d'Hane de Steenhuyse, l'un des habitants notables de la ville, avait mis son hôtel à la disposition du Roi, alors comte de Provence, si jamais les circonstances l'amenaient à Gand. Les d'Hane de Steenhuyse comptaient parmi les anciennes familles patriciennes de cette ville; on rencontre déjà leur nom dans les registres échevinaux du xv⁰ siècle; ils avaient occupé d'importantes fonctions publiques. Ils étaient alliés à de grandes familles belges et étrangères. entre autres aux Montmorency. Le chef actuel de la maison avait épousé la comtesse Isabelle Rodriguez d'Evora y Vega, et était intendant (gouverneur) de la province de la Flandre orientale, chambellan du roi des Pays-Bas, membre de la première chambre des États généraux. L'hôtel d'Hane de Steenhuyse avait déjà reçu, mais d'une manière passagère, d'autres visites princières. En 1811, le roi Jérôme et la reine de Westphalie y étaient venus loger. Le 29 juin 1814, l'empereur Alexandre Ier s'y était arrêté pendant quelques heures, et au mois de février 1815, le prince d'Orange y fut traité magnifiquement et y demeura jusqu'au lendemain.

L'hôtel d'Hane de Steenhuyse, situé rue des Champs, au centre de la ville, sans être une demeure somptueuse, est une vaste et belle construction, qui fut remaniée, en grande partie, au siècle dernier. Elle est ornée de peintures et le parquet du salon principal était renommé par sa belle marqueterie dans le goût italien. L'appartement qui fut occupé par le Roi se composait principalement de cinq pièces : le salon, dont nous venons de parler; la chambre à coucher, du côté du jardin; en face, la salle d'audience, et un grand salon donnant sur la rue, garni de vieilles tapisseries et de vases de porphyre d'une haute valeur. La salle à manger était au rez-de-chaussée. L'hôtel renfermait plusieurs œuvres d'art intéressantes, entre autres un *Christ à l'agonie*, en ivoire, par Duquesnoy, et deux bons tableaux de Breughel de Velours, *l'Eau* et *le Feu*. L'hôtel d'Hane de Steenhuyse, qui vit passer Charles X, alors comte d'Artois, la duchesse d'Angoulême, lord Wellington, Chateaubriand, Guizot et beaucoup d'hommes marquants de la Restauration, est aujourd'hui en partie transformé en magasin d'épiceries.

Ce furent des journées pleines d'émotion pour la population gantoise que celles qui précédèrent l'arrivée de Louis XVIII. Le 18 mars, les cloches des églises et le carillon du beffroi annoncèrent que le prince souverain Guillaume d'Orange avait pris possession de la royauté des Pays-Bas. Le 25, le *Journal de Gand* publia une lettre adressée par le prince d'Orange à M. le comte de Thiennes, ministre de la justice, dans laquelle on lisait : « Je viens « de recevoir la nouvelle que Napoléon Bonaparte est « entré à Paris et que le Roi a quitté sa capitale pour se

« porter, à ce que l'on dit, droit sur Lille. C'est un mal-
« heur pour la France, mais il ne faut pas que cela porte
« la consternation parmi nous. Au contraire, redoublons
« de zèle et d'activité pour prendre toutes les mesures de
« raison dans ce moment. »

Le même jour, rentra dans son diocèse épiscopal de
Gand, après une longue absence, le prince de Broglie, à
qui son caractère intransigeant valut de longs démêlés
avec l'administration française, et plus tard avec le gouvernement néerlandais [1].

Le *Journal de Gand* du 29 mars annonça que le roi
Louis XVIII, que l'on croyait vouloir s'embarquer à
Ostende pour l'Angleterre, était arrivé à Bruges, d'où il
se disposait à partir pour Gand.

Des mesures extraordinaires de police avaient été prises
aussitôt que l'on connut l'arrivée prochaine du roi de
France. Personne ne pouvait franchir les portes de la
ville sans un permis de l'administration communale ;
le contrôle des passeports fut renforcé ; on emprisonna
plusieurs personnes pour avoir tenu des propos jugés
dangereux, et même sans aucun prétexte, entre autres
un ancien procureur impérial près le tribunal criminel
de Gand, ex-conventionnel, qui avait voté la mort de
Louis XVI. Ce zèle alla jusqu'à interdire la distribution
des journaux et des correspondances venant de France, qui
étaient d'abord envoyés à Bruxelles pour être examinés.
Rien ne paraissait justifier ces mesures arbitraires. Les
habitants de Gand avaient vu avec joie le départ des
autorités impériales, au mois de février 1814 [2], et les sym-

---

1. Maurice de Broglie, évêque de Gand, fils du dernier maréchal de
ce nom, s'attira la disgrâce de Napoléon par plusieurs actes d'opposition,
et notamment pour s'être prononcé, au concile de 1811, contre toutes les
demandes de l'Empereur. D'abord enfermé à Vincennes, puis exilé à
Beaune, il fut ensuite transféré aux îles Sainte-Marguerite. Rétabli, à la
chute de l'empire, dans l'évêché de Gand, il ne s'entendit pas mieux avec
le roi des Pays-Bas, auquel il refusa le serment exigé des évêques. Il fut
décrété d'accusation, mais parvint à s'échapper et mourut à Paris en 1821.

2. Voici deux couplets d'une chanson plus mordante que littéraire, qui
avait couru à cette occasion :

> Où sont-ils ces faquins des domaines
> Qui sont venus sans linge et sans habit,

pathies étaient beaucoup plus, nous l'avons dit, pour le prince dont les épreuves venaient de recommencer, que pour Napoléon. Les Gantois n'étaient pas, d'ailleurs, indifférents à la préférence que le Roi avait donnée à leur ville pour y établir son séjour [1] et aux avantages que le commerce local devait naturellement en retirer.

IV.

Louis XVIII arriva à Gand le 30 mars 1815, à cinq heures de l'après-midi. *Monsieur* et le duc de Berry, qui l'y avaient précédé la veille et l'avant-veille [2], l'attendaient à son entrée. Le Roi, vêtu d'un costume bleu céleste, était assis au fond d'une voiture de gala, attelée de six chevaux ; il fut complimenté par le bourgmestre, le comte Philippe de Lens, accompagné d'un de ses adjoints, à la porte de Bruges, où se trouvaient réunies les quatre grandes *gildes* ou chefs-confréries de la ville [3]. Louis XVIII,

> Ces employés qu'on voyait par centaines
> Et qu'on devrait étriller pour leurs peines ?
> Ils sont partis.
>
> Où donc est-elle, cette horde infâme
> De douaniers et de Droits réunis ?
> A chaque instant Lucifer les réclame
> Pour la refonte de litres et kilogrammes.
> Ils sont partis.

1. Louis XVIII était traité, en quelque sorte, comme le vrai souverain à Gand. C'était un crime de lèse-majesté de lui manquer. Nous relevons les deux rapports de police suivants, dans les archives communales :
Section du centre. Rapport du 2 avril 1815. — « J'ai l'honneur d'informer Monsieur le Maire que le nommé Guillaume Heye, batelier, demeurant rue de l'Incendie, deuxième section, à Gand, s'est rendu coupable, hier au soir, de proclamer devant la maison de M. l'intendant (le gouverneur) des discours injurieux et séditieux à l'égard de S. M. Louis XVIII et des Français qui lui sont restés fidèles. Ce particulier a été arrêté *par un général français.* »
9 juin 1815. — La nommée Amélie Dejat, native de Liège, femme publique, logeant chez Angélique Goethals, au faubourg d'Anvers, a été écrouée à la maison de dépôt, accusée, *par une lettre anonyme,* d'avoir crié : « *Vive Napoléon!* » et d'avoir proféré des invectives à l'égard de S. M. Louis XVIII.
2. Les princes s'étaient d'abord rendus à Bruxelles, où se trouvait déjà installé, à *l'hôtel de Flandre,* le vieux prince de Condé.
3. La ville de Gand possédait quatre chefs-confréries (*hoofd gilden*). La chef-confrérie de Saint-George, ou des arbalétriers, était la plus importante.

escorté par des détachements de soldats belges et hanovriens pris dans la garnison, s'installa immédiatement à l'hôtel du comte d'Hane de Steenhuyse. Dans la suite du Roi se trouvaient les maréchaux Marmont et Victor, duc de Bellune, M. de Blacas, outre les gentilshommes de la chambre, les capitaines des gardes, et un certain nombre d'officiers de la maison.

Le Roi fut chaleureusement accueilli par la population, dans laquelle on remarquait de nombreux réfugiés français arrivés depuis quelques jours [1]. Voici comment le journal flamand de Gand, *la Gazette van Gent*, s'exprime à ce sujet : « Jamais on n'entendit des acclamations aussi « générales et aussi vives, d'autant plus émouvantes « qu'elles étaient l'expression cordiale d'une réelle sym- « pathie pour l'infortune d'un si bon roi. Des cris, long- « temps prolongés, de *vive Louis*, ne cessaient de retentir « sous les fenêtres de l'hôtel d'Hane de Steenhuyse, après « que le Roi y fut arrivé ; il dut se montrer plusieurs fois « à la foule. Le salon étant au rez-de-chaussée, Sa Majesté « échangea même des poignées de main avec les assis- « tants. »

Le Roi dîna à six heures avec *Monsieur*, le duc de Berry, les maréchaux Victor et Marmont, les principaux officiers de la maison royale, le comte d'Hane de Steenhuyse et le comte Philippe de Lens. Une relation manuscrite des faits du jour, que l'on peut lire à la bibliothèque de la ville de Gand, rapporte que Louis XVIII montra un appétit extraordinaire. Après un très copieux menu, il se fit servir encore un cent d'huîtres, à la grande admiration de la foule, qui pouvait voir dîner le roi ; la salle à manger, au rez-de-chaussée, donnait sur la

---

Elle était antérieure au xi⁰ siècle ; les confrères de Saint-George prirent part aux croisades ; leur bannière flotta sur les murs de Constantinople, d'Antioche et de Jérusalem. Les confréries formaient un corps de soldats d'élite qui, lorsque la guerre éclatait, marchaient à la tête de l'armée. Jusqu'à la fin du siècle dernier elles prenaient part au service de garnison. Les *gilden* ne sont plus aujourd'hui que des sociétés d'agrément.

1. M. Lacretelle jeune, l'historien, fut le premier réfugié de marque dont les journaux signalèrent l'arrivée (21 mars). M. de Jaucourt le cite à Talleyrand (lettre du 4 avril) comme une des plumes sur lesquelles on pouvait compter.

rue [1]. On dut prendre dans la suite des mesures de police pour empêcher cette curiosité indiscrète.

Seul de tous les membres du cabinet, le comte de Blacas d'Aulps, ministre de la maison du Roi, l'avait accompagné à Gand. Le duc de Feltre, ministre de la guerre, arriva le 1er avril; puis successivement, M. de Jaucourt [2], qui faisait l'intérim des affaires étrangères pendant le séjour de M. de Talleyrand à Vienne; le grand chancelier Dambray, l'abbé Louis, ministre des finances, M. Beugnot, ministre de la marine. L'abbé de Montesquiou, ministre de l'intérieur, se trouvait à Londres. Le Roi appela pour le remplacer M. de Chateaubriand, qui attendait à Bruxelles que le roi de Suède, auprès duquel le crédit de Mme de Duras l'avait fait nommer ministre plénipotentiaire de Sa Majesté Très Chrétienne, voulût bien l'admettre à présenter ses lettres de créance. Le *Journal de Gand* du 10 avril annonça ainsi son arrivée [3]: « Le « célèbre auteur du *Génie du christianisme, M. de Cha-* « *teau Briant* (*sic*) [4], est en cette ville, avec le titre d'am-

1. Dans ce superbe appétit, Louis XVIII avait de qui tenir : « J'ai vu « souvent, écrivait Madame la Palatine duchesse d'Orléans, le roi Louis XIV « manger quatre assiettées de soupes diverses, un faisan entier, une per- « drix, une grande assiette de sal: de, du mouton au jus et à l'ail, deux « bonnes tranches de jambon, une assiette de pâtisserie, et puis encore « des fruits et des confitures. »

2. M. de Jaucourt était un esprit fin et distingué; ses idées étaient très modérées. Il fut député à l'Assemblée législative, président du Tribunat, et sénateur sous l'Empire (1802). C'était un protestant zélé. Il mourut, presque centenaire, en 1852.

3. M. de Chateaubriand rapporte, dans ses *Mémoires d'outre-tombe*, qu'il demeurait à l'auberge avec Mme de Chateaubriand; cela ne s'accorde point avec d'autres renseignements. L'illustre écrivain demeurait dans la maison d'un bourgeois de la ville, M. van der Brugghen, dont le fils fut juge au tribunal. Lorsque Chateaubriand se présenta pour arrêter un logement, on lui offrit une chambre à deux lits. Chateaubriand demanda deux chambres séparées. « Il y a longtemps, dit-il, que ma femme et moi nous « n'occupons plus le même appartement. »

D'un autre côté, on sait que M. et Mme de Chateaubriand logeaient à Gand dans la même maison que Bertin l'aîné et sa famille, qui comprenait plusieurs dames, entre autres Mme Édouard Bertin et Mlle Louise Bertin. Des souvenirs de cette dernière, que M. Léon Say, dont on sait la parenté avec les Bertin, nous a communiqués il y a quelques années, donnent aussi raison à nos doutes.

4. Le nom de Chateaubriand est travesti de la même manière dans plusieurs des lettres du comte d'Artois à Louis XVIII. (Voir plus loin.)

« bassadeur du roi de France près la *cour de Russie.* »
M. de Chateaubriand quitta sans regret Bruxelles, où
il était déjà venu, vingt-trois ans auparavant, au moment
de l'émigration. « La capitale du Brabant m'est en horreur,
« écrit-il dans ses *Mémoires d'outre-tombe* ; elle n'a jamais
« servi de passage qu'à mes exils [1]. »

A Gand, il allait retrouver Mme de Duras, son amie des
bons et des mauvais jours, celle que Louis XVIII, qui
n'était jamais en reste d'esprit, appelait l'*Atala* des
salons.

Le cabinet était ainsi au complet [2]. Le corps diplomatique, accrédité auprès du Roi à Paris, et qui était
maintenu dans la même situation vis-à-vis de lui, les
relations internationales étant rompues avec Napoléon,
se retrouva en grande partie à Gand, quoique la plupart
de ses membres venus en Belgique séjournassent plus
habituellement à Bruxelles. On vit d'abord lord Fitzroy-Somerset, ministre plénipotentiaire de Sa Majesté
britannique, qui fut remplacé bientôt après par sir
Charles Stuart ; puis M. de Fagel, ministre des Pays-Bas ;
le général Pozzo di Borgo, envoyé de Russie ; le général
baron de Vincent, ministre d'Autriche ; le comte de Goltz,
ministre de Prusse ; M. le baron de Waltersdorf, ministre
de Danemark ; M. de Signeul, chargé d'affaires de Suède [3].

---

1. M. de Chateaubriand raconte qu'en 1794 il se rencontra à Bruxelles
avec Rivarol, à un dîner chez le baron de Breteuil : « J'étais jeune, bronzé
« par le soleil d'Amérique et portais les cheveux plats et noirs. Ma figure
« et mon silence gênaient Rivarol. « D'où vient votre frère le chevalier?
« dit-il à mon frère. — De Niagara. » Rivarol s'écria : « De la cata-
« racte? » Je me tus. Il hasarda un commencement de question : « Mon-
« sieur va?.... — Où l'on se bat, répliquai-je. »
   2. Il ne manquait même pas un ministre ou plutôt un lieutenant de police. M. le baron d'Eckstein, qui avait été chargé par le roi des Pays-Bas de
la direction de la police à Gand, était, dans le fait, un agent de Louis XVIII,
qu'il suivit lors de la rentrée du Roi en France, où il fut successivement
attaché au ministère de la police et au département des affaires étrangères. M. d'Eckstein collabora aussi à la rédaction du *Drapeau blanc* et de la
Quotidienne. Ce singulier fonctionnaire néerlandais avait préludé, pendant
les Cent-jours, à ce rôle de polémiste, en écrivant, dans le *Journal universel*
et dans le *Journal de Gand*, des articles très acerbes contre Napoléon.
   3. M. Albert Galatin, ministre des États-Unis d'Amérique, accrédité auprès
de Louis XVIII, se trouvait depuis le commencement d'avril à Londres,
d'où il partit en congé pour son pays. D'autres envoyés diplomatiques ne

Le roi de France avait auprès de lui sa maison et son service particulier, depuis son grand aumônier, le cardinal de Talleyrand-Périgord, jusqu'à son chirurgien, le Père Élysée, personnage assez énigmatique [1].

L'élément militaire n'était pas négligé. À peine installé à Gand, le duc de Feltre, ministre secrétaire d'État de la guerre, s'occupa de l'organisation de son état-major, à la tête duquel il plaça le général comte de Rochechouart, auquel il adjoignit le commandant comte d'Epresmenil, le chevalier de Gournay, et MM. Scipion de la Farre et de la Rue. Une ordonnance royale institua des commissaires ayant rang pour la plupart de maréchal de camp et de colonel pour recevoir et engager les déserteurs et les volontaires qui voulaient s'enrôler dans l'armée royale. Une prime de quatre-vingts francs était allouée à chaque cavalier monté, et chaque fantassin recevait vingt francs. Un crédit de soixante mille francs fut appliqué à cet objet, en y comprenant les dépenses des commissaires, qui durent absorber la plus forte partie de la somme.

Le gouvernement néerlandais ne vit pas d'un bon œil ces enrôlements et la façon dont ils étaient pratiqués. M. de Fagel fit des représentations à ce sujet au duc de Feltre. Celui-ci, écrit le ministre des Pays-Bas à son gouvernement, « sent vivement cet écart de toute convenance. « C'est malheureusement à S. A. R. le duc de Berry que « nos plaintes sont portées. Le duc de Feltre m'a donné

---

figurent point parmi ces agents qui avaient rejoint le Roi à Gand : le comte de Peralda (Espagne), le baron de Hompstede (Hanovre), le marquis de Marialva (Portugal), Alfieri di Sostegno (Sardaigne), et le comte de Zeppelin (Wurtemberg).

1. « Les acteurs du théâtre étaient détestables, dit le comte Beugnot dans ses *Mémoires;* aussi, n'y avait-il parmi nous de spectateur assidu que le fameux Père Élysée, qui, pour l'honneur de son goût ou pour tout autre motif, passait beaucoup plus de temps dans les coulisses que dans l'intérieur de la salle. »

Le Père Élysée, de son vrai nom Talachon, avait étudié la chirurgie chez les frères de la Charité, sous le frère Côme ; il émigra en 1792 et accompagna en Angleterre le comte de Provence, qui le nomma son premier chirurgien. Il mourut en 1817. Entre autres singularités de sa carrière, il donna ses soins au chevalier d'Éon, pendant la dernière maladie de celui-ci, et put constater, après son décès, que c'était à tort qu'il s'était fait passer pour une femme.

« à connaître que tout en mettant tout son zèle pour éviter
« tout sujet de discussion, il lui serait bien difficile d'em-
« pêcher le bavardage des jeunes officiers, qui ont plus
« d'étourderie que de mesure dans leur conduite [1]. »

Les enrôlés devaient aller rejoindre la petite armée cam-
pée à Alost et dans les environs, sous le commandement
du duc de Berry. Elle comprenait surtout les débris de la
maison militaire [2] qui avait quitté Paris peu d'heures après
le Roi, à laquelle s'étaient joints des volontaires de tout
âge et de toute condition. Cette troupe devait retrouver
Louis XVIII à Lille, projet qui n'avait pu être exécuté.
Après des vicissitudes de toutes sortes, elle ne comptait
plus que sept à huit cents hommes lorsqu'elle arriva à Gand
le 9 avril, dans un fâcheux état, et qu'on la vit défiler devant
l'hôtel d'Hane de Steenhuyse. Le Roi s'y tenait debout à une
fenêtre ouverte du salon ; il harangua ces fidèles et les
félicita du dévouement à sa cause. Il y avait dans leurs
rangs une centaine d'étudiants en droit, que leurs opinions avaient entraînés dans le camp royaliste, bien différents de ceux que l'on trouva plus tard mêlés à presque
chaque journée révolutionnaire. Cette troupe armée ne
pouvait demeurer à Gand. On l'établit à Alost et dans les
environs, Ninove, Moerzeke, et plus tard à Termonde ;
elle eut l'honneur d'être passée en revue le 1er juin par
la duchesse d'Angoulême et le duc de Wellington ; le
professeur Delvincourt vint y prendre contact avec ses
élèves de l'École de droit.

Le Roi se levait régulièrement à six heures du matin,
et se rendait d'abord à son cabinet de travail. Il passait
ensuite, entre une haie de six gardes du corps, dans une
pièce voisine, où il entendait la messe. Le déjeuner était
servi à dix heures. L'après-midi, le Roi faisait une promenade en voiture, le long des remparts, où abondent les

---

1. Correspondance du baron Fagel, par M. H. de Beaufort. (*Revue diplomatique*, 1896.)

2. A l'origine, les troupes qui avaient quitté Paris dans le dessein de rejoindre le Roi se composaient de plus de 3,000 hommes (maison du Roi,
gardes du corps, mousquetaires). La maison militaire fut licenciée en
grande partie à Béthune, par l'ordre du comte d'Artois.

points de vue sur la campagne [1]. Quelquefois cette promenade s'étendait hors des portes de la ville. Louis XVIII se faisait conduire à une guinguette appelée le *Strop*, renommée pour un poisson blanc dont le roi était très friand. Le dîner était à six heures. Le Roi avait à sa droite le comte d'Hane et à sa gauche *Monsieur*; le duc de Berry, qui se rendait presque tous les jours d'Alost à Gand, était placé en face du souverain, qui recevait à sa table les principaux personnages de son gouvernement et de son service : MM. de Blacas, de Chateaubriand, de Noailles, de Duras, de Poix, de Feltre, de Jaucourt, de Lally-Tollendal, etc., sans parler des dîners d'apparat où le corps diplomatique était invité. Le duc de Wellington dînait avec le Roi chaque fois qu'il se trouvait à Gand, ce qui était assez fréquent. « Le Roi, dit le comte Beugnot (*Mémoires*, p. 371), faisait les honneurs de sa table avec la politesse de la vieille cour et la grâce personnelle qu'il y ajoutait. A chaque service il offrait aux convives du plat qu'il avait devant lui. Au rôti, il découpait avec une rare dextérité. Une musique militaire se faisait entendre pendant le dîner. » Dès les premiers jours de son arrivée à Gand, Louis XVIII avait permis aux dames de la ville de circuler autour de la table pendant le dîner, et cette galanterie leur fut faite à plusieurs reprises. Le soir, le Roi passait dans le salon, où l'on faisait le *whist* de *Monsieur*, qui désignait les personnes admises à jouer avec lui. Le Roi était placé dans son fauteuil, à côté de la table, et jugeait les coups.

Les affaires se traitaient dans des conseils qui étaient tenus, en général, vers quatre heures de l'après-midi ou le dimanche, après la messe du Roi. Là se retrouvaient, surtout pour les questions de politique intérieure, les divisions d'opinions qui partageaient les conseillers du Roi [2].

---

1. Cet emploi de la journée était assez souvent dérangé par les accès de goutte, lorsqu'ils prenaient le Roi trop vivement. On avait même dressé un lit dans une pièce du rez-de-chaussée pour lui éviter la fatigue de monter.

2. Les mêmes divergences se manifestaient d'une manière encore plus accentuée parmi les Français qui avaient suivi le Roi à Gand ou qui étaient venus l'y rejoindre. « En dépit des circonstances et d'une chance commune,

M. de Jaucourt, Chateaubriand, M. de Lally-Tollendal pour
la politique libérale ; M. de Blacas, fidèle aux idées de résistance, où il voyait le salut de la légitimité. « Nous discou-
« rions, dit Chateaubriand, autour d'une table couverte
« d'un tapis vert, dans le cabinet du Roi. M. de Lally-Tollen-
« dal, qui était, je crois, ministre de l'instruction publique [1],
« prononçait des discours plus amples, plus joufflus en-
« core que sa personne. Il citait ses illustres aïeux les
« rois d'Irlande, et embarbouillait le procès de son père
« dans ceux de Charles Ier et de Louis XVI. Il se délassait,
« le soir, des larmes, des sueurs et des paroles qu'il avait
« versées au conseil, avec une dame accourue de Paris
« par enthousiasme de son génie ; il cherchait vertueuse-
« ment à la guérir, mais son éloquence trompait sa vertu
« et enfonçait le dard plus avant. »

M. de Chateaubriand n'était pas moins amer sur le compte
d'autres de ses collègues. Voici pour l'abbé Louis, ministre des finances. « M. l'abbé Louis était un prêtre concu-
« binaire, que sa spécialité financière avait conduit à
« entasser l'argent des contribuables dans le trésor, pour
« le faire prendre par Bonaparte. M. de Talleyrand, avec
« lequel il avait officié solennellement à la première Fédé-
« ration, lui disait : « L'abbé, tu étais bien beau, en dia-
« cre, au Champ de Mars. »

« écrit le comte Beugnot (*Mémoires*, Paris, 1889, p. 566), les deux partis
« vivaient séparés. Les individus se rencontraient chez le Roi, au spectacle,
« à la promenade ; ils se traitaient réciproquement avec une politesse bien-
« veillante, mais il n'y avait pas de réunions pour la table, le jeu, ou seule-
« ment pour la conversation. Les mœurs de la première émigration
« avaient reparu dans toute leur naïveté. On eût dit de l'année que nous
« venions de passer en France comme d'un bal masqué après lequel, une
« fois dehors, chacun jette son masque et reprend son habit accoutumé. »
1. *Mémoires d'outre-tombe*, vol. III, p. 327. M. de Chateaubriand est dans
l'erreur en désignant M. de Lally-Tollendal comme ayant le ministère de
l'instruction publique. Ce département n'a été institué qu'en 1824, lors du
remaniement du ministère Villèle, et le premier titulaire en fut l'évêque
d'Hermopolis, Frayssinous, nommé ministre des affaires ecclésiastiques
et de l'instruction publique.
M. de Lally, M. de Chateaubriand, M. Anglès et M. d'André s'étant
rencontrés à Bruxelles avec *Monsieur*, ce prince écrivit au Roi qu'il
croyait utile de se faire aider de leurs lumières. Louis XVIII accepta pour
les trois premiers, qui eurent leur entrée au conseil, mais il écarta le choix
de M. d'André, qui s'était montré royaliste fort tiède lors du retour de
Napoléon de l'île d'Elbe. M. de Lally avait simplement entrée au Conseil.

Quelques autres portraits étaient encore plaisamment esquissés : « Le chancelier de France, M. Dambray, « habit vert, chapeau rond, un vieux roman sous le bras, « se rendant au conseil pour amender la Charte. Le duc « de Lévis allait faire sa cour avec ses savates débordées, « parce que fort brave et nouvel Achille, il avait été « blessé au talon. »

Le dimanche et les jours de fête, le Roi entendait la messe à la cathédrale de Saint-Bavon, où il avait sa place dans le chœur, et dont le clergé recevait Sa Majesté en cérémonial, à la porte du temple, et la reconduisait à la sortie [1].

Le comte d'Artois avait son pavillon Marsan à l'*hôtel des Pays-Bas*, place d'Armes, où il était logé avec sa suite et ses équipages, et payait mille francs par jour. On y voyait surtout M. de Vaublanc, M. Capelle, M. de Bruges, M. Mounier, le général Donnadieu et d'autres généraux et officiers. L'on y méditait de la partie modérée du conseil, sans épargner toujours M. de Blacas, dont *Monsieur* et son entourage n'aimaient pas l'influence sur le Roi, tout en partageant ses idées politiques.

La duchesse d'Angoulême, qui s'était retirée en Angle-terre, vint plusieurs fois à Gand, pendant le séjour de Louis XVIII. Elle y avait un appartement rue des Champs, dans le voisinage de l'hôtel d'Hane de Steenhuyse. Elle était reçue avec un respect marqué par la population. La duchesse visita les principales fabriques de la ville, ce qui produisit un très bon effet [2].

Le duc de Wellington, dont la résidence habituelle était à Bruxelles, se rendait fréquemment à Gand pour s'entre-tenir avec le Roi, qui le consultait sur toutes les mesures

---

1. L'église de Saint-Bavon était toujours dépouillée du grand pan-neau du chef-d'œuvre des frères Van Eyck, *l'Adoration de l'Agneau pascal*, qui avait été enlevé en 1794 pour être transporté à Paris, et qui ne fut restitué et rétabli à la cathédrale qu'au mois de mai 1816.

2. L'industrie gantoise avait largement profité du blocus continental et de l'interdit mis sur les manufactures anglaises. On comptait dans cette ville, en 1815, vingt-cinq filatures, vingt-quatre tissages et vingt imprimeries de coton, onze raffineries de sucre, cinq fabriques de papier, etc.

importantes et le recevait chaque fois à sa table. Il inspectait les troupes anglaises ainsi que hollandaises, dont le roi Guillaume lui avait donné le commandement par un arrêté royal du 15 mai en lui conférant le titre de feld-maréchal des Pays-Bas-Unis.

La ville se trouvait assez souvent sans garnison. Le service de la place était alors fait par les quatre *gildes* bourgeoises, qui portaient encore leurs insignes du moyen âge, et par deux sociétés particulières, *Sainte-Cécile* et les *Fonteinistes*.

Gand n'a jamais passé pour une ville gaie. C'est une cité riche en grands souvenirs historiques, active, intelligente, et l'esprit de terroir n'y manque pas de piquant. La présence de Louis XVIII et de la cour, celle des Français en grand nombre qui l'y avaient rejoint ou faisaient le pèlerinage de Gand, les fréquents voyages des diplomates, de Wellington et d'autres personnages officiels qui partageaient leur temps entre Bruxelles et cette ville, les allées et venues des troupes anglaises et hollandaises, donnaient à la vieille cité flamande une animation inaccoutumée. *L'Hermite en Belgique*, qui parut plusieurs années après, en décrivait ainsi la physionomie mondaine :

« Le *Kauter* (place servant de lieu de promenade), c'était
« le Luxembourg. Là, dans les beaux jours du printemps,
« de midi à deux heures ou vers le soir, était le rendez-
« vous des défenseurs du *trône et de l'autel*. Sous l'allée
« d'arbres qui borde la grand'garde et le Grand Café,
« étaient disposées deux ou trois longues files de chaises,
« où venaient alternativement se reposer de jolies
« femmes.

« Autour d'elles papillonnaient des marquis, des vi-
« comtes affublés d'une espèce de chapeau-claque, où bril-
« lait une énorme cocarde blanche, et portant horizonta-
« lement au côté une longue épée, qui n'avait sans doute
« jamais vu le jour. Des abbés de cour, des aumôniers, en
« habit français et en chapeau rond ; un essaim de jeunes
« officiers de toutes armes et de tous corps ; quelques
« élèves en droit de l'université de Paris, décorés d'un

« ruban blanc : cette diversité de physionomies offrait un
« tableau mouvant et animé. »

Un petit recueil, le *Nain couleur de rose*, qui aurait pu
prendre comme épigraphe le vers connu de Malherbe,
puisqu'il n'eut qu'un seul numéro, publié le 18 juin 1815,
donnait la même note : « Depuis que Sa Majesté Très Chré-
« tienne a fait sa résidence à Gand, cette belle ville est
« devenue tout à coup un autre Paris. Nos jeunes militaires
« y ont apporté les usages, les goûts même de la capitale,
« et je ne serais pas surpris qu'il se fît à Gand, pour le
« moins, tout autant d'aimables folies qu'à Paris. »

Le théâtre était médiocre et assez peu fréquenté ; on y
exécutait les œuvres de Grétry, de Dalayrac, de Nicolo :
*Richard Cœur de Lion, Montano et Stéphanie, Raoul de
Créquy*, etc. Il y avait des représentations de gala, où les
directeurs annonçaient que « vu la présence des illustres
« personnages en cette ville, la salle serait décorée et
« éclairée de bougies. »

La grande cantatrice italienne Mme Catalani, alors dans
tout l'éclat de son talent, se fit entendre plusieurs fois
dans des concerts. Elle chanta également à l'hôtel d'Hane
de Steenhuyse : « Il y a eu hier, dit le *Journal de Gand*
« du 10 mai, un concert dans les appartements de S. M.
« Louis XVIII. Mme Catalani y a déployé toutes les
« richesses de son divin talent. Le Roi lui a donné des
« éloges d'autant plus flatteurs qu'ils venaient d'un prince
« distingué par ses lumières et son goût éclairé des
« arts [1]. »

Les lettrés passaient une partie de leur temps à la bibliothèque publique de la ville de Gand ; les visiteurs étaient
invités à écrire leur nom sur un registre qui y est toujours
conservé. On y trouve les signatures de la duchesse d'Angoulême, du comte de Blacas d'Aulps, du baron Louis, des
ducs d'Havré et de Luxembourg, du président Desèze, de

---

[1]. Les amateurs liront peut-être avec quelque curiosité les principaux
morceaux du programme de Mme Catalani : Scène de bravoure *Son regina*,
musique del signor Portogallo ; variations sur l'air *Del cuor non più sento*,
de Paësiello ; *Viva Enrico*, musique del signor Puccitta, compositeur italien
très oublié aujourd'hui, qui tenait le piano.

M. Guizot, etc. Plusieurs des signatures sont accompagnées de quelques mots. Ainsi on lit après le nom de M. Guizot, *Patriæ totus et ubique;* le comte de Juigné écrit: *Nec spe nec metu in variis varius;* un magistrat dijonnais, le président Richard de Vernotte: *Patriæ regique fidelis, spero meliora.*

Les rêveurs et les contemplatifs visitaient la Béguinage, ville cloîtrée au milieu d'une autre ville, dont Chateaubriand disait: « Je parcourais ce petit univers de femmes « voilées ou aguimpées, consacrées aux diverses œuvres « chrétiennes. Séjour calme, placé comme les syrtes afri- « caines au bord des tempêtes. »

Quelques grandes dames, Mme de Duras, Mme de Lévis, la duchesse de Ranzau, qui avaient suivi l'émigration à Gand, y régnaient sur leur cercle de fidèles qui devaient se retrouver dans leurs salons à Paris, entr'ouverts après le retour de Louis XVIII, mais qui n'eurent leur éclat qu'après le départ des alliés.

Au moment de l'arrivée du Roi à Gand, il paraissait, dans cette ville, deux journaux politiques, dont l'un quotidien et rédigé en français, le *Journal de Gand*, et l'autre, hebdomadaire, publié en langue flamande, la *Gazette van Gent*. Dès le premier jour, ils se montrèrent très sympathiques à la cause et à la personne du roi de France. Aussi longtemps que celui-ci n'eut pas d'organe officiel, le *Journal de Gand* en tint lieu jusqu'à un certain point; il publiait tous les actes émanant du Roi et de son gouvernement, et donnait avec complaisance les nouvelles de la cour et des princes. Le ton royaliste de cette gazette fut relevé avec aigreur à Paris, par le *Journal de l'Empire*, qui prétendait qu'elle était rédigée dans le cabinet de Louis XVIII.

Mais celui-ci ne pouvait évidemment se contenter de ce moyen de s'adresser à la France et à l'Europe. Il n'était plus le prétendant, chevalier errant de la légitimité, qui allait chercher en Allemagne, en Russie et en Angleterre, un asile et une hospitalité qui lui furent, plus d'une fois, contestés durement et même refusés. C'était un souverain reconnu par toutes les puissances, que la fortune politique avait contraint momentanément (il en jugeait ainsi du moins, et c'était la croyance plus générale chaque jour) de se retirer dans une ville étrangère, aux confins de son royaume, suivi de sa cour, environné de ses ministres, et voyant son autorité consacrée par la présence du corps diplomatique accrédité auprès de sa personne. M. Grattan, dans son discours du 25 mai 1815, à la Chambre des communes, avait trouvé le mot juste en disant que « la famille des Bourbons représentait une grandeur déchue, ou, pour mieux parler, *momentanément suspendue* [1]. »

Il fallait que Louis XVIII fît acte d'autorité souveraine en ayant son *Moniteur*, comme Napoléon avait le sien, pour publier les dispositions du gouvernement royal, exposer et défendre sa politique, répondre aux attaques du *Journal de l'Empire* contre celui qu'il nommait le *Comte de Lille et de Gand*, faire connaître les efforts de résistance qui s'étaient produits contre Bonaparte, en Vendée, à Bordeaux et à Toulouse, dépeindre chaque jour l'Europe en armes, précipitant sa marche pour chasser de France l'usurpateur, et les bons citoyens se détachant de plus en plus de sa cause, donner un bulletin des nouvelles de la cour comme si Gand était Paris, et l'hôtel d'Hane, les Tuileries.

Telle fut l'origine du *Moniteur universel*, qui, dès son second numéro, abandonna ce titre pour prendre celui de *Journal universel*. Sa publication n'eut pas lieu sans quelques tiraillements. D'après un arrêté du gouvernement néerlandais du 23 septembre 1814, aucun journal ne pouvait paraître en Belgique sans une autorisation spéciale. Afin de se mettre en règle, M. de Blacas, ministre de la maison du Roi, fît part du projet de publication à M. de Fagel, accrédité comme ministre des Pays-Bas auprès de Louis XVIII. M. de Fagel lui répondit que « le conseil « général de l'intérieur trouvait des difficultés à la publi- « cation d'un journal qui contiendrait des actes officiels « qui ne seraient pas ceux du pays où il s'imprimerait;

---

1. *The parliamentary debates*, vol. XXXI, p. 427.

« c'est la seule objection au projet dont Votre Excellence
« m'a fait l'honneur de m'entretenir. » La lettre de M. de
Fagel est datée du 7 avril.

Cependant le journal, dans son premier numéro, paru
le 14 avril, porte le titre de *Moniteur universel;* il ne
prend celui de *Journal universel* que dans le numéro suivant, du 18. Le *Moniteur* du 14 inséra, à la place officielle,
deux ordonnances royales, datées de *Lille, le 23 mars
1815.* Ces actes paraissent, au surplus, avoir été anti-
datés. Il semble certain que Louis XVIII n'avait pas fait
ces ordonnances avant de quitter le territoire français.
Elles prescrivaient le refus du paiement de l'impôt à
Napoléon et défendaient aux Français de le servir.

Louis-Philippe, dans l'ouvrage sur les événements
de 1815 (*Mon journal,* I, p. 260), dit : « Je ne saurais
« croire que si ces ordonnances avaient été réellement
« rendues à Lille, le Roi ne les eût pas communiquées
« au duc de Trévise ainsi qu'à moi, lorsque nous lui
« avons demandé les ordres qu'il voulait nous laisser en
« partant. »

Mais d'autres actes officiels insérés dans des numéros
postérieurs du *Journal universel,* notamment la *Déclaration* du Roi à la France, du 2 mai, l'ordonnance royale du
17 mai, contresignée par le duc de Feltre, ministre de la
guerre, instituant une médaille de la *Fidélité* pour les
Français qui n'ont pas déserté la cause légitime, etc., au
lieu d'être imprimés en tête du journal, à la place ordinairement réservée aux actes officiels, figurent sous la
rubrique : *Affaires de France,* dans le corps du journal.
Il y avait là une concession, au moins apparente, aux
objections du gouvernement néerlandais.

L'autorisation nécessaire pour faire paraître le journal
fut accordée par un arrêté royal du 20 avril 1815 [1].

Le *Journal universel* paraissait en quatre pages, auxquelles s'ajoutaient assez souvent des suppléments, dans

---

1. Cet arrêté n'a pas été inséré dans le *Journal officiel du gouvernement
de la Belgique,* qui donne les titres de onze autres journaux dont la publication a été autorisée en 1815.

le format *in-folio*, le mardi et le vendredi de chaque semaine, chez M. J.-N. Houdin, qui était aussi l'éditeur du
Journal de Gand. Le prix de l'abonnement était de douze
francs pour trois mois, de vingt-deux francs pour un se-
mestre, et de quarante francs pour l'année. On prévoyait
donc que l'existence du journal pût être assez longue.
Heureusement pour Louis XVIII, sa publication n'atteignit
pas la fin du premier trimestre. La mention des abonne-
ments semestriels et annuels se trouve encore dans le dernier numéro, le n° 20, paru le 21 juin, trois jours après la
bataille de Waterloo [1].

Les frais d'impression du journal étaient payés par la
cassette du Roi. M. Louis, ministre des finances, aurait
éprouvé quelque embarras à y subvenir à l'aide des ressources du trésor public. Le gouvernement était hors
d'état de suffire à la dépense des services les plus essentiels [2]. Le prince de Talleyrand se plaignait, de Vienne, à
Louis XVIII (lettre du 5 mai), de n'avoir rien reçu depuis
le 21 mars, et d'avoir dû solliciter la bienveillance des
ministres anglais, qui n'avaient autorisé qu'une avance de
cent mille francs dans le cours de six mois. Les ministres
du Roi Très Chrétien étaient réduits eux-mêmes à la
portion congrue. MM. Beugnot et Louis avaient réuni,
par économie, leurs ménages en un seul. Ils dînaient à
table d'hôte à trois francs par tête, déjeunaient avec une

1. On rencontre assez difficilement l'édition originale du *Journal universel*, mais il a été réédité deux fois : d'abord en 1825, à l'imprimerie du
Moniteur, comme un appendice à la feuille officielle ; ensuite en 1834, dans
le format et avec une composition typographique absolument semblables
à la publication primitive, dont cette reproduction forme un fac-similé
exact. Cette réimpression a été faite par Dumoulin, officier d'ordonnance
de l'Empereur, qui, en rappelant la collaboration au *Journal universel* de
quelques-uns des hommes qui servaient la monarchie libérale de Juillet,
croyait les signaler, comme renégats, au mépris public.
2. Louis XVIII n'avait emporté de Paris que quatre à cinq millions en or
et en argent, avec lesquels il fallait pourvoir aux dépenses de la maison
du Roi, au traitement des agents officiels et officieux, à l'entretien de la
petite armée d'Alost, etc., etc. D'après le *Journal universel*, dans son
numéro du 25 avril, Napoléon aurait trouvé dans le trésor, à sa rentrée à
Paris, trente-deux millions en numéraire, et pour quarante-deux millions
d'effets négociables. On a beaucoup reproché, dans l'entourage du Roi, à
Gand, à M. Louis, ministre des finances, de n'avoir point pris avec lui une
partie de cette somme pour les besoins de la cause royale.

tasse de lait et soupaient d'un verre d'eau sucrée [1]. A la
même table d'hôte se rencontraient M. Guizot, M. Mounier, M. Capelle, le général Beurnonville, etc., et malgré
le menu très sommaire, l'intérêt de la conversation
retenait souvent les convives à table jusqu'au soir. Les
habitués se permettaient parfois des parties de campagne,
favorisées par le temps, qui fut superbe pendant toute la
saison. Le duc de Feltre, seul, donnait à dîner et avait
voiture.

Pour la direction du *Journal universel*, on avait sous la
main un journaliste de premier ordre, M. Bertin l'aîné.
On sait que, acquéreur, en 1799, avec son frère M. Bertin
de Vaux, du *Journal des Débats*, fondé par Baudouin, il
avait vu sa propriété confisquée par un décret impérial du
18 février 1811, lequel en disposa arbitrairement. Les
frères Bertin avaient quitté la France en même temps que
Louis XVIII. M. Bertin de Vaux, arrivé à Tournai, ne
tarda pas à rentrer à Paris; mais M. Bertin l'aîné, qui
s'était d'abord rendu à Bruxelles, fut appelé par le Roi à
Gand, pour prendre la direction du *Journal universel* [2].
Les rédacteurs habituels étaient MM. de Lally-Tollendal et de Pradels. Le premier était fils du fameux comte
de Lally-Tollendal, qui fut décapité en 1764, pour avoir
prétendûment trahi les intérêts de la France comme gouverneur de ses possessions dans l'Inde. Gérard, marquis
de Lally-Tollendal, avait été député de la noblesse de Paris
aux États généraux. Il fut membre de l'Académie française. C'était un royaliste éclairé et modéré. Sa rédaction,
facile et nette, était fort goûtée par Louis XVIII et dans
l'entourage du souverain [3]. M. de Jaucourt, ministre des

1. *Mémoires du comte Beugnot.* Paris, 1889, p. 566.
2. M. Bertin vivait dans une grande intimité avec Chateaubriand. « Il
s'assurait dès lors, sur le *Journal des Débats*, dit M. Guizot dans ses *Mémoires*, cet empire dont il devait faire plus tard un si puissant usage. » Ils
habitaient à Gand, nous l'avons dit, la même maison.
3. M. de Lally-Tollendal, que Rivarol appelait le plus gras des hommes
sensibles, se recommandait à la sympathie personnelle du Roi par la conformité de leurs goûts gastronomiques. A table, il mêlait l'émotion de ses
souvenirs sur la Révolution à l'éloge des plats qu'on lui servait.

affaires étrangères, écrivait, le 23 avril, à M. de Talleyrand :

« J'ai l'honneur de vous envoyer plusieurs exemplaires
« d'un journal que nous faisons paraître ici, sous le titre
« de *Journal universel*. Vous y reconnaîtrez la plume de
« M. Lally. Dans deux jours il paraîtra un manifeste fait
« par lui, que précédera la déclaration que doit faire le
« Roi au moment de son entrée sur le sol français. Il a été
« lu hier au conseil du Roi, lequel se compose de MM. de
« Blacas, de Feltre et de moi, et de MM. de Lally et de
« Chateaubriand. Ce matin il a été lu au général de Pozzo
« di Borgo, qui en a été fort satisfait, et qui le portera
« demain au duc de Wellington », lequel se trouvait à
Bruxelles, où il était le plus souvent.

M. de Pradels [1] est cité aussi comme un des rédacteurs
du journal dans une lettre de M. de Jaucourt à M. de
Talleyrand : « Au conseil (6 mai), s'est lue une déclara-
« tion proposée par Pozzo, rédigée un peu par M. de
« Pradels, revue, retouchée et arrêtée par le Roi. » On
voit que Louis XVIII exerçait, en définitive, les fonctions
de « directeur politique » du *Journal universel*, et ce n'est
pas la seule preuve que nous pourrions en donner. Quant
à Pozzo di Borgo, dominé par sa haine contre Napoléon [2], il dépassait de beaucoup, dans cette collaboration
aux manifestes de la cour de Gand, les intentions de
l'empereur Alexandre, comme en fait preuve sa correspondance avec M. de Nesselrode [3].

Le *Journal universel* publia des articles de MM. de

1. Jules, comte de Pradels, né en 1782, mort en 1857, avait émigré au
cours de la Révolution ; il accompagna Louis XVIII à Gand et rentra avec
lui en France. Il fut de l'Académie des beaux-arts.

2. « N'oubliez pas, » disait M. de Fontanes à Villemain, la veille de la
rentrée de Napoléon aux Tuileries, « la présence de M. de Talleyrand à
« Vienne, et le souffle de haine et d'effroi qu'il répand, *à l'égal de Pozzo*, et
« avec l'autorité d'une ancienne confidence et d'une rupture implacable.
« Je sais qu'il demandait depuis deux ans l'envoi de l'Empereur loin de
« l'île d'Elbe, dans une résidence transatlantique mieux gardée. » (*Souvenirs contemporains*, par M. Villemain ; seconde partie : *Les Cent-jours*,
p. 39.)

3. *Correspondance diplomatique du comte Pozzo di Borgo*, ambassadeur
de Russie en France, et du comte de Nesselrode, Paris, 1890. Voir notamment p. 145.

Chateaubriand, de Jaucourt, Beugnot, de Vaublanc, de Sèze, etc. [1]. M. Guizot, qui n'arriva, du reste, à Gand que le 24 mai, envoyé par ses amis du comité des royalistes constitutionnels [2], passe aussi pour y avoir écrit. Mme de Damas, dans un article sur les événements de Bordeaux, y représenta la littérature *féministe*.

De tous les documents publiés par le *Journal universel*, le plus important fut le *Rapport sur l'état de la France fait au roi, dans son conseil, par le vicomte de Chateaubriand, ministre plénipotentiaire de Sa Majesté Très Chrétienne près la cour de Suède* [3]. C'était, au point de vue intérieur, le manifeste d'une politique sagement libérale, dans lequel on faisait prendre au Roi l'engagement de réformes sérieuses pour la presse et pour le régime parlementaire. Quant à l'extérieur, tout était dominé par cette déclaration, qui n'était peut-être pas au fond de tous les cœurs : « Sire, nous partageons votre royale tristesse, « il n'y a pas un de vos conseillers et de vos ministres « qui ne donnât sa vie pour prévenir l'invasion de la « France. » M. de Chateaubriand, en mentionnant cet acte dans ses *Mémoires d'outre-tombe* (t. III, p. 451), a

1. Dans son étude sur Charles Nodier (*Portraits littéraires*, t. I), Sainte-Beuve rapporte qu'au début des Cent-jours, Fouché avait fait venir Charles Nodier, auquel il demanda ce qu'il voulait de lui. Nodier aurait répondu : « Eh bien, donnez-moi 500 fr. pour aller à Gand. » Il ne fit pas le voyage, mais, d'après Sainte-Beuve, il serait l'auteur d'un article intitulé *Bonaparte au 4 mai*, qui parut dans le *Journal universel*. Mme Menessier-Nodier reproduit, dans ses *Souvenirs*, l'assertion de Sainte-Beuve, sans y rien ajouter. Nous avons cherché en vain l'article qu'il attribue à Charles Nodier.

2. Les principaux membres de ce comité étaient M. Royer-Collard, le marquis de Clermont-Gallerande, ancien constituant, M. Becquey et M. Guizot. Ce dernier reçut la mission spéciale de faire connaître au Roi les sentiments du parti modéré, qui s'effrayait de la présence de M. de Blacas dans le Conseil et de son influence sur l'esprit de Louis XVIII. M. Guizot fut reçu par le Roi le 1er juin. « Je lui racontai quelques anecdotes, » écrivit-il dans ses *Mémoires* (I, 85), « quelques couplets de chansons qui « attestaient le progrès du sentiment royaliste. Il s'en amusa. Il se plaisait « aux récits gais, comme il arrive aux hommes qui ne peuvent guère se « fournir eux-mêmes de gaieté. »

3. Ce rapport occupe quinze pages dans le *Journal universel*, n° 9, du 12 mai. Il est à remarquer que le nom de M. de Chateaubriand est suivi de son titre diplomatique, et que l'on ne mentionne pas la fonction ministérielle qu'il remplissait par intérim.

pu dire, non sans une juste fierté: « Ces pages étaient
« écrites dans les États de souverains alliés, parmi des
« rois et des émigrés qui détestaient la liberté de la
« presse, au milieu des armées marchant à la conquête,
« et dont nous étions, pour ainsi dire, les prisonniers.
« Ces circonstances ajoutent peut-être quelque force aux
« sentiments que j'osais exprimer. »

Le ton du *Journal universel* est toujours extrêmement
vif au sujet de Napoléon. On y lit, par exemple : « Tout
« en France marche à grands pas vers la Terreur.... La
« première Terreur n'a pas commencé non plus par les
« plus grands crimes; on a d'abord brûlé des châteaux,
« fait des lois comminatoires, des listes d'émigrés,
« avant de couvrir la France de prisons et d'échafauds.
« La lie de la nation est de nouveau soulevée contre le
« rang, la naissance, la religion, la propriété. L'*empereur*
« passe en revue ces faubourgs de honteuse et exécrable
« mémoire, l'armée de Robespierre et de Marat; l'*empe-*
« *reur* les attire, les flatte, les accueille. Celui qui
« naguère encore essayait de traiter avec les rois, d'égal
« à égal, recommence les orgies démagogiques qui ont
« précédé le 10 août, et *Napoléon le Grand* prend la
« place de Santerre, à la tête des faubourgs Saint-Antoine
« et Saint-Marceau. » *Buonaparte* est toujours *Genséric,*
Attila, flibustier à la fois ingrat, parjure et féroce, et
autres expressions aussi acerbes.

Indépendamment des actes officiels, des déclarations
du gouvernement royal, des articles de polémique et des
bulletins de la cour, une place importante était réservée
dans le *Journal universel* aux nouvelles intérieures de
France, qui tendaient naturellement à montrer le discrédit
croissant du gouvernement impérial, ainsi qu'aux faits
de l'étranger : traités, actes diplomatiques, armements et
marches de troupes, préparant la catastrophe finale de
l'empire. Les informations intéressantes n'y manquaient
pas, surtout en ce qui concernait la politique du gouvernement britannique et les débats du Parlement, dont la
cour de Gand semblait particulièrement se préoccuper.
Elle était tenue fort au courant de ce qui se passait à

Londres, par le comte de la Châtre, qui continuait à représenter le Roi auprès du cabinet de Saint-James.

La place n'était pas ménagée, dans le *Journal universel*, à un sujet qui tenait fort à cœur à Louis XVIII, les vicissitudes de la tentative de Murat pour soulever l'Italie, tentative qui se termina d'une manière fatale pour son auteur, le 19 mai, lorsqu'il dut quitter en toute hâte Naples pour se réfugier à Toulon.

Dans sa partie financière, le *Journal universel* se contentait de donner le cours du cinq pour cent consolidé, à la Bourse de Paris, cours qui oscilla, pendant les Cent-jours, entre 55 et 59 francs, et celui des actions de la Banque de France, qui varia entre 750 et 800 francs.

Le *Journal universel* n'avait point de partie littéraire. Cependant, il sacrifia une fois aux Muses, comme on disait encore à cette époque, et ce fut Louis XVIII lui-même qui sema des vers au milieu de la grave prose de la feuille officielle. Ce n'est pas en traduisant les *Odes* d'Horace, ni dans le commerce de Ducis, qui avait été le secrétaire de ses commandements, que le prince trouva l'inspiration de la pièce de vers d'un goût peu délicat, imprimée dans le *Journal universel* du 23 mai, sous le titre des *Mouchoirs blancs*.

M. de Jaucourt a défini le véritable caractère que le gouvernement royal attachait à cette publication, dans une lettre circulaire qu'il adressa aux divers agents diplomatiques du Roi à l'étranger, à la date du 19 mai 1815, et dont le texte se trouve dans les *Mémoires* de M. de Bourrienne, alors accrédité comme chargé d'affaires à Hambourg [1]. « Plusieurs ministres du Roi m'ont demandé avec « instance d'être tenus au courant des événements et de « recevoir des instructions fréquentes, dans les circons- « tances actuelles. Cependant, le chaos des événements, « le désir du Roi de faire connaître lui-même ses inten- « tions envers ses peuples.... ont dû, dans les premiers « temps, ralentir ma correspondance et m'imposer une

---

1. *Mémoires de M. de Bourrienne*, t. X, p. 342.

« certaine réserve. J'y ai suppléé par l'envoi du *Journal*
« *universel*, qui paraît ici sous les yeux du gouvernement,
« et qui suffisait provisoirement pour vous informer des
« faits les plus importants et pour vous transmettre les
« notions les plus authentiques sur le véritable état de la
« France....

« *P.-S.* — Je crois devoir vous faire remarquer que le
« *Journal universel*, quoique rédigé dans le lieu de la rési-
« dence du gouvernement et, en quelque sorte, sous ses
« yeux, ne doit pas cependant être regardé comme officiel
« dans toutes ses parties ; ses articles se ressentent plus
« ou moins de la manière de voir individuelle de
« l'écrivain, et le gouvernement ne saurait se rendre
« garant de toutes les nuances d'opinions qu'on y énonce ;
« dans la position délicate où nous nous trouvons, il m'a
« paru convenable de faire ces observations. »

Cette réserve pouvait être commandée, en effet, par la
situation de Louis XVIII ; mais il n'est pas moins vrai
que le Roi avait la haute main sur la direction et la rédaction du *Journal universel*, et que rien n'y passait qui ne
fût autorisé ou approuvé par lui : *J'ai l'honneur de vous
envoyer*, avait écrit M. de Jaucourt à M. de Talleyrand
dès le début de la publication (23 avril), *plusieurs exemplaires d'un journal que nous faisons paraître sous le
titre de* Journal universel [1].

Malgré son attache officielle, le journal était médiocrement goûté à Vienne, dans les milieux diplomatiques, .
et on le disait ouvertement.

Le prince de Talleyrand écrivait à M. de Jaucourt le
6 mai : « Je reçois votre *Journal universel* (n°s 3 et 4).
« Je vous prie de faire observer aux personnes qui le
« rédigent que tous les articles doivent être écrits avec
« beaucoup plus d'art et de réflexion, soit quant au fond

---

1. Tous les actes officiels émanant de Louis XVIII ne furent point insérés au *Journal universel*. Ainsi, l'on s'abstint d'y faire paraître, sur les représentations du duc de Wellington, de sir Stuart et de M. de Fagel, un
manifeste rédigé par M. de Lally-Tollendal, délibéré en Conseil, et qui fut
publié à part. Cette pièce parlait des dispositions des puissances étrangères et de la politique intérieure que le Roi entendait suivre après sa rentrée en France.

« des choses, soit quant aux expressions. Cette remarque
« aujourd'hui tombe sur le mot *nationaliser*, dont le sens
« est un peu durement fixé [1]. L'empereur de Russie, à qui
« vous devez désirer de plaire, se sert constamment de
« cette expression, soit dans sa conversation, soit dans les
« actes qui émanent de lui, et hier ce qui l'entourait s'est
« montré choqué de la manière dont on cherchait à flétrir
« une des expressions dont il fait le plus d'usage. Un jour-
« nal fait auprès du Roi doit être écrit avec bien plus de
« précaution que les meilleurs journaux que l'on pourrait
« faire à Paris.... On ne peut pas trop employer de moyens
« pour rassurer, parce qu'il faut rassurer de mauvaises
« consciences, et il y en a terriblement en France. (M. de
« Talleyrand y mettait de l'abnégation.) Les bonnes vien-
« dront toujours. Dites à Lally de mettre toute son indi-
« gnation en indulgence. »

M. de Talleyrand revenait encore sur ce sujet dans une
lettre du 17 mai, à M. de Jaucourt : « Je suis amené, en
« vous parlant du *Journal de l'Europe*, à vous entretenir
« de nouveau de celui *de Gand. Il déplaît généralement.*
« Souvent il est injurieux, ce qui est au moins inutile et ordi-
« nairement nuisible. Vous devriez bien dire au rédacteur
« qu'il faut qu'il ait la force de ne jamais se montrer réac-
« teur, et pour cela il faut plus de force qu'on ne pense [2]. »

M. de Bourrienne, chargé d'affaires de France à Hambourg, faisait paraître dans la *Gazette* de cette ville des
articles relatifs aux affaires de France et qui obtenaient
l'approbation de Talleyrand, beaucoup plus que la prose
du *Journal universel*. « L'article que vous avez rédigé,
« il y a quelque temps, écrivait-il à M. de Bourrienne [3],
« pour être inséré dans la *Gazette de Hambourg*, est
« excellent. Il serait bien à désirer que toutes les publica-
« tions faites dans les différents journaux fussent conçues

1. Dans la réponse du *Journal universel* aux observations au *Journal de
l'Empire*, au sujet de la déclaration du Congrès de Vienne, du 13 mars, on
lisait (numéro du 21 avril) : « Est-ce que, dans le néologisme révolutionnaire, *nationaliser* et *septembriser* se toucheraient ? »
2. *Correspondance inédite de Talleyrand et de Louis XVIII*, par G. Pallain, p. 475, note.
3. Lettre du 5 mai 1815. *Mémoires de M. de Bourrienne*, t. X, p. 339.

« dans un aussi bon esprit, mais, malheureusement, il n'en
« est pas ainsi. Je vois souvent imprimer beaucoup de
« choses qui ne peuvent que produire un mauvais effet. »

La petite presse eut aussi sa place à Gand, à côté du
journalisme sérieux. On vit paraître le *Nain blanc* et
d'autres pamphlets assez violents dans la forme et d'un
esprit passablement trivial [1].

Chaque jour amenait de nouveaux venus : les généraux
Beurnonville, Dessoles, Donnadieu, MM. Lainé, de Vaublanc, de Sèze, le général espagnol Mina, etc., etc. [2].

Parmi les visiteurs, on signala un affidé de Fouché,
M. Gaillard, conseiller à la cour de Paris, qui était
chargé par le duc d'Otrante de négocier les conditions de
son concours pour la rentrée de Louis XVIII en France [3].

[1]. Dans notre *Étude sur les journaux à Gand pendant les Cent-jours*
(Bruxelles-Paris, 1896), nous avons donné quelques échantillons de la poésie
politique qui avait cours à Gand. En voici d'autres spécimens :

LE TIGRE CORSE

Nouveau Calligula (*sic*) vomi par le Tartare,
Assassin par calcul et par plaisir barbare,
Poursuis tes noirs forfaits, mets l'univers en deuil.
Outrage les mortels jusque dans le cercueil.
Le Ciel à la fin, las de ta conduite infâme,
En te laissant agir, aveuglera ton âme;
On verra tout d'un coup le vil usurpateur,
Noircir dans l'opinion, finir comme un voleur.

RECETTE

Prenez le sang de Robespierre,
Les os, le crâne de Tibère,
Et les entrailles de Néron,
Vous aurez un Napoléon.

[2]. On a dit que le peintre Géricault était venu à Gand. Le grand artiste
avait abandonné momentanément le pinceau pour entrer dans les mousquetaires gris, après le froid accueil que le public avait fait à son *Cuirassier
blessé*, exposé en 1814. D'après Charles Blanc et Eugène Lami, qui connut Géricault à l'atelier d'Horace Vernet, rue des Martyrs, il fit partie des mousquetaires qui entrèrent en Belgique avec le Roi et les princes. Un biographe de
l'artiste, Charles Clément, dit, au contraire, qu'il n'alla que jusqu'à Béthune.

[3]. Tandis que M. de Chateaubriand affirme la présence de M. Gaillard à
Gand, lorsque Louis XVIII s'y trouvait encore (*Mémoires d'outre-tombe*,
III, p. 465), dans les termes les plus positifs, M. Pasquier, dans ses *Mémoires* (III, p. 244), rapporte que l'envoyé de Fouché n'y arriva qu'après le départ du Roi. Les détails donnés par M. de Chateaubriand doivent faire
accepter sa version. M. Pozzo di Borgo la corrobore dans sa correspondance avec M. de Nesselrode.

M. de Chateaubriand assure que Mme de Vitrolles vint à Gand avec une mission analogue. On s'adressait plutôt à *Monsieur* pour les négociations de ce genre, qui étaient plus conformes à son caractère [1]. Le Roi avait des préoccupations d'un autre ordre. Il tenait à avoir auprès de lui les deux personnages qui devaient lui apporter, chacun dans sa sphère, une grande force morale : le duc d'Orléans et Talleyrand. Il insistait auprès du premier, qui ne se décidait pas à quitter Londres, pour qu'il vînt le rejoindre sans délai à Gand. M. de Chateaubriand avait parlé de lui donner l'épée de connétable. M. de Lally-Tollendal écrivait à Louis-Philippe [2] que sa présence apporterait *une force incalculable*. Y avait-il autre chose, dans cette insistance, que le désir de voir se compléter autour du Roi le faisceau de la maison de Bourbon, et ne pouvait-on l'expliquer aussi par le souci d'arrêter les progrès que la candidature du duc d'Orléans au trône de France faisait dans certains milieux ? Quoi qu'il en soit, le prince résistait à toutes les instances, et il expliquait nettement son refus par la volonté de rester en dehors de toute combinaison, malheureusement inévitable, qui ramènerait le Roi aux Tuileries avec le concours des troupes étrangères. Son sentiment à ce sujet éclate dans toutes ses lettres écrites de Londres, pendant les mois d'avril, de mai et de juin, adressées au prince de Talleyrand, à M. de Lally-Tollendal, à lord Wellington, à sir Charles Stuart, ministre d'Angleterre à Gand, et au Roi lui-même, Louis-Philippe manifeste, dans des termes également nets, l'aversion qu'il éprouve pour tout ce qui pourrait ressembler à un recommencement de l'émigration en mêlant des soldats français à des corps étrangers.

C'était encore là une des chimères de Louis XVIII de se

---

1. Déjà le 11 mars, avant que le Roi s'éloignât de Paris, M. de Maisonfort avait vu Fouché, de la part du comte d'Artois. On assure même que celui-ci rencontra le duc d'Otrante au château de Suresne, chez la princesse de Vaudemont. Le portefeuille de la police lui avait été offert. (*Mme de Castine*, par A. Bardoux, p. 220 et suiv.)

2. Lettre du 6 mai 1815. *Mon journal*, par Louis-Philippe d'Orléans, t. II, p. 60.

créer un appoint militaire en dehors des forces de la coalition : recrutement de régiments suisses, payés au moyen de subsides anglais; entrée en campagne de l'armée espagnole; formation d'un corps de volontaires hollando-belges, sans parler de la mise en ligne de la petite armée d'Alost, dont le concours avait l'avantage, à ses yeux, d'introduire au moins un élément français dans cet amalgame hybride. Rien de tout cela n'aboutit et ne pouvait réussir.

Quant à la présence de Talleyrand, elle paraissait nécessaire et urgente à tout le monde, à commencer par Louis XVIII. Il sentait fort bien que son gouvernement manquait d'un homme de ressources, qui en imposât par ses talents et son autorité. « Il me tarde beaucoup, sur- « tout dans les conjonctures présentes, de vous avoir « auprès de moi, » lui écrivait-il dès le 22 avril. « Avant le conseil, mande M. de Jaucourt à Talleyrand le 6 mai, le Roi m'a fait entrer, s'est levé et m'a dit : « Je fais partir « le comte de Noailles pour Vienne, il faut absolument « que M. de Talleyrand vienne tout de suite; je le lui « écris; je lui fais savoir que j'ai grand besoin de lui ; je « désire le voir. » Autour du Roi les appels n'étaient pas moins pressants. Le 28 avril, Chateaubriand écrit à M. de Talleyrand : « Votre présence ici est absolument néces- « saire. Venez, prévenez nos nouvelles sottises. Il faut « que vous vous mettiez à notre tête, que nous formions « un ministère dont vous serez le guide et l'appui. » Pozzo di Borgo [1] et sir Charles Stuart ne pensaient pas autrement que les conseillers du Roi, M. de Blacas et le parti de *Monsieur* exceptés. M. de Jaucourt essayait d'intéresser l'amour-propre de Talleyrand, tâche difficile, en lui faisant part de l'opinion du diplomate anglais : « Le « chevalier Stuart est si plein de la nécessité de votre « arrivée qu'il m'a dit : Tenez pour certain que s'il ne « vient pas, c'est qu'il préfère une position agréable et « commode à tout. » Joueur trop retors pour se mêler

---

[1] « Si Talleyrand n'est pas encore parti, chassez-le de Vienne, » écrivait Pozzo di Borgo à M. de Nesselrode, le 12 mai.

directement à la partie avant qu'elle parût gagnée, M. de Talleyrand cherchait des atermoiements, les expliquait d'une manière plus ou moins plausible et restait à Vienne. Si la fortune eût tourné autrement, M. de Talleyrand fût peut-être rentré en grâce auprès de Napoléon [1], qui s'était montré rempli d'indulgence pour Fouché, dont la trahison était pourtant complètement avérée.

V.

Mais les événements se pressaient. Les troupes alliées s'approchaient, en cohortes nombreuses, des frontières de France. Après les foudres diplomatiques du congrès de Vienne contre l'Empereur, le canon allait succéder aux protocoles. A Gand, les journées paraissaient longues. « Nous passions le temps, écrit le comte Beugnot, entre « quelques devoirs de cour, d'assez petites affaires, un peu « d'espoir, et un commencement d'impatience. » La question financière commençait aussi à devenir inquiétante. Nous avons dit que le baron Louis avait laissé à Paris presque tout l'encaisse du Trésor. M. de Jaucourt mandait à Talleyrand dès le 10 avril : « Je suppose que M. de Blacas « vous a mis au courant de la situation financière. Elle est « des plus médiocres. » Le Roi lui-même avait confirmé à Talleyrand l'exiguïté de ses ressources. Il lui écrivait (lettre du 19 avril) que « ses finances étaient très mesquines « en ce moment. » Si l'on calcule toutes les dépenses ordinaires et extraordinaires auxquelles son maigre budget

---

1. C'est là plus qu'une simple hypothèse. On lit dans les *Mémoires d'un ministre du trésor public* (Mollien), t. IV, édit. 1845, p. 199-200 : « Parmi les « personnages avec qui Napoléon avait eu des rapports suivis, M. de « Talleyrand était peut-être celui dont il avait le plus désiré la présence « pendant les Cent-jours, celui dont le nom revenait le plus souvent dans « ses entretiens, je dirai même ses regrets. Il disait de lui : « C'est encore « l'homme qui connaît le mieux ce siècle et le monde, les cabinets et les « peuples. Il m'a quitté, je l'avais assez brusquement quitté moi-même ; « il s'est souvenu de mes adieux de 1814.... » *Quelques tentatives furent* « *même faites auprès de M. de Talleyrand, qui était à Vienne, pour l'engager* « *à revenir à Paris.* »

avait eu à pourvoir depuis plus de deux mois, on comprendra que la situation était devenue des plus difficiles.

Dans l'éventualité prochaine de l'entrée en France des troupes étrangères, par grandes masses, il fallait s'occuper de régler la question des subsistances à l'avance, de manière à soustraire autant que possible les populations à toute vexation et à tout dommage. Dans ce but, et pour marquer son autorité, le Roi avait résolu de désigner des commissaires de son choix qui le représenteraient auprès des armées étrangères, au moment de leur entrée en France, et qui auraient sous leurs ordres des intendants chargés de faire les réquisitions en nature ou en argent, selon les besoins. Le duc de Wellington s'employa beaucoup à la réussite de cette combinaison, qui donnait au Roi au moins une ombre de pouvoir dans ses États, mais qui ne plut que médiocrement à Vienne [1]. Louis XVIII nomma commissaires auprès du roi de Prusse le général de Beurnonville et M. de Vaublanc; auprès de l'armée anglaise, le duc de Luxembourg et M. Capelle; à l'armée russe, le duc de Richelieu, qui n'accepta point à cause de sa situation personnelle vis-à-vis de l'empereur de Russie, et M. Mounier; enfin, auprès de l'Autriche, le comte Hugues de Damas et le baron de Talleyrand.

Les 16, 17, 18 et 19 juin furent des journées d'agitation et de fièvre à l'hôtel d'Hane de Steenhuyse et parmi la population gantoise. Le Roi avait reçu, dans la soirée du 15, la nouvelle que Napoléon avait franchi la frontière, et dans la nuit une dépêche était parvenue du quartier général anglais, annonçant le commencement des hostilités à Lobbes, près de Charleroi, entre les troupes françaises et un corps d'armée prussien. Le 16, de grand matin, trois régiments anglais, qui étaient casernés à Gand depuis plusieurs semaines, furent expédiés précipitamment vers Charleroi, et d'autres troupes de la même nation, venant d'Ostende, ne firent que traverser la ville. Dans la soirée,

1. M. de Vincent, et à son défaut M. Pozzo, reçoivent l'ordre de faire des remarques contre la nomination de commissaires royaux à nos armées (M. de Metternich à Talleyrand, du 24 juin 1815).

la nouvelle se répandit que l'Empereur avait eu un premier avantage près de Fleurus et l'on entendit distinctement dans cette direction le bruit du canon, qui continua pendant une partie de la nuit. Fort tard arrivèrent à Gand quinze à vingt voitures de militaires blessés. Des ouvrages de fortification furent élevés en toute hâte aux portes de la ville.

Les réfugiés français faisaient fiévreusement leurs préparatifs de départ. On emballa l'argenterie et les objets précieux du Roi, qui furent expédiés, le 17, à Anvers.

Ce jour-là, le duc de Berry, qui commandait la petite armée française cantonnée à Alost, arriva de cette ville avec sa maison et l'escadron des gardes du corps, qui fut logé dans les faubourgs. Il avait été précédé la veille par les troupes d'infanterie qui faisaient partie du rassemblement militaire du prince, venues de Termonde, et dont on remarqua l'uniforme à la prussienne.

Les informations devenaient de plus en plus alarmantes. On apprit le succès remporté par Napoléon aux Quatre-Bras. Le bruit se répandit que toute une division prussienne avait été anéantie, que le duc de Brunswick avait été tué et le prince d'Orange grièvement blessé. On assurait que Napoléon allait faire son entrée à Bruxelles. Le comte d'Artois, qui arrivait de cette ville à Gand par des chemins détournés, en apportait la nouvelle. Elle fut confirmée par M. de Vincent, ministre d'Autriche, qui se blessa à la main dans son empressement à se rendre auprès de Louis XVIII.

La panique devint générale en ville. On fit des travaux pour inonder les abords des portes d'entrée, que l'on tenait fermées, et dont les guichets seuls demeuraient entre-bâillés.

Quant à la cour, la légitimité gisait *en dépôt à l'hôtel d'Hane de Steenhuyse*, selon la forte expression de Chateaubriand, *comme un vieux fourgon brisé*. Il y eut conseil auprès du Roi le 17, au soir. Louis XVIII y apporta sa sérénité habituelle, à peine troublée par la mauvaise tournure que les événements militaires semblaient prendre, et par les obscurités de la situation politique extérieure et intérieure. Les débats qui venaient d'avoir lieu au Parlement anglais avaient montré que si le gouvernement du prince régent était, au fond, très favorable à sa cause, il reconnaissait cependant, en principe, qu'aucune puissance n'avait le droit de dicter à un autre pays le choix du gouvernement qu'il devrait adopter [1]. D'un autre côté, les dernières dépêches, de Vienne, du prince de Talleyrand, montraient l'empereur Alexandre de plus en plus tiède pour la restauration des Bourbons de la branche aînée, et peu éloigné d'accepter une autre solution, telle que l'avènement au trône du duc d'Orléans. Mais l'attitude et le langage de lord Wellington et de Pozzo di Borgo étaient faits pour tranquilliser Louis XVIII sur la fermeté de l'appui qu'il pouvait attendre de l'Angleterre et même de la Russie. Quant aux dispositions de la France en faveur de sa cause, que l'optimisme de Louis XVIII s'était, d'ailleurs, toujours exagérées [2], les témoignages que M. Guizot lui avait apportés au nom du parti constitutionnel, l'éloignement, chaque jour croissant et plus manifeste, de la bourgeoisie pour l'Empereur, et, dans un ordre bien différent, la trahison à peine déguisée de Fouché, ministre de police de Napoléon, et ses avances à *Monsieur*, avances qui n'excluaient pas, à la vérité, des intrigues dans d'autres voies [3], ces divers faits paraissaient de nature à rassurer Louis XVIII. Mais la partie engagée sur le champ de bataille devait être résolue d'abord.

1. Le message du prince régent pour proposer aux Chambres « d'assurer « leur cordial appui à toutes les mesures qu'il serait nécessaire à Son Altesse Royale de prendre, d'accord avec les alliés de Sa Majesté, contre « l'ennemi commun, » fut adopté à la Chambre des lords par une majorité de plus de cent voix; lord Byron donna un vote négatif. A la Chambre des communes, l'adoption eut lieu par 331 voix contre 92.

2. Louis XVIII écrivait à Talleyrand, le 8 avril : « Le poids que je « puis mettre dans la balance, c'est les dix-neuf vingtièmes de la nation « française, de laquelle ni moi ni les puissances ne pouvons douter, mais ce « moyen puissant ne peut être mis en usage sans les secours étrangers; « il faut donc que les armées alliées entrent en France le plus tôt possible. »

3. « Fouché épuise en ce moment toute la fertilité de son imagination « pour se ménager un parti sûr, de quelque manière que les affaires tournent. Il sert Bonaparte dans tout ce qui peut être utile aux alliés et le « trahit dans des vues qui, selon les événements, peuvent être utiles à lui « seul. » (Pozzo di Borgo à Nesselrode, du 3 mai.)

Le 18 juin, l'inquiétude touchant les événements militaires fut au comble. Il n'y avait que des rumeurs vagues sur ce qui s'était passé depuis l'engagement des Quatre-Bras, mais les versions les plus défavorables circulaient. A l'hôtel d'Hane de Steenhuyse, toutes les dispositions étaient prises pour un départ immédiat pour Anvers. Des chevaux de poste furent attelés aux voitures du Roi et on ne détela point pendant toute la nuit. Louis XVIII, dans son impatience d'avoir des nouvelles, parut souvent aux fenêtres de l'hôtel.

Quant aux Français qui avaient suivi le roi à Gand, le *sauve-qui-peut* devint général. « Les possesseurs de « quelques ressources partirent, dit Chateaubriand ; « moi qui ai la coutume de n'avoir jamais rien, j'étais « toujours prêt et dispos. Je voulais faire déménager « avant moi Mme de Chateaubriand, grande bonapar-« tiste, mais elle ne voulut pas me quitter. Le fourgon « des diamants de la couronne était attelé. Je n'avais « pas besoin de fourgon pour emporter mon trésor. « J'enfermai le mouchoir de soie noire dont j'entortille « ma tête la nuit dans mon flasque portefeuille de mi-« nistre de l'intérieur, et je me mis à la disposition du « prince avec ce document important des affaires de la « légitimité. »

Le 19, de grand matin, le roi reçut une lettre de la main du duc de Wellington annonçant le gain de la bataille de Waterloo. Un message de Pozzo di Borgo la suivit de près, et les bulletins officiels du secrétaire d'État des Pays-Bas, baron de Capellen, arrivèrent successivement pour donner le détail des événements militaires.

A une heure de l'après-midi, les cloches de la ville furent mises en branle et les carillons jouèrent leurs airs de triomphe. La joie était générale, les ateliers furent délaissés et la foule se répandit dans les rues comme le dimanche. Louis XVIII fit une promenade en voiture l'après-midi et fut accueilli par les cris de *Vive le roi!* Le soir, on illumina.

Louis XVIII demeura à Gand jusqu'au 22 juin, vivement

sollicité par le duc de Wellington [1] de hâter sa rentrée en France. Avant de partir, il put entendre plus d'une fois au loin le cri de *Vive Napoléon!* poussé par les prisonniers français, leurs officiers en tête, sans épaulettes ni cocarde, que l'on embarquait à Gand pour l'Angleterre. La foule s'attendrit surtout au passage des cuirassiers de la garde ; on rapportait qu'ils avaient combattu avec une furie telle qu'après avoir perdu leurs armes, ils s'étaient servis de leurs casques et de leurs cuirasses, et qu'ils avaient fini par frapper avec leurs poings blessés et mutilés.

Le 20 juin, il y avait eu, à l'hôtel d'Hane, un grand dîner où le Roi dit au maréchal Victor, duc de Bellune, ces paroles malheureuses : « Monsieur le maréchal, « jamais je n'ai bu au succès des alliés avant la Restaura- « tion ; leur cause était juste, mais j'ignorais leurs desseins « sur la France. Aujourd'hui qu'ils sont les alliés de ma « couronne ; qu'ils combattent non les Français, mais les « bonapartistes ; qu'ils se dévouent si noblement pour la « délivrance de nos peuples et le repos du monde, nous « pouvons saluer la victoire sans cesser d'être Français [2]. »

1. Il est incontestable que Wellington fut le principal artisan de la Restauration, non seulement par le gain de la bataille de Waterloo, mais encore par le zèle avec lequel il employa sa grande influence à servir, dans tous les milieux, la cause des Bourbons. On a dit que Louis XVIII lui avait fait don de la terre de Brunoy à titre de duché-pairie (voir l'Encyclopédie d'Ersch et Gruber, article *Brunoy*). Mais les recherches faites au sujet de cette donation, aux Archives nationales, au *Bulletin des lois*, dans les Ordonnances et décisions, aux Archives de Seine-et-Oise, etc., n'ont donné aucun résultat.

Une encyclopédie anglaise, *English Cyclopædia*, de Knight, qui a paru en 1856, dit que Louis XVIII créa Wellington, non seulement duc de Brunoy, mais encore maréchal de France ! Mais la correspondance complète du général anglais, publiée en 1847 à Londres, en huit volumes, par le lieutenant-colonel Gurwood, recueil fait avec le plus grand soin, ne renferme absolument rien à ce sujet. Enfin, au *Herald Office* (bureau héraldique) où se trouve le répertoire officiel de tous les titres nobiliaires, celui de duc de Brunoy est inconnu. Ajoutons que le duc et la duchesse de Wellington actuels ne le connaissent pas davantage. Mais Louis XVIII donna à leur aïeul un témoignage plus certain de sa reconnaissance, en lui conférant l'ordre du Saint-Esprit, qu'il lui remit personnellement dans une audience du 17 novembre 1815. (Gurwood : *The Wellington dispatches*, vol. VIII, p. 311.)

De son côté, le roi Guillaume des Pays-Bas lui marqua sa gratitude en le nommant prince de Waterloo, titre auquel il attacha une dotation annuelle de 20,000 florins.

2. Ces paroles sont textuellement reproduites d'après le *Journal universel*, numéro du 21 juin, p. 82, 1re colonne.

En prenant congé du comte d'Hane de Steenhuyse, le Roi lui remit une tabatière en or, entourée de brillants, avec son chiffre. Plus tard, rentré à Paris, il lui envoya un très beau surtout de table en argent, aux armes de la famille d'Hane, avec l'inscription : *donné par le roi de France.* Il accompagna cet envoi d'une lettre où il lui écrivait : « Soyez persuadé que je n'oublierai jamais vos soins, votre attentive hospitalité et le touchant intérêt dont j'ai reçu de si nombreux témoignages dans le département dont l'administration vous est confiée. » Les domestiques de la maison qui avaient été au service du Roi furent gratifiés d'une pension de 5oo francs. Le bourgmestre de la ville d'Alost, M. J.-B. Lefebvre, chez lequel le duc de Berry avait demeuré, fut créé baron [1].

VI.

Louis XVIII quitta Gand le 22 juin, à huit heures du matin, en se dirigeant vers Mons par Grammont, où il prit son logement chez le maire. Il arriva à Mons le 23, à six heures du soir, avec le comte d'Artois et le duc de Berry. Il y fit son entrée par la porte de Nimy, accompagné d'une suite nombreuse et escorté par les gardes du corps. M. de la Motte-Baraye, intendant du département de Jemmapes [2], complimenta le roi, qui était dans une

---

1. A son retour à Paris, le duc de Berry s'employa avec succès à faire restituer à la ville d'Alost le tableau célèbre de Rubens, *la Peste*, qui avait été enlevé de l'église de Saint-Martin pendant la Révolution française. On prétend qu'elle aurait conservé de lui un souvenir d'un autre genre, dans les rejetons d'une faiblesse ancillaire dont le masque bourbonien trahirait l'origine.

2. Ce fut seulement par la loi fondamentale néerlandaise (*grondwet*) du 24 août 1815, que l'organisation administrative française fut transformée, les départements changés en provinces et les intendants en commissaires royaux ou gouverneurs. Le département de Jemmapes devint la province du Hainaut.

Je dois la plupart des renseignements qui suivent à l'obligeance de M. Léopold Devillers, conservateur des archives de l'État à Mons. Ils ont été puisés dans les notes manuscrites de Nicolas Descamps sur l'histoire de cette ville, de 1787 à 1845.

voiture découverte, ayant auprès de lui le duc de Duras, le duc de Grammont et M. de Blacas [1]. Le comte d'Artois et le duc de Berry suivaient à cheval. On remarquait encore dans le cortège M. de Fagel, ministre des Pays-Bas, le ministre de Prusse (M. de Goltz), celui de Russie (Pozzo di Borgo) et le ministre de Suède (de Signeul), ainsi que M. de Chateaubriand et le prince de Talleyrand.

Le Roi logea à Mons, à l'hôtel du gouvernement provincial ; le comte d'Artois et le duc de Berry furent les hôtes du marquis Dumont de Gages ; le duc de Feltre accepta l'hospitalité de M. le vicomte Bousies de Rouveroy, dont l'hôtel faillit être incendié, dans la nuit, par l'imprudence des aides de camp du ministre de la guerre, qui avaient brûlé, avant de rentrer en France, beaucoup de papiers inutiles ou compromettants. M. de Talleyrand était descendu chez un des habitants notables de la ville, M. Fontaine-Spitaels.

Le maire de Mons était M. Duval, dont le fils avait été auditeur au conseil d'État, et qui passait pour avoir des préférences bonapartistes. Mais ses goûts hospitaliers passaient avant ses opinions, et il voulut, à toute force, avoir tous les ministres à dîner. « Ce dîner, » écrit M. Beugnot, qui avait fait maigre chère à Gand, « fut l'un des plus

1. C'est à Mons que M. de Blacas, ministre-secrétaire d'État de Louis XVIII, auquel son renvoi était imposé par l'opinion presque générale, se sépara du Roi, à la personne duquel il avait été attaché pendant plus de vingt ans, et qui le vit s'éloigner avec un extrême regret. M. de Blacas reconnaissait la nécessité de quitter le ministère. « Avant deux mois, lui disait-on à Gand, « vous serez avec Sa Majesté à Paris. — Le Roi y sera, répondit-il, mais « moi, non. »

M. de Blacas, qui reçut le titre de duc, partit pour l'Angleterre, d'où il se rendit en Italie, d'abord comme ambassadeur à Naples, pour y négocier le mariage du duc de Berry avec la princesse Caroline, des Deux-Siciles, et plus tard à Rome, pour conclure le Concordat.

M. de Blacas n'est pas le seul ministre, favori du Roi, dont l'éloignement fut imposé à Louis XVIII pendant son règne. Quelques années plus tard, en 1820, à la suite de l'assassinat du duc de Berry, il eut à se séparer, malgré toute sa résistance, du duc Decazes, « mon cher fils ami, mon Élie, « mon Égérie, mon petit Louis, ma Zélia », comme il l'appelait dans des correspondances enfantines. (Louis XVIII et le duc Decazes, d'après des documents inédits, par M. Ernest Daudet : *Revue des Deux Mondes*, livraison du 15 juillet 1898.)

« somptueux de ma vie ; je n'avais vu jamais un si grand
« nombre de bouteilles rangées en bataille et remplies de
« vins aussi distingués. »

M. de Talleyrand se montra à ce dîner d'une gaieté
charmante, il fut vif et spirituel, et ne se refusa pas quelques contes joyeux. Cependant, la journée n'avait pas été
bonne pour lui, et tout autre aurait pu croire sa fortune
politique très compromise.

Le fin diplomate, qui avait annoncé définitivement son
départ pour le 23 mai, n'avait quitté Vienne que le 10 juin,
après avoir signé la veille l'acte final du Congrès, bien
que Louis XVIII l'eût invité plusieurs fois à charger de
cette formalité un autre de ses plénipotentiaires, et l'eût engagé instamment à venir le rejoindre à Gand, où il jugeait
sa présence indispensable. M. de Talleyrand avait-il été
véritablement retenu à Vienne, ainsi qu'il le prétend [1], par
le désir de satisfaire à la demande de MM. de Metternich,
de Nesselrode et de Hardenberg, et de signer avec eux
les protocoles contenant les arrangements arrêtés par le
Congrès, ainsi que par la nécessité de surveiller certaines
intrigues qui menaçaient l'œuvre de cette assemblée, ou
ses atermoiements étaient-ils dictés par l'intention d'attendre la tournure définitive des événements avant de
rejoindre le Roi ? Celui-ci n'avait pas moins été très mécontent des délais que son ministre des affaires étrangères avait mis à se rendre auprès de sa personne. M. de
Talleyrand en eut la preuve sensible lorsqu'il se présenta
au Roi à Mons ; il était arrivé l'avant-veille de Bruxelles,
où il apprit que la cour avait déjà quitté Gand.

Le Roi était au moment de monter en voiture lorsque
M. de Talleyrand l'aborda. Il s'arrêta à peine un instant
pour échanger avec lui froidement quelques paroles et
recevoir un mémoire que M. de Talleyrand lui remit.
Dans cette pièce, fort étendue, celui-ci résumait les travaux du Congrès de Vienne et exposait les moyens qu'il
croyait propres à réparer les fautes commises pendant la
première Restauration.

---

1. *Mémoires*, t. III, p. 188 et suiv.

Il y insistait vivement pour que le Roi, au lieu de rentrer en France par la frontière du nord, à la suite des troupes anglaises, établît d'abord sa résidence à Lyon, où il attendrait, pour se rendre à Paris, que toutes les difficultés fussent aplanies. Ainsi que le dit le chancelier Pasquier dans ses *Mémoires* (t. III, p. 292), cette combinaison pouvait se défendre par de bonnes raisons, au cas d'une lutte prolongée, mais toutes les prévisions avaient été trompées par le dénouement rapide, et la présence du Roi dans sa capitale s'imposait absolument pour déjouer l'opposition active qui se manifestait contre le rétablissement de son autorité.

M. Beugnot, qui était présent, rapporte (*Mémoires*, p. 583) que M. de Talleyrand, surpris et blessé par l'accueil du souverain, aurait repris sur-le-champ : « J'ai une « grâce à demander au Roi : c'est la permission de me « rendre aux eaux de Carlsbad, qui sont nécessaires à « ma santé. — Volontiers, je vous l'accorde. Ces eaux « sont excellentes. Au revoir, monsieur de Talleyrand. » M. de Jaucourt et l'abbé Louis voulurent, dans le premier moment, partager sa fortune et faire aussi le voyage de Carlsbad.

La comédie ne dura pas longtemps. M. de Talleyrand n'était pas homme à compromettre la campagne laborieuse et non sans éclat qu'il avait menée à Vienne, pour se donner l'apparence d'avoir raison contre le Roi, qui était décidé à passer outre. Le duc de Wellington chargea sir Charles Stuart, le ministre d'Angleterre, de lui faire savoir combien peu il approuvait sa conduite, qui avait causé un vrai scandale, selon l'expression de Pozzo di Borgo, et il lui en avait écrit ensuite directement pour l'engager à suivre le Roi, qui avait quitté Mons, le samedi 24 juin, à neuf heures du matin, après avoir reçu, avant de partir, le fils du maréchal Oudinot, qui venait d'arriver de Paris, chargé d'annoncer à Louis XVIII, de la part du gouvernement provisoire, l'abdication de Napoléon en faveur du roi de Rome. Après une bouderie de vingt-quatre heures, M. de Talleyrand se décida à rejoindre Louis XVIII à Cambrai, « *pour me mettre comme*

lui dans les bagages de l'armée anglaise » (*Mémoires
de Talleyrand*, III, p. 230). On voit que la fameuse
expression dont l'opposition a tant de fois usé contre la
branche aînée, que *les Bourbons étaient rentrés en
France dans les fourgons de l'étranger*, est au fond
sortie de la plume de Talleyrand.

Le Roi était arrivé en Belgique le 23 mars; il en partit
le 24 juin; il y demeura donc trois mois pleins. On peut
dire, sauf les accès de goutte qui ne l'avaient pas plus
épargné à Gand qu'à Paris, que le séjour lui avait été
assez facile et doux pendant ces trois mois, où il avait
continué ce rôle de souverain *in partibus* qu'il avait connu
pendant si longtemps, mais dans des conditions beaucoup
plus pénibles. Dans les premiers temps de son retour à
Paris, au milieu des difficultés et des amertumes qui ne
lui furent pas ménagées, il dut regretter plus d'une fois la
plantureuse hospitalité de l'hôtel d'Hane de Steenhuyse,
les asperges savoureuses de Gand et les huîtres exquises
d'Ostende.

Après avoir quitté Cambrai, Louis XVIII s'arrêta pour
dîner près de la ville de Roye, au bois de Lihus. « Je
« me rappelle, dit-il à M. de Jaucourt, qu'il y a trente-
« quatre ans, je vins dîner dans ce pays. On me fit man-
« ger des lapins admirables, et que ces gens-ci ont une
« manière particulière de faire cuire et assaisonner. On
« m'en a promis deux pour mon dîner, et avec cela je ne
« serai pas malheureux [1]. » C'était huit jours après Waterloo.

———

Nous trouvons dans un journal, où sa modération est
peut-être faite pour surprendre, ce jugement, qui nous
semble piquant et juste, de l'esprit et des facultés de
Louis XVIII. On lit dans le *Journal de l'Empire* du
23 mai 1815 ·

———

1. *Mémoires du comte Beugnot* (édit. 1889, p. 598).

« Louis XVIII est évidemment supérieur à son frère et à ses neveux, mais ce prince a plus d'instruction que de lumières. Il sait par cœur Horace et Juvénal, et ne sait pas l'administration. Il connaît à fond les Grecs et les Romains, et ne connaît pas les hommes de son temps. Un long séjour en Angleterre lui a donné quelques idées justes sur les gouvernements représentatifs, et ne peut lui avoir appris l'art de gouverner.

« Louis XVIII écrira avec esprit un article de journal dont le succès dans Paris lui causera le plus grand plaisir à son lever ; mais il laissera ses ministres présenter en son nom, à la Chambre des députés, tel rapport qui fera perdre au gouvernement cent voix en un jour, et lui portera une atteinte mortelle dans l'opinion. Il rédigera avec élégance et mesure une déclaration diplomatique ; mais il ne saura ni obtenir ni conserver de l'influence sur les cours étrangères. On louera sa modération écrite en phrases bien arrondies, et l'on disposera des royaumes sans avoir égard à ses remontrances paternelles, sans lui faire la plus petite concession. Enfin Louis XVIII, tel que nous l'avons vu, me paraîtrait fort à sa place dans la troisième classe de l'Institut ; je vois en lui un érudit, un bon académicien, mais j'y cherche vainement un roi. »

ÉDOUARD ROMBERG.

NOTE SUR LES DOCUMENTS

L'objet de cette notice est d'indiquer l'origine des documents réunis dans ce premier volume, et d'en expliquer le classement; il n'y faut pas chercher la synthèse des faits. On trouvera ici les matériaux d'une histoire politique des Cent-jours à Gand, et non pas cette histoire. On s'occupe de l'écrire en un ouvrage spécial.

Les documents proviennent des archives de M. le duc de Blacas et des archives impériales de Vienne. Les premières ont été ouvertes aux auteurs de la publication avec la plus rare libéralité, et je tiens à me joindre à M. Romberg pour exprimer toute notre reconnaissance à M. de Blacas. Des archives de Vienne ont été tirées les lettres adressées à Metternich par le général Vincent, représentant de l'Autriche auprès de Louis XVIII. On a inséré en outre les actes officiels, parus au journal de la cour de Gand, le *Moniteur universel*, devenu le *Journal universel*. Ces documents, outre que les exemplaires du *Moniteur* sont rares, étaient indispensables pour l'intelligence des pièces publiées.

Les archives de M. de Blacas avaient été consultées déjà par Thiers pour son histoire de l'Empire, et par Nettement pour l'histoire de la Restauration.

Thiers, s'il s'est inspiré des documents communiqués, n'en a du moins rien cité. Nettement, d'après ses notes analytiques, ne paraît pas avoir connu les lettres fort curieuses du comte d'Artois à son frère. Mais il a transcrit des passages de pièces importantes : au premier volume pour les affaires de Naples, et surtout au second volume [1], dans le chapitre intitulé « Louis XVIII à Gand. » Toutefois ce ne sont là que des fragments dispersés et malaisés à trouver au milieu du texte de l'historien, par suite à peine connus. Les documents qui figurent ici sont en fait, dans leur ensemble, de vrais documents inédits.

---

1. T. I, p. 599 à 602, et t. II, livre VI, chapitre v.

Quel peut en être l'intérêt ? Il n'est pas difficile de l'imaginer, si l'on considère quelle place le comte de Blacas tenait auprès de Louis XVIII. Compagnon de l'exil à Mittau, à Hartwell ; à la première restauration, lors du rétablissement des grandes charges de cour, quelque peu surannées et plaisantes, grand maître de la garde-robe ; membre du cabinet comme ministre de la maison du roi, il était le confident, l'homme indispensable, devant qui Louis XVIII pensait tout haut, par qui, très souvent, Sa Majesté voyait et jugeait, par qui presque toujours elle agissait. A Paris, l'on n'arrivait guère à l'un sans avoir passé par l'autre, et cette faveur exclusive, rendue plus insupportable aux envieux par une attitude hautaine, « un air de dignité froide que le cardinal de Richelieu ou lord Chatham auraient peut-être eu tort de prendre au plus haut degré de leur puissance [1], » valut au comte de Blacas de solides haines. A Gand, son influence fut plus prépondérante encore, dans cette cour improvisée où, délivré de tout parlement, débarrassé de tout contrôle et de toute contrainte, le roi sans royaume se trouva le roi absolu. Dans la désorganisation des services, dans la débâcle des ministères et des ministres, dans la panique presque universelle, ayant à peu près gardé son sang-froid, il fut plus que jamais l'homme indispensable. Malgré la violence des attaques, malgré l'incessante conspiration d'ennemis qui rejetaient sur lui, fort injustement, la responsabilité des fautes antérieures, tenant bravement tête à l'orage parce qu'il se croyait nécessaire au roi [2], il fut jusqu'à la fin celui à qui tout aboutissait, par qui tout se faisait. Conseiller toujours écouté, il fut surtout le secrétaire général du roi,

---

1. Gain de Montagnac à Blacas, ci-dessous, p. 163.

2. Dans une lettre du 19 mai 1815, Blacas écrit :

« Le succès des hommes qui affectent de regarder comme nécessaire l'éloignement de celui qu'ils aiment à rendre seul responsable de tout le mal qui s'est fait, de tout ce qui est arrivé de désastreux, est tellement lié avec des vues fatales à l'intérêt et à la dignité du Roi, que la résistance, sur ce dernier point, devient une obligation sacrée. On peut s'éloigner par raison, par devoir, et l'on peut même dire par inclination, lorsqu'on se voit poursuivi par de telles oppositions ; mais ce n'est pas pour céder la place à l'intrigue, à la mauvaise foi, peut-être à la trahison. »

Cf. ci-dessous lettre de Gain de Montagnac, 16 mai 1815, n° 81, p. 163.

et le ministre de la maison devint en fait le ministre de la
plume. Au grand mécontentement de beaucoup de gens, de
Jaucourt en particulier, tout passait par ses mains [1], pièces
officielles et privées, lettres, rapports, notes, mémoires,
quels que fussent les signataires, souverains, princes de la
famille royale, agents du roi, ministres accrédités à Gand,
simples fidèles ou vulgaires espions. Il rendit aux archives
d'État les documents et les correspondances officielles,
mais conserva la plupart des lettres privées. Si l'on ajoute
ses correspondances personnelles avec Wellington, Pozzo
di Borgo, Castlereagh, Stuart, Talleyrand, Lainé, etc. ;
les minutes des lettres qu'il écrivit soit au nom de
Louis XVIII, soit en son nom propre, l'on aura tous les
éléments qui constituent les archives du duc de Blacas,
pour l'année 1815. On y peut suivre au jour le jour, comme
en une sorte de sténographie, la vie, les actes, la pensée
même de Louis XVIII et de la cour de Gand.

Comme il était malheureusement impossible de publier
tant de papiers curieux, on a dû écarter ce qui était seulement de l'histoire individuelle, en s'efforçant de n'omettre
aucune pièce qui puisse importer à l'histoire générale.

Ce même souci de l'histoire générale a déterminé le mode
de classement.

La publication dans l'ordre chronologique, naturelle
s'il se trouve un correspondant principal, à qui se rapporte ou de qui provient le plus grand nombre des documents, ne pouvait se justifier ici, le principal intéressé,
Louis XVIII, étant précisément l'homme qui écrivit le
moins, et cinq lettres seulement portant sa signature.

Grouper les documents d'après leur origine les suppose
assez nombreux, formant une suite, liés entre eux, non
parce qu'ils émanent d'un même personnage, mais liés
d'un lien tout intime, par l'enchaînement des faits ou le

---

1. Jaucourt à Talleyrand, 24 avril 1815 : « Le Roi vous écrira par M. de
Blacas, puisque c'est lui qui écrit pour le Roi, et que, quand il est venu
chez moi, il avait déjà votre lettre au Roi dans sa poche.... S'il (le Roi) vous
écrivait quelques mots de sa main et que vous y répondissiez, vous savez
que si vous ne mettiez pas une feuille séparée dans votre lettre, il serait
embarrassé de ne pas donner le tout à M. de Blacas. » PALLAIN, *op. cit.*, 412.

développement logique des idées. Ainsi se présentaient les lettres du comte d'Artois, de Gain de Montagnac et de Lainé : comme les dépêches de Vincent, elles formaient naturellement autant de chapitres auxquels l'on n'avait rien à changer. On s'est borné à rattacher à la correspondance du comte d'Artois quelques lettres de d'André, de Wellington, de Stuart, etc., qui la complétaient et sur certains points en formaient le commentaire.

Pour le reste des documents, on a seulement considéré leur nature, ou l'ordre de faits auquel ils se rapportaient. On a été conduit de la sorte à réunir en chapitres respectifs : les lettres des souverains alliés et de Louis XVIII ; — les pièces où le Roi fît acte de souverain, ordonnances, projets d'ordonnances, instructions, etc. ; — les pièces relatives à la déclaration du 2 mai ; — à la création et à la nomination de commissaires du roi auprès des armées d'invasion ; — aux projets d'insurrection dans les départements du nord ; — au concours, et au secours, sollicités de l'Espagne, en vue d'une campagne dans le Midi. Les titres suffisent à dire l'importance de ces trois derniers chapitres.

Pour faciliter les recherches et permettre de tirer le meilleur parti de la publication, les renvois de pièces à pièces ont été multipliés. On a cherché à commenter ainsi les documents les uns par les autres. Les renvois aux pièces du présent volume sont indiqués par le numéro d'ordre inscrit en tête de chacune d'elles. Les pièces du second volume, les dépêches des représentants de l'Angleterre et de la Prusse, Charles Stuart et le comte de Goltz, sont désignées à la fois par leur date et par le numéro officiel de correspondance. Les documents tirés des archives de M. de Blacas sont précédés des lettres A. B. Chaque fois qu'il n'est donné aucune indication contraire, le document reproduit est l'original. Les notes biographiques ont été à dessein réduites aux notes rigoureusement nécessaires pour l'intelligence des textes. A la fin du second volume, une table alphabétique donnera les renseignements d'usage sur ceux des personnages nommés qui sont peu connus, et seulement sur ceux-là.

Albert MALET.

LOUIS XVIII

ET

LES CENT-JOURS A GAND

<hr>

N° 1.

Le comte de Blacas à la duchesse d'Angoulême [1].

A. B., *minute.*

Le Roi m'ordonne de transmettre à Madame la relation ci-jointe des événements qui se sont passés depuis le débarquement de Buonaparte en France, en y ajoutant les particularités qui peuvent la mettre à portée de connaître la situation présente de Sa Majesté.

Madame jugera facilement de la nature des obstacles qui se sont malheureusement opposés au dessein qu'avait formé le Roi de se renfermer dans une place de guerre [2].

Le regret qu'éprouve Sa Majesté de n'avoir pu accomplir son projet est d'autant plus vif que, par là, elle aurait

---

1. Ces notes sans date ont été rédigées antérieurement au 14 avril. Nous les plaçons en tête de la publication, parce qu'elles sont un résumé officiel et sincère — en raison de leur destination — des événements qui suivirent le départ de Louis XVIII de Paris.
2. Cf. ci-dessous ; lettre de Blacas à Castlereagh, n° 47.

probablement assuré le succès des héroïques efforts de
Madame pour la conservation de Bordeaux [1] et de la courageuse résistance faite par Monseigneur dans les provinces du Midi [2].

Le grand nombre de troupes que l'occupation des places
frontières réunissait dans les départements du Nord a
multiplié les causes de défection qui ont agi avec plus ou
moins de force sur tous les points du royaume, et n'ont
laissé au Roi d'autre ressource que l'assistance des puissances étrangères.

Déjà la déclaration publiée à Vienne le 13 [3] ne lui laissait

1. La duchesse d'Angoulême se trouvait à Bordeaux, depuis le 5 mars,
avec le duc d'Angoulême, au moment du débarquement de Napoléon au
golfe Juan. Tandis que le duc partait le 10 et gagnait en hâte Marseille, la
duchesse essayait d'organiser à Bordeaux la résistance au mouvement
bonapartiste. Soutenue par une partie des habitants et de la garde nationale, elle rencontra les dispositions les plus hostiles dans les deux régiments
(8ᵉ léger, 62ᵉ de ligne) qui composaient la garnison. Elle dut, le 1ᵉʳ avril,
abandonner la place, que le général Clausel occupa aussitôt pour l'Empereur.

2. Le duc d'Angoulême avait été reçu avec enthousiasme à Marseille. Il
y avait pris le commandement du 83ᵉ et du 58ᵉ de ligne; il avait ensuite
appelé à lui le 10ᵉ de ligne, le 14ᵉ chasseurs à cheval et un détachement du
3ᵉ d'artillerie. De nombreuses bandes de volontaires tirées de Marseille,
Nîmes, Avignon, Aix, Beaucaire, etc., complétaient les forces du prince.
Il voulut reprendre à la fois Grenoble et Lyon. Le 28 mars, il enleva le
Pont-Saint-Esprit; le 29, il occupa Montélimar; le 3 avril, Valence. Mais
les troupes envoyées sur Grenoble firent défection; il en fut de même des
forces laissées à Nîmes et à Pont-Saint-Esprit. Les gardes nationales prirent
de toute part les armes contre lui, et le 8 avril, à La Palud, il dut capi-
tuler. La capitulation, négociée entre le général d'Aultanne, chef d'état-
major du duc, et le général Gilly, stipulait que le duc se retirerait librement
vers Cette pour s'y embarquer. Napoléon ratifia ces conditions, malgré
l'avis d'une partie de son entourage qui l'engageait à garder le duc comme
otage. Le duc d'Angoulême s'embarqua, le 16 avril, à Cette pour l'Espagne.
Cf. ci-dessous, n° 12, pièces n° 82 à n° 97.

3. Déclaration signée par les plénipotentiaires des huit puissances signataires du traité de Paris : « .... Bonaparte a détruit le seul titre légal
auquel son existence se trouvait attachée.... Les puissances déclarent, en
conséquence, que Napoléon Bonaparte s'est placé hors des relations civiles et sociales, et que, comme ennemi et perturbateur de la paix du
monde, il s'est livré à la vindicte publique. »

pas de doute sur leurs sentiments; mais il était bien essentiel de connaître leurs intentions relativement au plan
d'agression qu'elles voudraient adopter. Il ne l'était pas
moins de hâter, s'il était possible, le commencement des
hostilités, pour faire diversion à l'attaque dirigée contre
les forces royales dans le Midi et pour prévenir l'augmen-
tation de l'armée très insuffisante dont Buonaparte pouvait
disposer.

Le Roi, en arrivant à Ostende [1], écrivit aussitôt en Angleterre pour que l'on demandât avec instance au gouvernement britannique que des armes et des munitions
fussent aussitôt envoyées aux royalistes de l'intérieur. Sa
Majesté écrivit pareillement au Prince Régent de la
Grande-Bretagne, à l'empereur de Russie, à l'empereur
d'Autriche et au roi de Prusse, pour leur faire connaître
la situation malheureuse dans laquelle elle se voyait placée par la trahison la plus criminelle. Le Roi envoya en
même temps le duc de Luxembourg au roi des Pays-Bas,
dont il reçut peu après une lettre affectueuse [2]. Sa Majesté ayant alors appris que son séjour à Ostende accré-
ditait le bruit de son prochain embarquement [3] et ne
pouvant, d'après la désastreuse dissolution de sa maison
militaire, conserver l'espoir d'occuper Dunkerque, se
rendit à Gand [4] pour y établir provisoirement sa rési-

1. Il y arriva le 29 mars.
2. Cf. ci-dessous, n° 7.
3. La retraite à Londres était bien le parti qui plaisait le plus à
Louis XVIII. En quittant Paris, il avait pris la route d'Abbeville pour
gagner Calais, et de là l'Angleterre. Ce fut sur le conseil de Macdonald, appuyé par Blacas, que d'Abbeville il s'en fut à Lille. Vitrolle, avant
le départ de Paris, avait conseillé la retraite en Vendée. Quand on fut
certain qu'on ne pourrait tenir à Lille, le duc d'Orléans, Blacas, Mortier et
Berthier demandèrent vainement qu'on se retirât à Dunkerque. Le Roi pré-
féra se réfugier en Belgique. Cf. ci-dessous, n°° 5, 6, 47, 48, 56, 69.
4. Il y arriva le 30 mars, venant de Bruges.

dence, tandis que les débris de la maison militaire furent cantonnés à Alost [1].

Depuis l'arrivée du Roi à Gand, plusieurs des membres du corps diplomatique se sont réunis près de Sa Majesté. Dans l'absence de lord Fitzroy-Somerset, retenu pendant quelques jours à Paris, le Prince Régent [2] avait accrédité auprès du Roi le chevalier Stuart avec le titre d'ambassadeur extraordinaire [3]. Peu après, M. Fagel est venu reprendre ses fonctions de ministre plénipotentiaire du roi des Pays-Bas. Enfin, lord Wellington et le général Pozzo di Borgo sont arrivés successivement de Vienne [4] et en ont apporté des informations importantes, auxquelles les dépêches de M. le prince de Talleyrand ont ajouté les particularités les plus satisfaisantes [5].

1. La maison militaire, gardes du corps, compagnies rouges et cent-Suisses, avait été placée sous le commandement du comte d'Artois, du duc de Berry et de Marmont; il s'y était joint un corps de volontaires composé en grande partie d'élèves de l'École de droit. Cela faisait environ 3,000 hommes. La maison était suivie dans sa retraite par Exelmans et 3,000 chevaux; il avait ordre de surveiller et non d'attaquer. A partir de Béthune, où la maison arriva le 23 mars au matin, la retraite se changea en débâcle. On dut laisser là l'infanterie. La cavalerie, 1,500 hommes, marcha sur Ypres et s'engagea dans des bourbiers où elle pensa périr et perdit ses bagages. Le 25 mars, au moment de franchir la frontière, les Princes autorisèrent à se retirer ceux qui ne voudraient pas passer en Belgique. Il resta 250 hommes; les autres regagnèrent Béthune, où le général Teste, qui avait pris le commandement au nom de l'empereur, procéda au licenciement. Cf. ci-dessous, n° 48, et lettres du comte d'Artois, n°s 55, 56, 58; cf. aussi t. II, dépêches de Stuart, n° 8 et 12, et dans la collection de la Société, *les Souvenirs du comte de Semallé*, p. 221.

2. Le futur Georges IV, régent depuis 1811, par suite de la folie de son père, Georges III.

3. Sir Charles Stuart demeura le seul représentant de l'Angleterre auprès de Louis XVIII à Gand; lord Fitzroy-Somerset ne vint pas rejoindre son poste. A la seconde restauration, Stuart suivit Louis XVIII à Paris. On trouvera, tome II, sa correspondance avec le gouvernement anglais.

4. Le premier, le 5 avril; le second, vers le 10 avril.

5. Cf. *Correspondance inédite du prince de Talleyrand et du roi Louis XVIII pendant le congrès de Vienne*, publiée par M. G. Pallain.

Un traité dont ces dépêches renfermaient une copie et qui a été conclu à Vienne, le 25 mars dernier, entre l'Autriche, la Grande-Bretagne, la Russie et la Prusse, renouvelle et applique aux circonstances présentes les stipulations du traité fait à Chaumont, le 13 mars 1814. En vertu de cette nouvelle convention, les hautes parties contractantes s'engagent à maintenir dans toute leur intégrité les conditions du traité de Paris ainsi que les arrangements subséquents arrêtés depuis au congrès de Vienne. Elles dirigeront à cet effet, s'il est nécessaire, tous leurs efforts « contre Napoléon Buonaparte et contre tous ceux qui se seraient ralliés à sa faction ou s'y réuniraient dans la suite. » Le contingent que chacune d'elles s'oblige à tenir constamment en campagne est de cent cinquante mille hommes, y compris un dixième de cavalerie, et sans compter les garnisons. Elles s'engagent en outre à ne poser les armes que d'un commun accord, et seulement lorsque Buonaparte sera mis *hors de possibilité d'exciter des troubles* et de renouveler ses tentatives pour s'emparer du pouvoir suprême en France [1].

Le traité du 25 mars contient aussi un article dont l'objet est d'inviter toutes les puissances de l'Europe à y adhérer [2].

Le 27, les ministres des puissances signataires du traité de Chaumont et de celui qui le renouvelle ont invité, par une note, M. le prince Talleyrand à demander au Roi son adhésion, que M. de Talleyrand s'est cru autorisé à donner sans délai au nom de Sa Majesté [3].

---

1. « Et de menacer la sûreté de l'Europe, » ajoute le texte du traité. Cf. d'Angebert, *Le congrès de Vienne*, III, 971-973. L'analyse donnée par Blacas est exacte.

2. C'est l'article 7.

3. Cette démarche fut faite en exécution de l'article 8, dont Talleyrand avait lui-même rédigé le texte. — Cf. Pallain, 357 — « Le présent traité étant uniquement dirigé dans le but de soutenir la France, ou tout autre pays

Les ratifications de ce traité n'étant point échangées et la révélation prématurée des mesures convenues entre les hautes parties contractantes pouvant être préjudiciable à leurs vues et surtout embarrasser le gouvernement anglais dans les communications parlementaires, le duc de Wellington a prié instamment le Roi de garder sur ce point le plus profond secret [1], ce qui suspend le bon effet que doit produire en France cette publication, et retarde en même temps la déclaration que Sa Majesté ne peut adresser à ses sujets sans leur parler des dispositions et des préparatifs de l'Europe.

Lord Harrowby et M. Wellesley Poole ont été envoyés par le ministère anglais pour conférer avec lord Wellington et lui communiquer sans doute les vues de son gouvernement [2]. Le Roi, qui les a vus, a été fort satisfait des dispositions qu'ils lui ont montrées.

Cependant, tous les efforts de Sa Majesté n'ont pu accé-

envahi, contre les entreprises de Napoléon Bonaparte et de ses adhérents, S. M. T. C. sera invitée à y donner son adhésion et à faire connaître, dans le cas où elle devrait requérir les forces stipulées dans l'article 2, quels secours les circonstances lui permettent d'apporter à l'objet du présent traité. » Cet article 8 motiva par la suite — 25 avril — une déclaration du gouvernement anglais spécifiant qu'il ne s'engageait pas à « imposer à la France aucun gouvernement particulier. » — Cf. note 4.

1. Cf. ci-dessous, n° 63, p. 129, note 2, et n° 73 et les notes de cette pièce.

2. Le ministère anglais était alors présidé par lord Liverpool. Le ministère des affaires étrangères était occupé par lord Castlereagh. Lors Harrowby et M. Wellesley Poole appartenaient au cabinet; ils furent envoyés à Wellington après les vives discussions auxquelles donna lieu, dans le Parlement anglais, un message du 6 avril, où le cabinet annonçait qu'en présence des événements survenus en France, la couronne avait cru devoir augmenter les forces de terre et de mer et entrer en communication avec les puissances continentales, afin d'établir une entente qui pût assurer la tranquillité actuelle et future de l'Europe. C'était la préparation à la communication du traité du 25 mars. L'opposition déclara que ce message annonçait une guerre certaine et décidée déjà par le cabinet. Castlereagh le nia énergiquement. C'étaient ces dénégations que les deux envoyés devaient expliquer à Wellington. Ils devaient en même temps assurer à Louis XVIII que le gouvernement anglais était fermement résolu à combattre pour lui. Cf. ci-dessous, n° 73.

lérer l'ouverture de la campagne [1]. Le duc de Wellington ne croit pas devoir commencer les opérations avant le 10 ou le 15 de mai, et assure qu'alors le succès des Alliés sera certain. Ce délai, qui donne malheureusement à Buonaparte le temps d'augmenter son armée, lui donne aussi l'avantage de préparer tous les moyens qu'il emploie à tromper le peuple sur les véritables causes de la guerre.

La France se voit en outre menacée d'avoir à supporter l'immense fardeau d'une invasion dont elle paraît condamnée à payer les frais, l'Angleterre se déclarant hors d'état de payer des subsides à ses alliés [2].

Les avis que l'on reçoit de Paris et des provinces s'accordent à représenter la population comme très mécontente, mais se bornant à exhaler de vains murmures. Partout la violence domine, et la force armée établit et maintient la puissance de l'usurpateur. La Vendée même, frappée de terreur, n'a pas fait la moindre résistance [3].

Le Roi a été suivi par le comte de Jaucourt, et le duc de Feltre est venu rejoindre Sa Majesté, qui a dernièrement appelé auprès d'elle le comte de Lally-Tollendal et M. de Chateaubriand [4]. M. Anglès, ancien ministre de la police

---

1. Cf. pièces nos 47 à 53 et chapitre xi, lettre de Vincent, 23 mai.

2. Cf. ci-dessous, lettres du comte d'Artois, nos 62 et 63. L'Angleterre devait cependant signer avec la Prusse, la Russie et l'Autriche, le 30 avril, une convention annexe par laquelle elle assurait cent vingt-cinq millions à ses alliés, pour les dépenses de l'année 1815. En outre, en vertu d'un article secret du traité du 25 mars, si elle ne pouvait fournir complètement son contingent de 150,000 hommes, elle devait payer 30 livres sterling par homme manquant et par année.

3. Le Roi, le 13 mars, avait envoyé en Vendée le duc de Bourbon comme gouverneur général des provinces de l'ouest. Le duc, établi à Beaupréau, essaya d'organiser un soulèvement, malgré l'avis de d'Autichamp ; la tentative échoua piteusement (25 mars). Le duc quitta la France et s'embarqua aux Sables-d'Olonne pour Santander.

4. Cf. ci-dessous, t. II, dépêche de Stuart, n° 6.

sous le gouvernement provisoire, est aussi à Gand, ainsi que le maréchal Marmont et le maréchal Victor.

Il va paraître ici un *Moniteur* [1] opposé à celui auquel Buonaparte vient d'ôter son caractère officiel. Le Roi y fera publier les ordonnances et autres actes propres à entraver les mesures de l'usurpateur.

Dans l'état d'incertitude et d'attente où Sa Majesté se trouve en ce moment, il me serait impossible de fixer les idées de Madame sur les projets de Sa Majesté. Le duc de Wellington, pressé par elle, au sujet des retards occasionnés par la marche des armées, a fait partir pour Vienne un courrier avec des dépêches relatives à cet objet. Il ne pourra recevoir de réponse avant plusieurs jours. Le Roi, en attendant, reste à Gand, mais prendra probablement avant peu le parti de se rapprocher de Bruxelles [2].

1. Le *Moniteur universel.* Le premier numéro parut le 14 avril. Dès le second numéro il porta le titre de *Journal universel.* Cf. n° 58 et les notes.
2. Cf. ci-dessous, n° 6.

I.

LETTRES DES SOUVERAINS.

N° 2.

Le Tsar à Louis XVIII.

A. B.

Vienne, le 24 février 1815 [1].

Monsieur mon Frère [2], nous venons d'apprendre le départ de Bonaparte et son débarquement dans les provinces méridionales de la France. Le premier effet que cet événement a produit sur les souverains réunis à Vienne fut de resserrer des liens auxquels l'Europe doit la paix, et la France la tranquillité dont elle commençait à jouir sous son roi légitime. Pénétrés de toute l'importance des suites que cet incident peut entraîner, nous nous sommes décidés à employer les efforts les plus actifs pour combattre toute entreprise qui aurait pour but de replonger

1. *Sic* sur l'original. La copie transmise par Stuart au gouvernement anglais porte l'indication : 24 février/8 mars.

2. Pour cette lettre du Tsar, cf. Correspondance de Pozzo di Borgo, t. I, pièce XL : « La lettre de l'Empereur a été la première consolation qu'ils ont eue depuis leur malheur ; » et Correspondance de Stuart, t. II du présent ouvrage, dépêches n°⁸ 17 et 23.

la nation française dans un état d'oppression et de malheur
dont elle vient d'être délivrée après vingt années de
souffrances. Le général Pozzo di Borgo est chargé de
porter à Votre Majesté l'assurance formelle de cette détermination de la part des puissances réunies au congrès
et de concerter avec Elle les mesures à prendre dans une
circonstance aussi grave. Je lui ai particulièrement
prescrit d'exprimer à Votre Majesté tous les sentiments
que je lui porte. Mes troupes ont immédiatement reçu
l'ordre de se tenir prêtes à marcher. Je renouvelle à
Votre Majesté les assurances du sincère attachement et
de la haute considération avec laquelle je suis, Monsieur
mon Frère, de votre Majesté, le bon Frère.

ALEXANDRE.

A Sa Majesté le roi de France et de Navarre.

N° 3.

Post-scriptum.

A. B.

Vienne, le 16 mars 1815 [1]

Lorsque j'allais expédier cette lettre, j'appris toutes les
conséquences fâcheuses que l'apparition en France de
Bonaparte a produites. Je ne sais où le général Pozzo di
Borgo pourra rejoindre Votre Majesté, mais j'espère que
dans tous les cas il trouvera moyen de lui faire parvenir
l'expression de tous les sentiments d'affliction que cette
catastrophe me fait éprouver, et de la convaincre de mon

1. La copie de Stuart porte l'indication 16/28 mars.

invariable résolution de combattre de tous mes moyens le nouveau danger dont la tranquillité de la France et de l'Europe est menacée.

ALEXANDRE.

N° 4.

Guillaume, prince d'Orange, au comte d'Artois.

A. B.

Bruxelles, le 21 mars 1815.

Mon Prince,

Apprenant que Votre Altesse Royale se trouve à Lille, je n'ai pas voulu manquer de lui communiquer que je fais faire des mouvements à l'armée alliée dans ce pays. Mais nous nous tiendrons strictement sur la défensive et respecterons le territoire français, à moins que Sa Majesté le roi de France n'ait besoin ou désire notre assistance; dès lors nous serons prêts à épouser sa cause [1]. Si Votre Altesse Royale désirait me parler, je suis prêt à me rendre sur la frontière pour l'y rencontrer; mais, dans toutes les circonstances, je la prie de toujours compter sur moi comme sur un des plus fidèles alliés de S. M. Louis XVIII.

J'ai l'honneur de me dire....

1. Le prince d'Orange adressa un billet tout pareil au duc d'Orléans, qui le reçut à Lille, le 22 mars, pendant un entretien avec Louis XVIII. Cf. le duc d'Orléans, *Mon Journal,* 87 à 95. — Louis XVIII, à qui le billet fut communiqué, répondit le 23 : « Sensible aux sentiments que vous m'exprimez, c'est avec confiance et sécurité que je vois les armées de mes alliés sur les frontières de mes États ; mais j'espère qu'elles n'entreront pas en France. »

N° 5.

Guillaume, prince d'Orange, à Louis XVIII.

A. B.

Bruxelles, 22 mars 1815.

Sire,

Ayant lieu de croire que Votre Majesté se trouve en ce moment à Lille, je crois de mon devoir, comme commandant de l'armée alliée dans ce pays, de lui offrir mes services, devançant par là les intentions du gouvernement; — de toute manière qu'Elle croie que je lui puisse être utile, je la prie de me communiquer ses idées; je ne négligerais rien de ce qui dépend de moi pour être utile à la cause de Votre Majesté, qui devient celle de l'Europe entière.

Le baron de J...., mon premier aide de camp, est le porteur de ces lignes, Votre Majesté peut se confier à lui, et si elle désirait me parler à moi-même, je ne balancerais point à me rendre auprès de Votre Majesté.

J'ai l'honneur d'être, avec les sentiments du plus profond respect, Sire, de Votre Majesté, le très dévoué et obéissant serviteur.

N° 6.

Guillaume, prince d'Orange, à Louis XVIII.

A. B.

Bruxelles, 24 mars 1815.

Sire,

J'ai prié le prince Berthier de se rendre auprès de Votre Majesté pour la prier de se rendre à Bruxelles, où elle sera bien mieux qu'à Ostende. Elle y sera au centre de toutes les nouvelles et bien plus à même de tenir des relations avec l'intérieur de la France ; ce sera en outre donner une preuve aux Français qu'elle compte bientôt revenir au milieu d'eux, tandis que son séjour à Ostende pourrait faire croire à une intention de se rendre en Angleterre, et cette idée, je crois, ferait bien du tort au parti de Votre Majesté [1]. Je vous prie, Sire, d'excuser la franchise avec laquelle je lui parle, mais prie Votre Majesté de l'attribuer à l'intérêt bien véritable que je prends au succès de sa cause.

J'ai l'honneur d'être, Sire, de Votre Majesté, le très dévoué et obéissant cousin.

N° 7.

Le roi des Pays-Bas à Louis XVIII.

A. B.

Breda, le 28 mars 1815.

Monsieur mon frère,

J'ai appris avec une douleur bien vive les événements qui ont obligé Votre Majesté de quitter sa capitale, et je me trouve heureux qu'Elle ait choisi momentanément un établissement dans mes États. L'accueil que Votre Majesté y a trouvé répond entièrement à mes intentions et à mes vœux, et j'ai été charmé d'apprendre par mon fils aîné qu'il vous a été agréable.

J'en reçois avec bien du plaisir la confirmation par la mission du duc de Luxembourg [2], qui s'en est acquitté de

---

1. Cf. ci-dessus, n° 1, p. 3, la note 3; ci-dessous, une lettre du comte d'Artois, n° 56; lettre d'André, n° 69.

2. Cf. ci-dessus, n° 1, p. 3.

manière à mériter toute l'approbation de Votre Majesté et
que j'ai écouté avec beaucoup d'intérêt.

J'avais fait part officiellement à Votre Majesté de l'acte
par lequel les Pays-Bas réunis sont passés solennellement
sous ma souveraineté sous le nom de royaume des Pays-
Bas, et par suite duquel j'ai pris le titre et la dignité de
Roi [1].

Je vois par la lettre de Votre Majesté [2] que la mienne
ne Lui est pas parvenue, mais j'y vois en même temps
avec beaucoup de sensibilité que cet événement Lui sera
agréable, et c'est avec d'autant plus d'empressement que
les sentiments de Votre Majesté me sont connus à cet
égard. Veuille la bonne Providence prendre Votre Majesté
en sa sainte et digne garde.

Le bon frère,
GUILLAUME.

N° 8.

Louis XVIII au roi des Pays-Bas.

A. B., *minute.*

Ostende, le 29 mars 1815.

Monsieur mon frère et cousin,

Je viens de recevoir la lettre de Votre Majesté. Je la
remercie sensiblement de l'accueil qu'elle a bien voulu
faire au duc de Luxembourg et je m'empresse de la féli-

---

1. Le royaume des Pays-Bas avait été constitué, au congrès de Vienne, par
la réunion de la Belgique et des anciennes Provinces-Unies. Guillaume-
Frédéric d'Orange, qui fut élu roi sous le nom de Guillaume Iᵉʳ et vécut
jusqu'à 1840, était fils du dernier stathouder Guillaume V, chassé de
Hollande en 1794 par l'invasion française.

2. Nous n'avons pas retrouvé le texte de cette lettre de Louis XVIII.

citer sur le titre qu'elle a pris et que j'ai autant de plaisir
à reconnaître que j'en trouve à lui offrir une nouvelle
assurance du sentiment d'attachement et d'amitié sincère
avec lesquels je suis, Monsieur mon frère et cousin, de
Votre Majesté, le bon frère et cousin.

Nº 9.

Le roi de Prusse Frédéric-Guillaume à Louis XVIII [1].

A. B.

Vienne, le 14 avril 1815.

Monsieur mon frère,

La suite rapide des événements malheureux qui vont
replonger la France dans des agitations cruelles et dans
les horreurs d'une guerre civile a empêché Votre Majesté
de recevoir la lettre que j'ai eu l'honneur de Lui adresser
le 16 du mois passé.

Je vous y exprimais, Sire, le sentiment pénible que me
faisait éprouver l'attentat criminel de Bonaparte. J'espérais que Votre armée, fidèle à ses serments, se rallierait
autour de Votre trône, et j'étais bien loin de penser alors
qu'un souverain dont le règne n'a été marqué que par des
bienfaits serait, par un enchaînement inouï de trahisons
et de perfidies, obligé de quitter sa capitale et son royaume.
Cet événement extraordinaire a pénétré l'Europe d'une
juste indignation. De toutes parts on court aux armes
pour venger la plus légitime des causes et pour assurer
une indépendance qui sera compromise tant que l'usurpateur régnera sur la France.

1. Cf. même ouvrage, t. II, correspondance de Goltz, dépêche du
8 mai 1815, nº 2.

Je partage en mon particulier la juste douleur dont le cœur paternel de Votre Majesté doit être pénétré, en faisant des vœux pour tout ce qui pourra contribuer à son entière satisfaction.

Permettez-moi, Sire, de recommander à Votre haute bienveillance le porteur [1] de la présente, l'un de Vos plus zélés serviteurs; il n'a d'autre désir que celui de se dévouer à Votre service.

Je suis avec une véritable considération et une amitié sincère, monsieur mon frère, de Votre Majesté, le bon frère.

FRÉDÉRIC GUILLAUME.

A Sa Majesté le Roi de France et de Navarre, monsieur mon frère.

N° 10.

Louis XVIII au roi de Prusse.

A. B., *minute.*

Gand, le 23 avril 1815 [2].

Monsieur mon frère et cousin,

Je m'empresse de répondre à la lettre que Votre Majesté a bien voulu m'écrire en y faisant mention de celle qu'elle avait eu la bonté de m'adresser le 16 du mois dernier et que je n'ai point reçue.

---

1. Goltz. Voir sa correspondance au tome II. Il allait remplir les fonctions d'envoyé du roi de Prusse auprès de Louis XVIII.

2. Cette lettre ne paraît pas avoir été envoyée. La lettre suivante n° 11, remise au comte de Goltz le 21 mai, soit près d'un mois plus tard, paraît être la réponse à la lettre d'avril du roi de Prusse.

Mon premier soin, en arrivant, a été d'annoncer à Votre Majesté la douloureuse nécessité où je m'étais trouvé de quitter ma capitale et d'abandonner ensuite une partie de mes États, que j'avais espéré soustraire aux contagieux effets de la plus horrible trahison. Ma lettre [1] doit lui être depuis longtemps parvenue. J'exprimais à Votre Majesté les sentiments de confiance dont j'ai plus que jamais sujet de lui renouveler l'assurance à la vue de ses armements pour la cause des Rois et des Peuples. Qu'il me soit aujourd'hui permis d'ajouter à cette espérance celle que la générosité de Votre Majesté doit faire concevoir à mes sujets, qui ne s'attendent à trouver dans les armées que des libérateurs et des amis. Votre Majesté, je n'en doute pas, contribuera de tous ses efforts à fortifier un pareil sentiment, à prévenir tout ce qui pourrait l'altérer, et cette nouvelle preuve de son amitié pour moi sera l'appui le plus désirable qui me soit offert contre l'oppresseur de mon Peuple.

C'est en réitérant à Votre Majesté mes plus sensibles remerciements pour les expressions du touchant intérêt qu'elle me témoigne, que je la prie d'agréer les assurances de l'inaltérable et sincère attachement avec lequel je suis, Monsieur mon frère et cousin, de Votre Majesté le bon frère et cousin.

P. S. — Je ne dois pas laisser ignorer à Votre Majesté que j'ai acquis en France la certitude, par les registres de la police de Paris, que M. Fauche-Borel, qui avait été jadis employé par moi, rendait compte à Bonaparte, ou à ses ministres, de tout ce qu'il pouvait apprendre.

1. Nous n'avons pas trouvé cette lettre.

N° 11.

Louis XVIII au roi de Prusse.

Gand, ce 21 mai 1815 [1].

Monsieur mon frère et cousin,

La lettre que le général comte de Goltz m'a remise de la part de Votre Majesté est un nouveau témoignage des sentiments qu'elle m'accorde et que je partage vivement. La cause pour laquelle Votre Majesté fait en ce moment de si nobles efforts est celle de tous les souverains de l'Europe, et son succès affirmera à jamais les droits les plus sacrés.

J'ose espérer, avec l'aide de la Providence, que la France sera bientôt affranchie du joug odieux sous lequel elle gémit encore. J'aime à croire que si l'armée, égarée par un chef coupable, comprime l'élan d'un peuple fidèle, la chute de ce chef préparera à Votre Majesté un triomphe plus doux que celui de ses armes. Oui, Sire, vous jouirez, de concert avec Mes Augustes Alliés, de la gloire de rendre à la nation française sa liberté, son bonheur et ses antiques vertus. Mon cœur, plein de la reconnaissance que lui inspirent tant de généreux efforts, serait déchiré, je l'avoue, à l'aspect des maux qui peuvent accabler ma patrie, si je n'étais rassuré par la confiance que m'inspirent les sentiments magnanimes qui animent Votre Majesté et qui n'ont cessé de présider aux Conseils des Souverains réunis.

Je suis avec une véritable considération, et l'attachement le plus sincère....

1. Dans la correspondance de Goltz, annexe à la dépêche du 24 mai 1815, n° 7. — Ci-dessous, t. II.

N° 12.

Louis XVIII au roi d'Espagne.

A. B., *minute.*

Gand, ce 18 avril 1815.

Monsieur mon frère et cousin,

Les sentiments de Votre Majesté me sont trop connus, pour douter de ceux avec lesquels elle a dû apprendre mes nouveaux malheurs. Je suis également persuadé de tout le désir qu'elle aura éprouvé de m'offrir en cette occasion son amicale assistance, et le ministre de Votre Majesté au congrès de Vienne n'a fait que devancer cette noble résolution, lorsqu'il a signé la Déclaration qui vient d'unir l'Europe tout entière contre l'éternel ennemi de son repos [1].

Ma nièce la duchesse d'Angoulême, après avoir recueilli les plus touchantes marques de l'amour et de la fidélité des Français trahis, opprimés par l'armée, est allée demander un asile à Votre Majesté. C'est, j'ose m'en flatter, être encore dans sa famille, et cette pensée consolante adoucit le regret que j'éprouve de la voir éloignée de moi. Les revers qu'a essuyés le duc d'Angoulême l'auront sans doute obligé d'aller la rejoindre et de réclamer les bontés de Votre Majesté [2]. Je la prie d'écouter avec intérêt ce qu'il lui fera savoir de l'état présent de la

---

1. Déclaration du 13 mars. — Ferdinand VII adhéra le 2 mai au traité du 25 mars.

2. Voir ci-dessus les notes de la pièce n° 1. — Le duc d'Angoulême s'était embarqué le 16 avril pour l'Espagne. — Cf. ci-dessous, chap. VIII, pièces nᵒˢ 82 à 97.

France. Il avait reçu de moi les pouvoirs les plus étendus et sa conduite a bien justifié ma confiance. C'est un motif pour mériter celle de Votre Majesté, qui sentira surtout l'avantage de se concerter avec lui sur les moyens d'agression [1] qu'elle voudrait mettre en usage conformément aux intentions des autres puissances et à l'intérêt le plus évident de la monarchie espagnole. Lui seul peut indiquer à Votre Majesté les véritables moyens de conduire la guerre d'après le principe solennellement adopté par les États qui veulent agir comme mes alliés, et par conséquent comme des amis à l'égard de mes sujets. C'est le caractère que l'âme de Votre Majesté et la générosité de la nation espagnole donneront volontiers à cette guerre de délivrance, dans laquelle les seuls complices de Buonaparte sont pour l'Europe, et pour l'Espagne en particulier, l'objet d'un juste ressentiment. Le comte de Sabran, que je charge de porter cette lettre à Votre Majesté, pourra lui parler en détail de ma position, de mes projets et de la situation de mes affaires, qui offre les garanties les plus certaines d'une cause qui est celle de l'Europe entière.

C'est toujours avec une extrême confiance dans la sage politique et dans les nobles intentions de Votre Majesté que je lui offre l'assurance la plus sincère de l'inaltérable amitié avec laquelle je suis, monsieur mon frère et cousin, de Votre Majesté, le bon frère et cousin.

1. Cf. ci-dessous, les pièces numérotées de 82 à 97.

N° 13.

Louis XVIII à l'empereur d'Autriche.

Gand, ce 11 juin 1815 [1].

Monsieur mon frère et cousin,

En offrant à Votre Majesté Impériale mes sincères félicitations à l'occasion du rapide et glorieux succès de ses armes, en Italie, dans une guerre qui avait pour objet un intérêt cher à ma Maison [2], j'éprouve le désir de lui témoi-

1. Dans la correspondance du baron Vincent, envoyé extraordinaire et ministre plénipotentiaire près de Louis XVIII, annexe 7 à la dépêche du 11 juin 1815; voir ci-dessous, chapitre xi. — Le 27 mars, Louis XVIII avait écrit d'Ostende à l'Empereur d'Autriche : « Les intentions généreuses manifestées dans la déclaration du 13 mars ne me permettent pas de douter que les puissances, intéressées à maintenir l'Europe dans le repos, ne se hâtent d'étouffer dans sa naissance le germe des plus affreuses calamités.... C'est avec la plus entière confiance que je sollicite votre appui pour moi et mon peuple opprimé. » Arch. aff. étrang., 646. — Cf. Henry Houssaye, *1815*, t. I, 470.

2. Il s'agit de la campagne contre Murat, roi de Naples. Il avait appelé l'Italie aux armes, pris le titre de roi d'Italie, le 31 mars, et s'était porté sur la vallée du Pô. Battu dans plusieurs rencontres, et notamment en dernier lieu, malgré son héroïsme, à Tolentino, par Bianchi et Neipperg, les 2 et 3 mai, il dut gagner Naples, puis Ischia, d'où il s'embarqua le 19 pour Cannes. Sa prise d'armes rompait les engagements pris envers lui par l'Autriche, en janvier 1815, et rendait désormais certaine la restauration des Bourbons à Naples, poursuivie avec acharnement par Talleyrand au congrès de Vienne. Voici dans quels termes Pozzo di Borgo annonçait à Blacas les événements de Naples :

A. B.

« Bruxelles, 3 juin 1815.

« Des nouvelles de Vienne et surtout celles de Munich, du 26, venant du ministre d'Angleterre, annoncent officiellement que le général Bianchi, d'une part, et le général Carascoza, de l'autre, ont signé une convention par laquelle ce dernier promet que la ville et le royaume de Naples (excepté Gaète et Ancône, qui auront la faculté de faire des capitulations particulières) seront remis aux troupes autrichiennes, qui en prendront possession au nom de Ferdinand IV, et que Murat se rendra prisonnier de guerre

gner la confiante gratitude avec laquelle je contemple les
nobles efforts qu'elle va faire pour une cause qui est à la
fois la mienne et celle de l'Europe. Les intentions de
Votre Majesté Impériale me sont trop connues ; elles sont
trop conformes aux actes mémorables qui, dans sa capitale, viennent de fixer les vues et les destinées de tant
d'États, pour que je l'entretienne de mes craintes et de
mes espérances. Elle trouvera bon du moins que je
remette à son cœur généreux le soin de protéger mes
fidèles et malheureux sujets dans les provinces où les
opérations de la campagne conduiront ses armées. J'apprends par des rapports certains qu'un soulèvement général doit éclater alors dans le midi de la France contre
l'ennemi commun. Les généraux de Votre Majesté Impériale ne peuvent sans doute mieux remplir le but généreux qu'elle se propose qu'en secondant un mouvement
qui sera si bien d'accord avec les vœux que lui dicte
l'amour de la justice et de l'humanité. J'espère donc lui
avoir bientôt à cet égard de nouvelles obligations. Il me
sera doux de les reconnaître, comme il me l'est de réitérer
dès ce moment à Votre Majesté Impériale l'assurance des
sentiments d'attachement inaltérable avec lesquels je suis,
monsieur mon frère et cousin, de Votre Majesté, le bon
frère et cousin.

pour être conduit à Vienne escorté par une garde d'honneur : on ignore si
le roi des cuisiniers a ratifié la convention, dans tous les cas la *commedia
è finita*.

« Une frégate française allant à Naples avec ordre de coopérer à la fuite
du prince Achille et Cⁱᵉ a été prise par les Anglais, après un combat. Tout
allait finir à Vienne, l'Empereur était attendu à Munich le 27.

« Votre très dévoué.

« Pozzo. »

II.

PIÈCES OFFICIELLES

ORDONNANCES, PROJETS D'ORDONNANCES, INSTRUCTIONS, POUVOIRS, ÉMANANT DE L'AUTORITÉ ROYALE [1].

N° 14.

Ordonnance interdisant le paiement de l'impôt [2].

Lille, 23 mars 1815 (antidaté).

Louis, par la grâce de Dieu, Roi de France et de Navarre, à tous ceux qui les présentes verront, salut [3].

Considérant l'urgence des circonstances et le devoir qu'elles nous imposent d'exercer, dans toute leur étendue, les droits de notre puissance royale, conformément à l'article 14 de la charte constitutionnelle [4];

---

1. Pour l'historique d'une partie des pièces qui suivent, cf. lettre d'André, n° 69, et les notes à cette lettre, p. 137.
2. Ordonnance publiée au *Moniteur universel*, n° 1, 14 avril 1815.
3. Pour la rédaction de cette ordonnance et de la suivante, cf. ci-dessous, lettre du comte d'Artois, n° 58; lettre d'André, 31 mars, n° 69, et notes de Lainé, n° 98.
4. C'est de cet article que Charles X devait s'autoriser pour rédiger les ordonnances de juillet 1830.

Avons ordonné et ordonnons ce qui suit :

Art. 1ᵉʳ. Il est défendu à tous nos sujets, qui se trouveraient momentanément sous la domination de Napoléon Buonaparte, de payer au gouvernement dit impérial aucune espèce d'impôt direct ou indirect, sous quelque dénomination que ce soit, à quelque époque que cet impôt ait été établi, soit qu'il l'ait été légalement par le concours des deux Chambres et de notre autorité, ou par tout autre corps politique illégalement convoqué, ou par la violence d'une autorité arbitraire soit civile, soit militaire.

Art. 2. Il est également défendu à tous préfets, inspecteurs des finances, receveurs généraux et particuliers, payeurs, directeurs des contributions directes et indirectes, des douanes et de l'enregistrement, et généralement à tous les comptables dépendant du ministère des finances, de verser les fonds qu'ils pourraient lever ou avoir en main, dans les caisses dites impériales.

Les agents ci-dessus dénommés, qui, ayant eu connaissance de notre présente ordonnance, auraient négligé de s'y conformer, perdront les cautionnements qu'ils pourraient avoir fournis, ou seront tenus de payer une seconde fois à notre trésor les fonds livrés par eux à Napoléon Buonaparte; déclarant nuls et de nul effet, à l'égard de ces agents, toutes quittances et reçus délivrés par les autorités du gouvernement dit impérial.

Art. 3. Les ventes de bois et de biens communaux, autorisées par le dernier budget, sont suspendues dans les départements envahis par Napoléon Buonaparte. Toutes celles qui seraient faites à ce sujet, postérieurement à la date de ladite ordonnance, sont déclarées nulles et non avenues.

Art. 4. Dans les provinces où la trahison de quelques corps de l'armée, et la tyrannie de Napoléon Buonaparte n'ont point encore opprimé les agents de l'autorité royale, on suivra, pour le versement de l'impôt, l'instruction de notre ministre des finances, en date du 12 de ce mois.

Art. 5. Nos ministres secrétaires d'État des finances et de notre maison sont chargés, chacun en ce qui le concerne, de l'exécution de la présente ordonnance.

Donné à Lille, le vingt-troisième jour du mois de mars de l'an de grâce mil huit cent quinze, et de notre règne le vingtième.

N° 15.

Ordonnance licenciant l'armée [1].

Lille, 23 mars 1815 (antidaté).

Louis, par la grâce de Dieu, Roi de France et de Navarre, à tous ceux qui les présentes verront, salut.

La trahison de presque tous les corps de l'armée destinée à défendre la patrie rendant indispensable de changer entièrement les mesures que nous avions cru devoir prendre; voulant prévenir de nouveaux malheurs dont nos peuples sont menacés par la présence de Napoléon Buonaparte sur le territoire français;

Considérant que la conscription a été abolie par le douzième article de la Charte constitutionnelle, et que le recrutement de l'armée de terre et de mer n'a pu encore être déterminé par une loi;

Vu l'article 14 de ladite Charte, qui met à notre disposition toutes les forces de terre et de mer;

Considérant que, par le même article de la Charte, il

---

1. Ordonnance publiée au *Moniteur universel*, n° 1, 14 avril 1815.

nous appartient de faire et de publier les ordonnances
et les règlements nécessaires à la sûreté de notre royaume ;
que nous avons été solennellement invité par la Chambre
des pairs et par la Chambre des députés des départements,
dans leur adresse du 17 de ce mois, à faire usage de cette
autorité dans toute son étendue [1] ;

Considérant enfin qu'à tous les pouvoirs dont nous
investissent dans les temps ordinaires notre titre royal et
la Charte constitutionnelle, viennent se réunir, dans une
crise si périlleuse, tous ceux que le danger, la confiance,
la volonté de la nation et le vœu exprimé par ses représentants nous imposent le devoir d'exercer :

A ces causes, nous avons ordonné et ordonnons ce qui suit :

Art. 1er. Il est défendu à tout Français, soit qu'il ait
fait précédemment partie de nos troupes, soit qu'il n'ait
point servi, d'obéir à aucune prétendue loi de conscription, de recrutement, ou à tout ordre illégal quelconque
qui émanerait de Napoléon Buonaparte, de tous corps ou
autorités politiques, civils et militaires, qu'il pourrait
appeler ou établir, ou qui lui auraient obéi depuis le
1er mars 1815, ou obéiraient à l'avenir.

Art. 2. Il est pareillement défendu à tous gouverneurs
et aux officiers généraux commandant dans nos divisions
militaires et dans les départements de notre royaume, aux
officiers de notre gendarmerie royale, et à tout gendarme
qui en fait partie, à tout colonel, major ou chef de corps,
comme aussi à tous nos amiraux et autres officiers de
notre marine royale, aux préfets maritimes et aux commandants de nos ports et arsenaux, à tous préfets, sous-

---

1. Allusion à l'adresse votée par les deux Chambres, après la séance
royale du 16 mars, où Louis XVIII jura, avec le comte d'Artois et le duc
de Berry, de maintenir « la Charte, son plus beau titre aux yeux de la
postérité. »

préfets, maires ou adjoints de maire, d'exécuter ou de faire exécuter aucune des prétendues lois de conscription ou de recrutement, ou aucun des actes ou ordres illégaux, mentionnés dans l'article précédent.

Art. 3. Tout Français qu'on voudrait contraindre à s'enrôler sous les drapeaux de Napoléon Buonaparte est autorisé par nous à s'y soustraire, même à main armée.

Art. 4. Tout gouverneur ou officier général commandant dans nos divisions militaires ou dans les départements de notre royaume, tout colonel, major ou chef de corps, tout commandant de nos places, forteresses ou postes de guerre, tout officier de nos corps royaux du génie et de l'artillerie, tout amiral, vice-amiral, ou autre officier de notre marine royale, préfet maritime et commandant de nos ports ou arsenaux qui, au mépris du serment qu'il nous a prêté, aurait adhéré au parti de Napoléon Buonaparte, sera destitué, privé de toute solde d'activité ou pension de retraite pour l'avenir, à moins qu'après avoir eu connaissance de notre présente ordonnance, il ne rentre à l'instant dans son devoir envers nous.

Art. 5. Nous licencions, par la présente ordonnance, tous officiers et soldats des corps de terre et de mer qui, entraînés par des chefs qui nous ont trahi, auraient participé à la révolte et passé momentanément sous le commandement de Napoléon Buonaparte ou de ses adhérents, et nous ordonnons à cesdits officiers et soldats de se rendre sur-le-champ dans leurs foyers.

Art. 6. Nos ministres de la guerre et de l'intérieur sont chargés, chacun en ce qui le concerne, de l'exécution de la présente ordonnance.

Donné à Lille, le vingt-troisième jour du mois de mars de l'an de grâce mil huit cent quinze, et de notre règne le vingtième.

N° 16.

*Projet d'ordonnance instituant des commissaires royaux
auprès des armées alliées* [1].

Louis, par la grâce de Dieu, roi de France et de Navarre....

Voulant hâter la délivrance de nos États, en même
temps qu'alléger pour nos sujets les maux d'une guerre
entreprise pour le salut de l'Europe et pour le maintien
de la liberté publique, non contre les Français, mais
contre Napoléon Buonaparte et ses complices;

Voulant aussi assurer aux armées de nos alliés tous
les secours qu'ils ont droit d'attendre de nous;

Considérant que l'état de crise où vient d'être plongée
la France, que les opérations de la guerre, que la nécessité de combattre la trahison, l'anarchie, et toutes les fureurs du despotisme exigent des moyens extraordinaires;

1. Cette ordonnance n'a pas été publiée au *Journal universel;* nous en
avons trouvé le texte dans les annexes d'une dépêche de Stuart à son gouvernement, n° 3o. — D'après Jaucourt, le texte fut arrêté en conseil le
27 avril, mais Stuart le connut dès le 25. Il ne fut communiqué aux puissances que le 2 juin. L'idée première appartient à Wellington et à d'André. Cf. ci-dessous, pour l'historique de l'affaire et de la pièce, lettre du
comte d'Artois, 5 avril, n° 62, et lettre d'André, 31 mars, n° 69; en outre,
les Instructions n° 17, les pièces numérotées de 33 à 39 et, chapitre xi, les
lettres du baron Vincent, 23 mai, 4 juin, 11 juin, 13 juin; deux lettres
annexes de Castlereagh, 7 juin, et de Wellington à Metternich, 12 juin;
une lettre du baron de Binder, 10 juin. — Ci-dessous, t. II, correspondance
de Stuart, dépêches n° 4, 2 avril; n° 13, 11 avril; n° 27, 21 avril; n° 3o,
25 avril; n° 83, 3o mai; n° 88, 2 juin; n° 93, 4 juin; n° 101, 13 juin; n° 104,
16 juin. — Lettres de Castlereagh, n° 10, 13 juin; n° 11, 13 juin. — Correspondance de Goltz, n° 13, 13 juin; n° 14, 13 juin. — Cf. *Correspondance de
Pozzo di Borgo*, t. I, pièces xlvi, 27 avril; lxiii, 13 mai; lxiv, 23 mai; lxvi,
4 juin lxix 4 juin; lxx, 14 juin.

Vu l'article 14 de la Charte constitutionnelle, qui nous charge de faire toutes les ordonnances nécessaires pour la sûreté de l'État;

Considérant enfin qu'il importe de prescrire et de régler d'avance l'emploi des moyens qui doivent préparer l'instant prochain où, rentré au milieu de nos sujets, nous pourrons remettre en vigueur toutes les dispositions de ladite Charte.

TITRE I.

DISPOSITIONS PRÉLIMINAIRES.

ART. 1er. — *Des commissaires extraordinaires seront envoyés auprès de chacune des armées alliées qui vont entrer en France.*

Ils demeurent investis des pouvoirs nécessaires;

1. Pour adoucir autant qu'il pourra dépendre d'eux les maux de la guerre;

2. Pour rappeler sous nos drapeaux celles des troupes françaises qui sont encore égarées;

3. Pour dissoudre les gardes nationales formées par l'usurpateur et en réorganiser de nouvelles;

4. Pour rétablir l'ordre public, l'autorité légitime, et préparer le prompt et entier retour au régime constitutionnel;

5. Pour faciliter et régulariser toute la réquisition et fourniture nécessaire aux approvisionnements des armées alliées.

ART. 2. — Il y aura auprès de chaque grand corps d'armée un commissaire principal, et auprès de chaque division de ce corps un commissaire particulier, placé sous l'autorité du commissaire principal, et ayant les

mêmes attributions, sauf les modifications qui seront ci-
après déterminées.

Art. 3. — Les commissaires principaux et particuliers
seront nommés par nous; toutefois ces derniers pourront
l'être provisoirement, et en cas d'urgence, par le commissaire principal. Ces nominations provisoires nous seront
immédiatement soumises, pour être converties en nominations définitives.

Art. 4. — Seront placés auprès du commissaire principal, un commissaire ordonnateur des guerres, et auprès
du commissaire particulier, un commissaire ordinaire de
guerre, pour être chargé, sous leur autorité et dans la
même hiérarchie des opérations, relatives aux réquisitions,
fournitures et autres dispositions d'administration militaire, qui leur seront demandées ou déférées par les
troupes alliées.

Les commissaires des guerres se mettront en rapport
immédiat avec les généraux chefs de corps, ou commissaires des guerres des armées alliées, sans cependant cesser
d'être placés sous l'influence de nos commissaires principaux et particuliers, auxquels ils rendront compte de
leurs opérations, et qui, sur leur proposition, donneront
aux autorités locales tous ordres généraux ou instructions
nécessaires, et nommeront les gardes-magasins et autres
agents d'exécution.

Art. 5. — Des officiers français de divers grades seront
également mis à la disposition de nos commissaires ou
désignés provisoirement par eux, soit pour être chargés
des soins militaires que les généraux alliés jugeront utile
de leur confier, soit pour prendre le commandement
momentané des gardes nationales qu'on croirait devoir
faire concourir au succès de la guerre, soit pour occuper
provisoirement dans la gendarmerie les places vacantes,

soit, enfin, pour réunir et diriger sur les dépôts respectifs les troupes qui se rallieront à nos drapeaux.

ART. 6. — Nos commissaires généraux et particuliers exerceront leurs fonctions pour tout ce qui concernera les divers services civils après s'être concertés avec les généraux alliés auprès desquels ils seront placés, et pour tout ce qui aura trait à des services militaires sous l'autorité de ces généraux.

ART. 7. — Les attributions des commissaires principaux s'étendront successivement à tout le territoire qui sera progressivement occupé par le corps d'armée auprès duquel ils seront.

En cas de concurrence par suite des mouvements militaires de plusieurs commissaires militaires principaux dans un même département, ils concerteront ensemble leurs mesures, et s'ils ne parviennent pas à s'accorder, la prééminence resterait à celui qui aurait premièrement occupé le département.

ART. 8. — L'étendue du territoire que devront embrasser les attributions d'un commissaire particulier sera déterminée de la même manière, mais elle pourra être modifiée ainsi que ses actes par le commissaire principal.

TITRE II.

MESURES D'ADMINISTRATION ET DE POLICE.

ART. 9. — Les commissaires institués par les articles qui précèdent pourront faire à nos sujets et en notre nom toutes les proclamations, et leur donner tous les ordres qu'ils jugeront nécessaires à l'accomplissement de leur mission.

ART. 10. — Au fur et à mesure qu'on pénétrera sur le

sol français, ils emploieront tous les moyens propres de hâter la dissolution des troupes de l'usurpateur et leur retour sous nos drapeaux.

Ils s'empresseront de prendre note des régiment, bataillon, compagnie, fraction de compagnie, officiers supérieurs ou autres qui se seront ainsi ralliés à nous, afin que nous puissions connaître et récompenser leur retour.

Ils les dirigeront ensuite et sans délai sur les points qui auront été d'avance assignés par notre ministre de la guerre.

ART. 11. — Ils prononceront la dissolution des gardes nationales formées par l'usurpateur, et pourront en réorganiser de nouvelles, alors que la mesure sera reconnue utile, soit aux opérations de la guerre, soit au maintien de la tranquillité publique.

ART. 12. — Les fusils et autres armes provenant des armements effectués dans le cours des présentes opérations seront rassemblés dans des dépôts pour être distribués suivant les besoins.

ART. 13. — Nos commissaires seront autorisés à faire dans les autorités civiles et militaires, ainsi que dans les administrations ou agences publiques, tous les changements provisoires qui leur paraîtront commandés par le bien de notre service.

Ils pourront ordonner des poursuites en vertu de nos ordonnances du 6 mars [1] dernier, contre ceux de leurs

---

1. Voici les principaux passages de l'ordonnance :

« ART. 1ᵉʳ. — Napoléon Bonaparte est déclaré traître et rebelle.... Il est enjoint de lui courir sus, de l'arrêter et de le traduire incontinent devant un conseil de guerre qui, après avoir reconnu l'identité, prononcera contre lui l'application des peines portées par la loi.

« ART. 2. — Seront punis des mêmes peines.... : les militaires et les employés de tout grade qui auront accompagné ou suivi ledit Bonaparte, à moins que dans le délai de huit jours ils ne viennent faire leur soumission.

« ART. 3. — Seront pareillement poursuivis et punis comme fauteurs et membres qui, par leur persévérance dans la rébellion, rendraient cette sévérité indispensable. Ils nommeront provisoirement à toutes les places vacantes, à toutes celles dont les titulaires auront abandonné leurs postes.

ART. 14. — Ils seront autorisés à prendre telle mesure de haute police que les circonstances commanderont contre les hommes assez dangereux pour être un obstacle au rétablissement de l'ordre et du pouvoir légitime, ainsi que contre ceux qui, ayant été chefs ou instigateurs de la conjuration ou des insurrections qui ont précédé ou suivi la rentrée de l'usurpateur en France, ne donneraient point de gages suffisants de leur repentir.

ART. 15. — Toute mesure prise en vertu des articles 13 et 14 devra être l'objet d'un arrêté motivé, dont ampliation sera transmise à nos ministres compétents ; toutes les fois qu'il s'agira d'une arrestation, l'arrêt devra être suivi du procès-verbal qui la constatera.

Nos ministres prendront, suivant le cas, ou nous proposeront à ce sujet des décisions ultérieures.

ART. 16. — Nos commissaires pourront prendre des arrêtés d'administration générale, mais en s'y conformant à la législation en vigueur dans le royaume.

Ceux de ces arrêtés qui seront pris par les commissaires particuliers ne seront exécutoires qu'après avoir été approuvés par le commissaire principal.

ART. 17. — Nos commissaires pourront changer momentanément le siège des tribunaux alors que notre service, ou les opérations de l'armée le rendront indispensable.

complices de rébellion, tous les administrateurs civils et militaires, chefs ou employés, payeurs ou receveurs de deniers publics, même les simples citoyens, qui prêteraient directement ou indirectement aide et assistance à Bonaparte. »

Ordonnance rendue sur le rapport « de notre amé et féal chevalier, chancelier de France, le sieur Dambray. »

Art. 18. — Ils prendront toutes précautions, et feront toutes dispositions pour hâter la rentrée dans notre trésor des contributions et autre branches du revenu public.

Ils pourront à cet effet se faire précéder auprès des divers comptables d'avis qui les rappelleront à leurs devoirs, ou d'ordres qui les rendront responsables de toute distraction de fonds, de tout versement dans les caisses de l'usurpateur.

Art. 19. — Ils feront provisoirement cesser partout où pénétrera l'armée la perception des impôts indirects connus sous la dénomination de *Droits réunis* [1].

Ils se feront précéder de proclamations ou d'ordres généraux qui prescriront cette disposition, et déclareront la résolution où nous sommes de provoquer, aussitôt que nous pourrons réunir les deux Chambres, la suppression définitive de ces droits, et leur remplacement, si cela est jugé nécessaire, par un impôt moins onéreux à nos sujets.

Art. 20. — Ils prendront des mesures pour que la cessation de ces droits, et l'éloignement de leurs employés la où ils croiront utile de l'ordonner, n'interrompent pas la perception des octrois ni les droits sur les tabacs.

Ils maintiendront par conséquent à leurs postes les préposés à l'une et à l'autre de ces perceptions.

TITRE III.

RÉQUISITIONS ET FOURNITURES.

Art. 21. — L'état d'épuisement où se trouvent encore la plupart de nos provinces, exigeant pour l'approvi-

---

1. L'abolition des *Droits réunis* (impôts sur les boissons, les cartes à jouer, les voitures publiques, etc.), dont la perception avait, sur certains points, rendu Napoléon très impopulaire, avait été promise par le comte d'Artois, lors de sa rentrée, en 1814. La promesse n'avait pas été suivie d'effet. Cf. ci-dessous, *note de Lainé*, n° 109.

sionnement des troupes de nos alliés toutes sortes de précautions, d'ordres et de soins, afin d'éviter et que cet approvisionnement ne reste en souffrance, et tout ce qui pourrait le rendre plus onéreux pour nos sujets, nous chargeons spécialement nos commissaires de rechercher et de prescrire tous les moyens propres à atteindre ce double but.

Ils publieront en conséquence des instructions et ordres généraux aux autorités locales, afin que celles-ci secondent ces approvisionnements de tout leur pouvoir, soit par des marchés, soit par des réquisitions, là où les marchés présenteront ou trop d'obstacles ou trop de lenteur.

Art. 22. — Ils convoqueront et mettront en permanence les Conseils municipaux, les Conseils d'arrondissement, et les Conseils généraux des départements.

Ces Conseils, sous la présidence des maires, des sous-préfets et des préfets, concourront de tout leur moyen à procurer les approvisionnements dont il s'agit, et feront les dispositions nécessaires pour en faire proportionellement porter le poids sur tout le département, ainsi que pour en écarter les abus et les infidélités.

Les Conseils généraux de département sont autorisés à ordonner provisoirement pour le payement des marchés qu'on aura été dans l'obligation de convenir, soit pour tout le département, soit dans chaque localité, et toujours en balançant les charges d'imposition d'un nombre de centimes additionnels égal au besoin du moment; les délibérations qu'ils prendront pour cela devront être soumises à l'approbation de nos commissaires.

Art. 23. — Toutes les fournitures dont il s'agit, faites sur les divers points d'un département, et autres que le simple logement, devant proportionnellement peser sur chaque contribuable de ce département, nos commissaires régleront dans un arrêté qu'ils publieront d'avance, et qu'ils prendront sur la proposition des commissaires de la guerre placés auprès d'eux, le mode et les moyens de cette répartition.

Ils régleront de la même manière la délivrance des bons des récépissés pour la réquisition individuelle ou collective, le mode à suivre pour les marchés d'établissement des magasins, la nomination des gardes-magasins ou autres agents d'exécution, la tenue de leurs écritures, etc., etc.

Ils prendront de préférence pour ce choix, et dans chaque localité, les propriétaires intéressés à la conservation des objets fournis et à ce qu'il ne s'y glisse point d'abus; ils pourront leur assigner un traitement à titre d'indemnité.

L'exécution de ces dispositions et de tous les autres soins de détail relatifs aux approvisionnements dont il s'agit, étant ainsi qu'il a été dit réservée aux commissaires ordonnateurs ou ordinaires de la guerre, nos commissaires n'auront par conséquent aucune part directe à prendre ni aux basements ni aux livraisons, ni de relations à avoir à ce sujet avec les généraux, chefs de corps, ou commissaires de guerre de l'armée alliée.

ART. 24. — Nos commissaires diront à nos sujets combien nous souffrons des nouveaux sacrifices qu'ils sont obligés de faire, et que nous aviserons le plus tôt possible, de concert avec les deux Chambres, aux moyens de leur en procurer une juste compensation.

TITRE IV

DISPOSITIONS GÉNÉRALES

ART. 25. — Les commissaires particuliers correspondront avec le commissaire principal sous l'autorité du-

quel ils se trouveront placés, lui rendront compte de
leurs opérations, et lui transmettront tous leurs arrêtés,
autres que ceux qui ne serviront que de simples actes
d'exécution.

Il en sera de même des commissaires principaux à
l'égard de nos ministres, auxquels ils adresseront respec-
tivement, et aussitôt que faire se pourra, les actes de leur
mission et de la mission des commissaires particuliers
sous leurs ordres.

En attendant la réunion desdits ministres, ils se borne-
ront à rendre des comptes sommaires de leurs opérations,
et de celles qui leur seront subordonnées, à notre ministre
secrétaire de la guerre.

Un conseiller d'État sera spécialement placé auprès de
ce ministre pour suivre cette correspondance.

Art. 26. — Chaque commissaire aura auprès de lui, indépendamment d'autres employés de bureau nécessaires
à son travail, un secrétaire général dont la nomination
nous sera soumise, et qui sera chargé et responsable de la
conservation des registres et autres papiers, ainsi que de
la signature des expéditions.

Art. 27. — Nos commissaires pourront, toutes les fois
que ce sera nécessaire, nommer des délégués spéciaux,
mais seulement pour de simples mesures d'exécution, et
sans pouvoir leur donner d'autre attribution, ou prolonger
leurs mandats au delà de cette exécution.

Art. 28. — Toutes les fois que nos commissaires auront
à faire des dispositions, ou à donner des ordres pour les
cas non prévus par la présente ordonnance, ils se conformeront, par analogie, aux principes qu'elle consacre et à la
législation du royaume.

N° 17.

*Projet de circulaire aux commissaires royaux
près les armées royales* [1].

Monsieur,

J'ai l'honneur de vous prévenir que Sa Majesté vous a
nommé

son commissaire principal   )   auprès du corps d'armée
l'un de ses commissaires   )   de....

Je vous adresse ci-joint l'acte de votre nomination et
plusieurs exemplaires de l'ordonnance qui règle vos attributions.

Il serait difficile de concevoir une mission plus délicate
et plus importante. La confiance et l'autorité dont vous
investit le Roi sont presque sans limites. Jugez par là
jusqu'à quel point Sa Majesté compte sur votre dévouement, sur votre zèle, et combien grandes, combien sacrées
doivent être pour vous les obligations qui vous sont im-
posées.

Vous ne perdrez pas de vue, dans toutes vos opérations,
que le monarque dont vous êtes le délégué est le père de
ses sujets, et qu'alors même que les circonstances exigent
de lui une grande sévérité, son cœur est toujours disposé
à l'indulgence.

Toutefois, vous devez allier à une impartiale justice

---

1. Le texte de cette pièce, comme le texte précédent, est demeuré
inédit, nous l'avons trouvé dans la correspondance de Stuart, annexe
au n° 39. D'après Beugnot (*Mémoires*, 578), ce projet de circulaire avait été
préparé par Capelle, Vaublanc et Beugnot lui-même. — Cf. ci-dessus le
projet d'ordonnance n° 16 et la note en tête.

cette prévoyante energie que commande si impérieusement la nécessité de sauver la France.

Il n'est point, contre les complices de l'homme qui est revenu troubler la paix et le bonheur dont jouissait notre patrie, qui est venu y porter avec la trahison tous les maux du plus honteux despotisme, il n'est point, dis-je, contre eux de rigueur qui ne soit légitime ; cependant, Sa Majesté veut que vous cherchiez à ramener ceux qui n'auraient été qu'égarés, que vous leur offriez, à côté du moyen de réparer leur faute, le pardon qui suivra la réparation.

Le premier objet de votre mission est d'adoucir les charges, les calamités de la guerre : c'est vers ce but que doivent être dirigés vos efforts.

Un de vos premiers soins, de vos soins constants, sera de faire régner la plus parfaite harmonie dans vos relations avec les généraux des armées alliées auprès desquels vous vous trouverez ; de vous concerter toujours avec eux, de leur témoigner la plus entière déférence, principalement pour tout ce qui pourra tenir directement ou indirectement à leurs opérations militaires ; de les environner sans cesse de tous les secours qui dépendront de vous, et enfin de ne jamais perdre de vue que ce sont de loyaux, de généreux alliés, aux armes desquels les Français vont devoir une seconde fois leur délivrance.

En vous pénétrant bien de ces puissantes considérations, aucune démarche ne vous coûtera, et tout en gardant la dignité qui convient à un délégué du Roi, vous vous défendrez de ces mouvements de l'amour-propre, de ces prétentions qui, excusables peut-être dans d'autres circonstances, seraient si déplacées dans celles où nous nous trouvons.

Les alliés ne font pas la guerre à la France, mais seulement à son persécuteur, aux cohortes qui n'ont pas craint de s'associer à sa rébellion, cohortes dont la France entière désavoue et accuse et la trahison, et les coupables projets, et les ambitieuses espérances.

Vous leur représenterez combien il importe à leur propre cause, au succès de cette lutte, d'éviter tout ce qui pourrait irriter, soulever la population contre une si légitime croisade. Dites-leur bien, dites-leur souvent qu'une des plus grandes espérances de l'usurpateur est fondée sur les excès qui pourraient produire cette irritation et que lui-même cherchera à les provoquer. Il lui importe peu que la France périsse, pourvu qu'avec ses débris il puisse ravager l'Europe.

Une proclamation du Roi précédera l'entrée des armées sur le sol français. Sa Majesté y fera connaître à ses sujets et sa volonté royale, et ses intentions paternelles, et ses indulgentes promesses, et ses généreuses espérances.

Cette proclamation leur dira sans doute, et vous devez leur répéter dans les vôtres, que si l'état de crise où ils se trouvent et les opérations de la guerre qui doit produire leur délivrance, exigent passagèrement l'emploi de moyens extraordinaires, la remise en vigueur de la Charte constitutionnelle sera le premier soin du Roi en remontant sur son trône; que les principes consacrés par cette Charte sont à ses yeux, comme ils seront aux yeux de ses successeurs, les plus sûres bases de la monarchie, en même temps que de la liberté publique.

Il n'importe pas moins qu'ils soient bien convaincus par vos proclamations que cette guerre, pour laquelle l'Europe armée se précipite sur le sol français, n'a nullement été provoquée par Sa Majesté; que si les souverains regardent comme nécessaire à la paix du monde, au triomphe des lois les plus sacrées de la civilisation, de ré-

tablir les Bourbons sur leur trône, d'y rétablir l'auguste
monarque dont la restauration a été une source de tant
de bienfaits, ils regardent comme plus impérieux encore,
pour l'humanité, pour la sûreté de leurs États, pour la
dignité de leur couronne, pour la sainteté de leurs engagements, d'opposer un prompt châtiment à l'audacieuse
violation du traité qu'ils avaient si solennellement garanti;
de combattre, de détruire les coupables entreprises de
celui qui outrage à la fois tous les rois et tous les peuples.

Des arrêtés accompagneront ordinairement vos proclamations, et dans les uns comme dans les autres vous ne
négligerez rien de ce qui pourra éclairer les armées de
l'usurpateur sur leurs véritables intérêts, sur leurs intérêts
présents, sur la flétrissure dont leur trahison les couvre,
sur les seuls moyens de l'effacer, en revenant aux drapeaux de la patrie et du Roi, enfin sur le peu de moments
qui leur restent pour obtenir indulgence, pour échapper
à l'infamie et à une inévitable destruction.

En rédigeant ces actes importants et délicats de votre
mission, il faut bien vous convaincre que vous parlez à
des âmes fortes, habituées à braver les dangers, en proie
à des passions violentes et qui, au sein même de la trahison
à laquelle elles ont été entraînées et sur laquelle elles
n'ont peut-être point encore réfléchi, ont conservé et cette
fierté et cette susceptibilité inséparables de l'esprit militaire, et qu'il est si facile d'irriter.

Prenez donc le langage qui leur convient, que ce soit
toujours celui de la persuasion, de la force, souvent même
celui d'un généreux et ferme reproche, mais jamais celui
d'un reproche qui blesse, aigrisse ou humilie.

Des points de réunion auront été d'avance désignés, et
vous y dirigerez immédiatement les troupes qui se seront
ainsi ralliées à la cause royale.

Les différentes dispositions relatives à la dissolution et à la réorganisation des gardes nationales sont trop indiquées pour que j'aie besoin de vous recommander les soins, les précautions qu'elles exigent.

Vous sentirez combien le choix des officiers est important ; vous sentirez aussi que toutes les opérations de cette nature qui peuvent intéresser la sûreté de l'armée alliée doivent être faites d'accord avec ses généraux.

Il est probable que la gendarmerie se retirera devant l'armée. S'il en était autrement, ce serait déjà une présomption qu'elle veut revenir à la cause royale, car sûrement elle aura reçu l'ordre de se retirer. Ayez égard à cette présomption si les événemens la réalisent.

Le Roi, qui attache une haute importance au service de cette arme, vous prescrit dans son ordonnance des dispositions qui doivent fixer votre attention. Sa Majesté désire aussi que vous recueilliez des renseignemens propres à éclairer les décisions ultérieures.

Les autorités, les administrations, en un mot, tous les agents publics qui, depuis l'ordonnance royale du 6 mars [1], ont servi Buonaparte, se sont rendus complices de sa rébellion, et ont encouru les peines les plus sévères. Toutefois les événemens sont devenus de telle nature qu'il n'est plus permis de faire une application absolue des dispositions pénales de cette ordonnance ; aussi Sa Majesté, dans l'article 15 de l'ordonnance que vous exécuterez, n'autorise-t-elle les poursuites que contre un très petit nombre de personnes, que contre celles dont les excès, dont la persévérance dans la rébellion repousseraient toute indulgence.

Mais la fidélité à ses engagements étant la première

1. Cf. note de la page 32.

qualité de l'homme public qui, sans elle, indigne de ses
fonctions, ne peut offrir aucune garantie, ni au prince ni à
ses sujets, le Roi, tout en cédant à son indulgence, tout en
interdisant les peines sévères, sent qu'il faut confier à des
mains sûres l'exercice de l'autorité, et qu'il est impossible
de ne point s'occuper d'une prompte épuration.

Sa Majesté vous en confie les premiers soins ; la latitude
qu'elle vous donne pour cela n'est presque point restreinte,
mais plus elle est étendue, et moins vous serez disposé à
en abuser ; trop de suspensions, trop de changements, pro-
duiraient une sorte de désorganisation et de désordre
qu'il faut soigneusement éviter.

Dans les membres des autorités et des administrations,
vous saurez distinguer ceux dont les principes, les affections, l'infidélité, ont été en quelque sorte au-devant de
l'usurpateur, d'avec ceux qui n'ont fait que céder aux
événements, et qui fidèles au fond de leur cœur, n'ont été
que faibles, et n'ont point poussé cette faiblesse jusqu'à
prostituer leur conduite, leur langage ou leurs fonctions.

Indépendamment des décisions provisoires que vous
rendrez, vous aurez à recueillir de nombreuses informations afin que les ministres puissent et juger votre travail
et compléter celui que vous aurez commencé.

Le Roi vous autorise à prendre contre les hommes
dangereux des mesures de haute police. Votre sagesse
vous dira tous les inconvénients qu'il y aurait à trop les
multiplier, mais elle vous dira aussi que dans plus d'une
circonstance il faut savoir se montrer sévère et inflexible.

Il est dans notre France, que la révolution a si fort dé-
naturée, une classe d'hommes, une classe nombreuse toujours disposée à s'agiter, mais facile à contenir, et aux yeux
de laquelle la sévérité a toujours le caractère et l'effet de la
force, tandis que l'indulgence lui paraît de la faiblesse.

Les actes de vigueur, dans la crise où nous nous trouvons, inspirent aux malveillants une crainte salutaire.

L'ordonnance royale vous charge de surveiller, de diriger l'approvisionnement des armées alliées, et place auprès de vous des commissaires des guerres pour tous les soins d'exécution et toutes les mesures de détail.

Si on ne pouvait pas vous donner tous ceux dont vous auriez besoin, vous pouvez en requérir à proportion qu'on avancera sur le sol français, ou en confier les fonctions à des personnes estimables et ayant la capacité nécessaire.

Les abus ne doivent jamais se glisser dans tout ce qui s'exécute au nom du meilleur des rois; mais la conséquence en serait bien plus grave, plus fâcheuse, dans les approvisionnements dont il s'agit, en raison de l'état d'épuisement où se trouvent encore la plupart de nos provinces. Vous porterez l'attention la plus sévère à les prévenir, à les écarter, à les réprimer, si cela doit être nécessaire, et vous ne veillerez pas moins à écarter tout désordre.

Je ne pousserai pas plus loin ces développements : les dispositions de l'ordonnance, votre zèle, vos lumières, le puissant intérêt qu'inspire la cause que vous servez, suppléeront à ce que je pourrais vous dire encore.

Une foule de circonstances locales ou accidentelles peuvent ou modifier ou étendre ces fonctions, et je ne puis m'exposer à vous égarer en voulant tout prévoir. Il vous suffira de trouver dans l'ordonnance et dans les instructions que j'essaie de vous donner, les principes généraux, les dispositions principales qui doivent vous servir de règle, ainsi que les considérations qui doivent vous diriger.

Je me bornerai à ajouter que vous ne sauriez mettre

trop d'attention à éloigner de vos relations, de vos actes, de vos discours, tout ce qui ressemblerait à de l'arbitraire, tout ce qui pourrait avoir un caractère d'injustice, de dureté, tout ce qui aurait l'apparence d'une réaction, ou de favoriser une classe au détriment d'une autre; rien n'est plus important à éviter. Ce serait, dès le premier pas, dépopulariser le retour de l'autorité royale, et fournir de nouveaux prétextes à ses ennemis.

Enfin, Monsieur, plus les circonstances où vous allez vous trouver seront difficiles et pénibles, et plus les services que vous rendrez seront grands et méritoires; votre dévouement au Roi vous élèvera, je n'en doute pas, à la hauteur de vos obligations. Vous trouverez dans votre cœur une récompense de tous les moments. Sa Majesté vous en réserve une autre plus grande dans le témoignage de sa satisfaction et de sa reconnaissance.

N° 18.

Ordonnance du Roi portant création de commissaires extraordinaires, pour le rétablissement en France du pouvoir légitime et pour faciliter, par des marchés, les approvisionnements des armées alliées [1].

Louis, par la grâce de Dieu, Roi de France et de Navarre,

A tous ceux qui ces présentes verront, salut.

L'intérêt de l'Europe réunit tous ses peuples contre un

---

1. Ce texte est également tiré de la correspondance de Stuart, annexe au n° 83. C'est le préambule mis à l'ordonnance que nous avons donnée au n° 16 et qui fut alors imprimée; les très légères modifications apportées à la rédaction première ne méritent pas d'être reproduites.

usurpateur. Leurs souverains ont annoncé, et rappellent tous les jours la volonté constante de faire cesser les malheurs de la guerre, aussitôt que la tyrannie sera renversée.

S'ils s'affligent des maux qui sont prêts à fondre sur la France, s'ils ne demandent qu'à déposer leurs armes, quelle doit être notre douleur à la vue des calamités dont elle est menacée!

Nous ne cessons de chercher tous les moyens qui peuvent arrêter ou diminuer les malheurs que nous redoutons; et nous avons trouvé dans le noble assentiment de nos puissances alliées un sûr garant du succès de nos intentions paternelles.

D'accord avec eux, plein de confiance dans la loyauté de nos fidèles sujets, appuyé sur la charte jurée par nous et les Français, chef suprème de l'État, chargé de pourvoir à sa sûreté, nous avons ordonné et ordonnons ce qui suit... [1].

Nº 19.

Déclaration [2].

Gand, 2 mai 1815.

Louis, par la grâce de Dieu, roi de France et de Navarre, à tous nos sujets : salut.

1. Suit le texte nº 16.
2. Déclaration publiée au *Journal universel*, nº 7, 5 mai 1815. Cf. le projet de déclaration ci-dessous, nº 20, et les lettres nᵒˢ 43, 44 et 45, de Pozzo di Borgo. La déclaration paraît avoir été faite en collaboration par Blacas et Pozzo di Borgo : cf. nº 44. Cf. en outre, pour l'historique de cette pièce et de la suivante, ci-dessous, lettres de Stuart à Blacas nº 40, 22 avril; de Blacas à Stuart, nᵒˢ 41 et 42, 23 avril, et généralement toutes les pièces du chap. IV. Tome II du même ouvrage, correspondance de Stuart, dépêches nº 8, 2 avril; nº 26, 21 avril; nº 31, 25 avril; nº 40, 28 avril; nº 62, 16 mai. Enfin, cf. *Correspondance de Talleyrand et de Louis XVIII* (Pallain), 23 avril, nº 91; *Correspondance de Pozzo di Borgo*, t. I, nᵒˢ LI et LX, 6 mai, et LXI, un mémoire de Nesselrode, du 3 mai.

La France, libre et respectée, jouissait, par nos soins, de la paix et de la prospérité qui lui avaient été rendues, lorsque l'évasion de Napoléon Buonaparte, de l'île d'Elbe, et son apparition sur le sol français ont entraîné dans la révolte la plus grande partie de l'armée. Soutenu par cette force illégale, il a fait succéder l'usurpation à l'autorité légitime, et la tyrannie à l'équitable empire des lois.

Les efforts et l'indignation de nos sujets, la majesté du trône et celle de la représentation nationale ont succombé à la violence d'une soldatesque mutinée, que des chefs traîtres et parjures ont égarée par des espérances mensongères.

Ce criminel succès ayant excité en Europe de justes alarmes, des armées formidables se sont mises en marche vers la France, et toutes les puissances ont prononcé la destruction du tyran. Notre premier soin comme notre premier devoir ont été de faire reconnaître une distinction juste et nécessaire entre le perturbateur de la paix publique et la Nation française opprimée.

Fidèles aux principes qui les ont toujours guidés, les souverains, nos alliés, ont déclaré vouloir respecter l'indépendance de la France et garantir l'intégrité de son territoire. Ils nous ont donné les assurances les plus solennelles de ne point s'immiscer dans son gouvernement intérieur. — C'est à ces conditions que nous nous sommes décidé à accepter leurs secours généreux.

L'usurpateur s'est en vain efforcé de semer entre eux la désunion [1] et de désarmer par une fausse modération [2]

---

1. Allusion à la communication faite au Tsar et au roi de Prusse, par ordre de Napoléon, du texte du traité d'alliance anglo-austro-français, signé à Vienne, le 3 janvier 1815, et dirigé contre la Russie et la Prusse.

2. Allusion à la lettre circulaire adressée par Napoléon à tous les souverains, le 4 avril : « Il me sera doux de ne connaître désormais d'autre rivalité que celle des avantages de la paix, d'autre lutte que la lutte sainte

leur juste ressentiment, sa vie entière lui a ôté à jamais
le pouvoir d'en imposer à la bonne foi. Désespérant du
succès de ses artifices, il a voulu pour la seconde fois précipiter avec lui dans l'abîme la Nation, sur laquelle il fait
régner la terreur. Il renouvelle toutes les administrations
afin de n'y placer que des hommes vendus à ses projets
tyranniques. — Il désorganise la Garde nationale, dont il
a le dessein de prodiguer le sang dans une guerre sacri-
lège [1]. Il feint d'abolir des droits qui depuis longtemps ont
été détruits. Il convoque un prétendu Champ de Mai
pour multiplier les complices de son usurpation. Il se promet d'y proclamer au milieu des baïonnettes une imita-
tion dérisoire de cette constitution qui pour la première
fois, après vingt-cinq années de troubles et de calamités,
avait posé, sur des bases solides, la liberté et le bonheur
de la France.

Il a enfin consommé le plus grand de tous les crimes
envers nos sujets, en voulant les séparer de leur souverain, les arracher à notre famille dont l'existence, identi-
fiée depuis tant de siècles à celle de la Nation elle-même,
peut seule encore aujourd'hui garantir la stabilité et la
légitimité du gouvernement, les droits et la liberté du
peuple, les intérêts mutuels de la France et de l'Europe.

Dans de semblables circonstances, nous comptons avec
une entière confiance sur les sentiments de nos sujets,
qui ne peuvent manquer d'apercevoir les périls et les
malheurs auxquels les expose un homme que l'Europe

de la félicité des peuples. » Caulaincourt avait, le même jour, adressé une
circulaire du même style aux divers ministres des affaires étrangères.

1. Napoléon, pour pouvoir disposer de toute l'armée de ligne, avait résolu de confier la défense des places aux compagnies d'élite de la garde nationale (grenadiers et voltigeurs), groupées en bataillons de mobilisés; des
bataillons du même genre avaient été formés déjà en 1814 et s'étaient
glorieusement conduits à la Fère-Champenoise.

assemblée a voué à la vindicte publique. Toutes les puissances connaissent les dispositions de la France. Nous
nous sommes assuré de leurs vues amicales et de leur
appui.

Français ! saisissez les moyens de délivrance offerts à
votre courage. — Ralliez-vous à votre Roi, à votre père,
au défenseur de tous vos droits ! Accourez à lui pour
l'aider à vous sauver, pour mettre fin à une révolte dont
la durée pourrait devenir fatale à notre patrie et pour
accélérer, par la punition de l'auteur de tant de maux,
l'époque d'une réconciliation générale.

Donné à Gand, le deuxième jour du mois de mai, de
l'an de grâce mil huit cent quinze et de notre règne le
vingtième.

LOUIS.

Par le Roi, le chancelier de France,

D'AMBRAY.

N° 20.

Déclaration [1].

A. B., *minute.*

Louis, par la grâce de Dieu, roi de France et de Navarre, à tous ceux qui les présentes verront : salut.

Nous avons déjà fait connaître à nos sujets, dans notre
déclaration du 2 mai dernier [2], les dispositions des puissances de l'Europe à l'égard d'une usurpation qui ne

1. Cette déclaration, préparée par Lally-Tollendal avant le 20 avril, ne
fut pas d'abord publiée, grâce à Stuart et à Pozzo di Borgo. Elle fut
ensuite imprimée, mais point au *Journal universel*, en mai, sous le titre de
Manifeste délibéré au Conseil du Roi. Cf. la note 2, p. 46, et les renvois
indiqués, et ci-dessous, lettre de Pozzo di Borgo, n° 45.

2. Pièce n° 19.

menaçait pas moins la sûreté des autres États qu'elle
n'était, pour la France, une source intarissable de périls
et de calamités. Bientôt après, ces puissances elles-
mêmes ont confirmé, par une résolution solennelle, leur
précédente déclaration contre l'infracteur des traités et le
perturbateur de la paix publique. Elles ont invoqué la
fidélité de la nation française aux engagements sur lesquels reposaient à la fois notre autorité légitime et la
tranquillité du monde. La nation française ne pouvait
rompre, elle n'a point rompu ce pacte inviolable et sacré !
Napoléon Buonaparte a seul enfreint une loi dont l'accomplissement assurait le bonheur d'un peuple à qui son
ambition avait déjà tant coûté ! Montrant ainsi qu'un
prétendu sacrifice à l'intérêt de la France n'avait été, à
ses yeux, que la soumission de la peur, ou le calcul de la
perfidie !

Enfin, nos sinistres présages se réalisent ! La guerre
civile et la guerre étrangère sont rallumées. Nos sujets
opprimés courent aux armes. Les étrangers, liés par le
sentiment d'une commune injure, s'avancent sur le territoire français. L'usurpateur s'avance lui-même contre eux,
soutenu par les hommes qui nous ont trahi, qui lui
offrent, pour gage de leur obéissance, le remords qui les
poursuit, et l'opprobre qui les attend ! Vainement l'Europe confédérée prononce que le pouvoir de Napoléon
Buonaparte est incompatible avec l'honneur des rois et la
sécurité des peuples ; vainement elle atteste la confiance
qu'elle avait placée dans notre parole royale et dans
l'effet des lois salutaires que nous avions données à la
France ! Le tyran dédaigne le témoignage et brave la ré-
probation de l'Europe. A l'entendre, les Français sont
prêts à encourir tous les reproches, à supporter tous les
malheurs pour défendre son injuste cause ! Bien plus : il

ose nous rendre responsable de tous ces maux ! Comme s'ils avaient une autre source que les haines accumulées sur sa tête par quinze années de parjures et de forfaits !

Ces impostures ne peuvent égarer la raison de nos sujets. Elles ne peuvent même colorer les violences de la tyrannie ni les vues intéressées de ses complices. A notre voix, les Français briseront leur indigne chaîne ! Ils préviendront les affreuses conséquences d'une guerre dont nos soins diminueront à peine quelques fléaux, dont leur volonté peut arrêter le cours désastreux. Il n'en est point, nous osons le penser, parmi ceux à qui les gémissements de la patrie se font encore entendre, qui n'aperçoive, qui ne remplisse un devoir sacré ! Il n'en est point qui ne puisse aspirer à la récompense de ce noble effort; soit que leur repentir veuille acquérir un titre à notre inépuisable clémence, soit que leur dévouement ajoute ainsi de nouveaux droits à tous ceux dont il s'honore.

Nos intentions sont connues; et tandis que Napoléon Buonaparte épuise les rétractations, les prestiges et les serments pour attester ses fallacieuses promesses, nous nous bornons à rappeler les lois que nous avons promulguées, les engagements que nous avons contractés, notre scrupuleuse fidélité à les remplir, la sainteté de notre parole et l'honneur de nos aïeux !

La Charte que nous avons donnée à la France n'a été violée que par quelques hommes qui l'avaient reçue avec transport, qui avaient juré de la maintenir; mais cette maxime d'un de nos prédécesseurs est toujours la nôtre : si la bonne foi était bannie de la terre, elle devrait trouver son dernier asile dans le cœur des rois. Les fondements sur lesquels notre amour a voulu placer le bonheur et la liberté de la France seront affermis par la secousse même qui les a ébranlés.

Notre vœu était de convoquer immédiatement la Chambre des pairs et celle des députés pour travailler, de concert avec elles, à guérir les nouvelles plaies de la France ; mais le devoir pressant que nous impose le soin de remédier au désordre qu'a enfanté l'usurpation, de réintégrer dans leurs fonctions ceux qui en ont été arbitrairement exclus, d'éloigner des emplois qu'ils ont usurpés les fauteurs de la tyrannie, de satisfaire à la justice publique insultée ; à la représentation nationale, à la magistrature avilies par de flétrissantes apostasies, en un mot à l'obligation de rétablir, d'une main prompte et ferme, les bases de l'ordre social, nous feront différer cette convocation dont l'époque sera prochainement fixée, afin que la nation, rendue au calme et à la sécurité, puisse imprimer aux délibérations de ses représentants le caractère de force et de sagesse que demandent si impérieusement les circonstances présentes.

Nous avons nommé [1] des commissaires extraordinaires pour l'administration provisoire des départements soustraits à la domination de l'usurpateur. En leur communiquant l'étendue de pouvoirs nécessaire au rétablissement de notre autorité, nous les avons liés, par des ordres positifs, aux vues bienfaisantes et paternelles qui nous animent et qui n'admettent que les rigueurs indispensables envers les agents de la tyrannie.

En vertu d'une convention conclue [2] avec les puissances alliées, ces commissaires seront chargés de pourvoir à la subsistance des armées par les moyens les moins onéreux à nos sujets et les plus propres à constater les pertes

1. Voir ci-dessus, nᵒˢ 16 et 17.
2. Il aurait fallu dire « à conclure. » Waterloo arriva avant que les négociations relatives à cette convention fussent terminées. Voir ci-dessous, nᵒˢ 36 à 39.

essuyées par suite de la guerre, afin de pouvoir les réparer un jour par un sacrifice dont toute la nation supporte
également le fardeau.

L'armée française, cette armée dont nous honorions la
valeur et dont nous espérions pouvoir estimer la fidélité,
est toujours présente à notre pensée. Et comment per-
drions-nous de vue tant d'efforts inutilement prodigués
pour la ramener à des sentiments dignes d'elle et de nous!
Comment oublierons-nous, comment la France oubliera-
t-elle le coupable triomphe des soldats sur les citoyens;
la capitale envahie par une troupe rebelle; des villes
françaises conquises par des généraux français; le pouvoir usurpateur proclamé dans les casernes, pendant que
les acclamations du peuple bénissaient encore le Roi;
enfin retraçant les siècles de sanglante anarchie dont le
souvenir fait frémir l'humanité, la force armée appelée
à délibérer sur le choix du Maître à qui la nation doit
obéir [1]! Ces attentats, nous le savons, ne sont point ceux
d'un grand nombre de militaires qui ont refusé de prêter
des serments violateurs de leur serment, ou qui, cédant à
un entraînement dont ils gémissaient en secret, ont conservé le mépris de l'infamie, ont connu le véritable intérêt de leur pays. Ces hommes nous serviront encore.
Nous les rappelons à nous, non point, comme ose pré-
tendre l'usurpateur, en mettant un prix à leur infidélité, mais en leur montrant celui que l'honneur peut seul
offrir au courage!

Cependant, lorsque ces braves se rouvriront ainsi une

---

1. Lally-Tollendal, comme tous les gens de la période révolutionnaire, a
un faible pour les souvenirs empruntés à l'histoire romaine; il est sur-
prenant que le mot *prétoriens* ne se soit pas trouvé sous sa plume. La fin de
la phrase fait sans doute allusion aux députations de l'armée que Napoléon
devait admettre à la cérémonie du Champ de Mai.

glorieuse carrière, l'armée, dans sa force collective, a perdu tout droit à la confiance de la nation, qu'elle a trahie. Nous nous proposons de la licencier. Une ordonnance déterminera le mode de licenciement et la réorganisation d'une nouvelle armée, où tous ceux qui répondront aux dernières invitations de notre clémence trouveront un rang qui sera fixé par leurs services.

Citoyens et soldats, entendez notre voix paternelle ! Français de tous les partis, contemplez, saisissez l'unique moyen de salut qui vous soit offert ! Et vous, fidèles sujets qui, marchant sur les traces de nos pères, confondez l'amour de votre Roi avec celui de votre patrie, persistez dans un sentiment qui ne fut jamais plus juste que lorsqu'il est motivé par ceux dont nous sommes pénétré ! Mais que votre modération soit égale à votre fidélité ! Faites respecter par vos ennemis mêmes des intentions calomniées ! Que l'étendard royal, que la bannière sans tache soit, à la fois, le signal de la victoire, le symbole de la concorde et le gage de la paix ! Habitants des campagnes, vous surtout que les fléaux de la guerre vont inévitablement atteindre, que cette bannière vous rallie et vous protège ; que flottant sur vos clochers et sur vos demeures, elle donne aux dépositaires de notre autorité le droit de réprimer les excès dont vous auriez à souffrir ! Puissent bientôt ainsi vos calamités trouver leur terme ! Puissions-nous ramener au milieu de vous le repos, la justice, la sécurité ! Puisse enfin l'honneur et la prospérité de la France devenir la gloire et le bonheur de son Roi !

N° 21.

Ordonnance instituant la médaille de la Fidélité [1].

Gand, 17 mai 1815.

Louis, par la grâce de Dieu, roi de France et de Navarre. A tous ceux qui ces présentes verront, salut.

Au milieu des événements malheureux qui nous retiennent éloigné de notre royaume, notre cœur a vivement apprécié les marques de dévouement que plusieurs de nos sujets nous ont données, et les plus justes motifs nous sollicitent de perpétuer le souvenir d'une aussi touchante fidélité par une institution qui sera à la fois une récompense pour les Français qui n'ont écouté que leur devoir, et un encouragement pour ceux dont les circonstances n'ont pas encore secondé le zèle.

A ces causes,

Sur le rapport de notre ministre secrétaire d'État de la guerre, et de l'avis de notre conseil,

Nous avons ordonné et ordonnons ce qui suit :

ART. 1ᵉʳ. — Les Français qui se sont ralliés autour de notre personne recevront une médaille d'argent de vingt-quatre millimètres de grandeur, qui portera d'un côté notre effigie et, de l'autre, le mot Fidélité au milieu d'une couronne formée de deux branches de laurier et de chêne. Cette médaille sera suspendue, au côté gauche de l'habit, par un ruban de quarante millimètres de largeur, blanc et bleu et à raies égales.

ART. 2. — Les Français qui contribueront, par des

---

1. Ordonnance publiée au *Journal universel*, n° 11, 19 mai.

services signalés, à renverser le gouvernement de l'usurpateur, ceux dont le dévouement aura été éprouvé par
des actes de sa tyrannie, auront le droit de demander
la médaille de la Fidélité. Ils adresseront leurs demandes
et les preuves de leurs droits au ministre secrétaire d'État
ayant le département auquel ils ressortissent.

Art. 3. — Toutes les demandes pour obtention de la
médaille de la Fidélité seront examinées dans un conseil
qui sera composé de deux princes de notre maison, de
deux pairs du royaume, de deux officiers généraux de nos
armées et de quatre personnes choisies par nous dans
l'ordre civil. Le conseil sera présidé par notre frère bien-
aimé, Monsieur.

Art. 4. — Les brevets qui seront délivrés avec la médaille feront mention des motifs pour lesquels elle aura été
accordée; ces brevets seront signés par nous, et contre-
signés par nos ministres secrétaires d'État, pour leurs
départements respectifs.

Art. 5. — Tous nos ministres sont chargés de l'exécution
de la présente ordonnance.

Donné à Gand, le 17 mai de l'an de grâce 1815, et de
notre règne le vingtième.

N° 22.

Projet d'ordonnance 1.

A. B., minute.

Louis, par la grâce de Dieu, roi de France et de Navarre, à tous ceux qui les présentes verront : salut.

---

1. Cette ordonnance, dont Lainé eut le premier l'idée (cf. ci-dessous, notes
de Lainé, n° 103), fut, d'après Beugnot, préparée à la fin de mai par Cha-

L'usurpateur de nos droits ne se contente pas d'attirer sur notre royaume toutes les calamités inséparables d'une guerre générale avec toutes les puissances de l'Europe, voilà que dans l'intérieur il lève audacieusement le masque de douceur et de modération dont il couvrait encore ses odieux projets, et qu'il veut recommencer ce règne de sang et de terreur qui a pesé trop longtemps sur la France; on reconnaît ses anciens instruments aux coupables rapports qu'il obtient de leur servile obéissance.

Nous n'avons pu voir sans indignation l'infâme décret du neuf [1] de ce mois, qui remet en vigueur une législation sanguinaire que nous n'avions pas eu besoin d'abolir, parce que l'horreur universelle en avait fait justice. Nous ne sommes pas moins révolté de l'atroce commentaire extrait du prétendu portefeuille du département de la justice. Comment qualifier celui qui s'en intitule le ministre provisoire, et qui ne rougit pas d'enjoindre aux juges de n'être pas arrêtés par l'insuffisance ou le défaut de preuves, qui leur prescrit de ne voir dans les accusés que des victimes dévouées d'avance à la mort, et qu'ils ne doivent abandonner qu'à l'échafaud?

Que cette morale impie ne corrompe pas entièrement des magistrats auxquels nous pourrions pardonner la faiblesse qui leur a fait reconnaître le tyran, mais que nous menaçons de toute la vengeance des lois s'ils étaient

teaubriand et Dambray. Elle ne fut pas publiée d'abord, grâce à Louis, Jaucourt et Beugnot. Mais, le 17 juin, parut au *Journal universel* un rapport de Chateaubriand et une ordonnance (cf. ci-dessous, n⁰ˢ 23 et 24) dans le même esprit. — Cf. ci-dessous, t. II, correspondance de Stuart, n° 89, 2 juin.

1. Le décret du 9 mai, analysé dans le rapport ci-dessous de Chateaubriand, n° 23, parut précédé d'un rapport du duc d'Otrante, Fouché, à Napoléon, et accompagné d'une circulaire du ministre de la justice aux présidents de cours. — Cf. un article daté de Paris, 20 mai, et publié au *Journal universel*, n° 12, 23 mai 1815.

assez lâches pour se rendre complices des vols ou des assassinats qu'on leur commande.

Nos yeux sont ouverts sur leur conduite, et s'ils méconnaissent les voix de l'honneur et de la conscience, ils n'échapperont pas au juste châtiment que nos alliés s'entendront avec nous pour leur infliger.

A ces causes, sur le rapport de notre ami et féal chevalier, chancelier de France, le sieur Dambray, notre conseil d'État entendu, nous avons déclaré et déclarons, ordonné et ordonnons ce qui suit :

ARTICLE Ier. — Si aucuns de nos fidèles sujets sont vexés et persécutés à raison des preuves de dévouement et de fidélité qu'ils nous ont données ou qu'ils pourraient nous donner à l'avenir; nous déclarons responsables dans leurs personnes et dans leurs biens, de toutes les voies de fait, violences, et même de toutes atteintes aux revenus et propriétés qui pourraient être exercées :

1° Les ministres et membres du conseil de l'usurpateur qui auraient ordonné, provoqué ou conseillé lesdites mesures ;

2° Les juges civils et militaires qui auraient concouru aux prétendus jugements qui pourraient être rendus ;

3° Toutes personnes, de quelque condition et qualité qu'elles soient, qui auraient exécuté ou favorisé l'exécution desdites mesures, ou qui en auraient profité.

ART. 2. — Toutes les personnes dénommées dans l'article précédent subiront les mêmes peines que celles dont ils auront ordonné ou facilité l'exécution contre nos fidèles sujets.

ART. 3. — Nous enjoignons à tous nos généraux et commissaires extraordinaires, dans chaque département qui rentrera sous notre obéissance, et nous invitons tous les généraux des puissances alliées à former sur-le-champ

des commissions militaires devant lesquelles les préve-
nus des délits ci-dessus mentionnés seront incontinent
traduits pour y être jugés, et les jugements exécutés dans
les vingt-quatre heures, conformément à notre ordonnance
du [1] 11 mars dernier.

ART. 4. — Seront traduits devant les mêmes commissions, tous les employés des douanes, officiers et soldats,
qui se permettraient des voies de fait et violences contre
des Français fidèles à l'honneur qui viennent rejoindre
nos drapeaux ; toute personne convaincue d'avoir tiré sur
lesdits Français sera fusillée dans les vingt-quatre heures.

ART. 5. — Notre chancelier et notre ministre de la
guerre sont chargés de l'exécution de la présente ordonnance, qui sera imprimée, insérée dans les journaux, et
répandue dans notre royaume par tous les moyens qui
sont en leur pouvoir, et dont une expédition sera adressée
à tous les généraux commandants des armées alliées.

N° 23.

*Rapport fait au Roi de France, dans son Conseil, sur le
décret de Napoléon Buonaparte, daté du 9 mai, par le
vicomte de Chateaubriand, ministre de Sa Majesté Très
Chrétienne près la cour de Suède [2].*

Gand, le 15 juin 1815.

Sire,

La France entière demande son Roi; les sujets de Votre
Majesté ne dissimulent plus leurs sentiments : les uns

1. Il y a ici une erreur de date; il s'agit de l'ordonnance du 6 mars; il
n'en fut publié aucune à la date du 11. Cf. note 1, p. 32.

2. Ce rapport et l'ordonnance qui le suit ont été publiés au *Journal universel*, n° 19, 17 juin 1815.

viennent se ranger autour d'elle, les autres font éclater
dans l'intérieur du royaume leur amour pour leur Souverain légitime, et l'espoir de retrouver bientôt la paix sous
son autorité tutélaire. Mais plus l'opinion publique se
manifeste, plus Buonaparte, épouvanté, appesantit son
joug sur les Français. Il appelle l'anarchie au secours du
despotisme ; il veut, mais vainement, ébranler la fidélité des
faubourgs de Paris, armer la dernière classe du peuple [1] ;
pour soutenir sa tyrannie, il cherche, sous les lambeaux
de la misère, des bras ensanglantés dans les massacres de
septembre. Il fouille dans les archives révolutionnaires
pour y découvrir quelques lois propres à seconder ses
fureurs. C'est cet esprit de violence qui a dicté le dernier
rapport du ministre de la police de Buonaparte. Ce rapport, en date du 7 mai, a été suivi d'un décret rendu le 9
par le prétendu chef du gouvernement de la France ; et le
soi-disant ministre de la justice a couronné ce rapport et
ce décret par sa circulaire du 11, adressée aux procureurs
généraux.

Déjà l'application de ces principes d'iniquité a été faite
dans plusieurs départements : des agents secondaires se
sont hâtés de répondre au signal donné, en portant la
rigueur et l'injustice à un excès inouï, même dans les
fastes de la révolution. Nous reviendrons plus bas sur
l'arrêté du lieutenant général de police Moreau, nous ne
faisons ici que l'indiquer à Votre Majesté.

Ce décret du 9 mai, dont la première lecture a si vivement affligé le cœur du Roi, ordonne, par le premier article, à tous les Français (autres que ceux compris dans

---

1. Allusion au projet d'organisation des bataillons de fédérés. Il faut noter que l'idée de la formation de ces bataillons vint du peuple lui-même et
non de l'Empereur, qui répugnait, au contraire, à se servir de forces révolutionnaires. Les bataillons de fédérés à Paris ne furent pas armés.

l'article 2 de l'amnistie du 12 mars dernier [1]) qui se trouvent hors de France, au service de Votre Majesté, ou des Princes de votre Maison, de rentrer en France dans le délai d'un mois, à peine d'être poursuivis aux termes d'un décret du 6 avril 1809.

Ce décret du 6 avril 1809 condamne à mort, par l'article 1er du titre Ier, tous les Français portant les armes contre la France, conformément à l'article 3 de la section première de la deuxième partie du Code pénal du 8 octobre 1791. Par différents articles des titres II, III et IV du même décret, tous les Français qui exercent à l'étranger des fonctions politiques, administratives ou judiciaires, sont déclarés morts civilement, et leurs biens meubles et immeubles confisqués.

Le troisième article du décret du 9 mai enjoint aux procureurs généraux et soi-disant impériaux de poursuivre les auteurs de toute relation et correspondance qui aurait lieu de l'intérieur de la France avec Votre Majesté et les princes de votre Maison, ou leurs agents, lorsque cesdites relations ou correspondances auraient pour objet les complots ou manœuvres spécifiés dans l'article 77 du Code pénal.

Cet article du Code pénal porte peine de mort et confiscation de biens contre quiconque aura pratiqué des manœuvres ou entretenu des intelligences avec les ennemis de l'État.

Les quatrième, cinquième et sixième articles du décret du 9 mai sont dirigés contre ceux des sujets de Votre

---

1. Ce décret, daté du 12 mars, rendu public le 6 avril, avait été en réalité rédigé le 22 mars, et n'était qu'une réponse de l'Empereur à la déclaration des puissances du 13 mars. Il exceptait de toute amnistie et déférait aux tribunaux, pour complicité avec l'ennemi en 1814, treize personnes, dont Talleyrand, Marmont, Vitrolles, Bourrienne, Beurnonville, Jaucourt, Dalberg, etc. Au reste, ce n'était là qu'une menace, et l'Empereur ne fit même pas arrêter ceux des treize qui se trouvaient encore en France.

Majesté qui enlèveraient le drapeau tricolore, contre les communes qui ne s'opposeraient point à cet enlèvement et contre les individus qui porteraient des signes de ralliement autres que la cocarde tricolore.

A tous ces prétendus délits sont appliqués l'article 257 du Code pénal, la loi du 10 vendémiaire an III, relative à la responsabilité des communes, et l'article 9 de la loi du 27 germinal an IV, sans préjudice de l'article 91 du Code pénal.

L'article 257 du Code pénal prononce un emprisonnement d'un mois à deux ans, ou une amende de 100 francs à 500 francs, contre quiconque aura abattu des monuments destinés à l'utilité publique,

La loi de la Convention nationale relative à la solidarité des communes, par le titre premier et le premier article, rend garants tous les habitants de la même commune des attentats commis, soit envers les personnes, soit contre les propriétés; et, par le titre second, article premier, cette responsabilité tombe sur la tête même des enfants lorsqu'ils ont atteint l'âge de douze ans.

Nous passons, Sire, à l'arrêté dont nous avons parlé plus haut. Le lieutenant de police du troisième arrondissement a pris, à Nantes, le 15 mai, cet arrêté, dont le considérant et les dispositions sont également remarquables. Attribuant l'agitation des départements de l'Ouest aux ex-nobles, il désire, dit-il, ôter tout prétexte à la calomnie, et fournir à ces ex-nobles les moyens de se justifier. En conséquence, l'arrêté porte que tous les gentilshommes des douze départements formant le troisième arrondissement de la police seront tenus de se rendre dans le délai de dix jours auprès du préfet de leur département. Si le préfet juge que leur conduite passée n'offre pas de garantie suffisante, il les enverra en surveillance dans une commune de l'intérieur; et, dans le cas où ils ne se présenteraient pas devant le préfet, on leur appliquera le premier article du décret du 9 mai [1].

Le ministre de la police en France avait dit dans son rapport qu'il ne proposerait pas à Buonaparte d'excéder les bornes de son pouvoir constitutionnel; et voilà qu'un simple lieutenant de police porte un arrêt d'exil, de confiscation et de mort contre un ordre entier de citoyens qui ne sont pas même compris dans le décret du 9 mai! C'est là ce qu'on appelle se renfermer dans le pouvoir constitutionnel! Malgré ce que nous avons vu depuis vingt-cinq ans, on est toujours confondu d'un abus de mots si scandaleux, d'entendre toujours attester la liberté pour établir l'esclavage, la constitution pour sanctionner l'arbitraire, et les lois pour proscrire.

Afin de punir la fidélité, la loyauté et l'honneur, il était impossible d'invoquer et d'inventer des lois plus monstrueuses. En lisant la circulaire du ministre de la justice, on croit relire cette loi des suspects [2], qui semble l'expression de toutes les terreurs que la tyrannie éprouve, et de toutes les vengeances qu'elle médite. Un ministre de la justice invite des juges à se défendre d'une imprudente pitié pour des délits qui, de son aveu même, appellent plutôt l'indulgence que la rigueur. Il ose dire qu'il ne faut pas absoudre ou condamner un homme sur le fait dont on l'accuse, parce que ce fait peut n'offrir en lui-même rien de répréhensible, mais il veut que l'on prononce sur l'ensemble des circonstances, c'est-à-dire, en d'autres

1. L'arrêté était amplement justifié par l'agitation dont la Vendée était le théâtre depuis le 10 avril ; c'était précisément à cette date du 15 mai que la Rochejaquelein, Suzannet et d'Autichamp avaient fixé le soulèvement général.

2. Il y a là une forte part d'exagération.

termes, qu'on peut traîner un homme à l'échafaud selon
l'opinion qu'il plaira aux juges de supposer à cet homme!
Sire, où en seraient aujourd'hui vos ennemis si vous
aviez fait usage contre eux des principes qu'ils mettent en
avant pour persécuter vos sujets [1]? Nous ne proposerons
point à Votre Majesté d'adopter de pareils principes; ils
sont contraires à ses vertus et à l'esprit d'un gouvernement
légal et paternel; mais la bonté même du Roi lui fait un
devoir de défendre la fidélité contre la rébellion, et
nous le supplions de menacer de la vengeance des lois
ceux qui oseraient se rendre complices d'une autorité
illégitime.

Après avoir entendu ce rapport, Sa Majesté a rendu
l'ordonnance suivante :

N° 24.

Ordonnance du Roi.

Louis, par la grâce de Dieu, roi de France et de Navarre. A tous ceux qui les présentes verront, salut.

Au moment où les mesures les plus odieuses se renou-
vellent en France, notre devoir le plus cher, comme notre
besoin le plus pressant, est de défendre les droits de nos
peuples contre l'oppression et la tyrannie.

Nous avons vu avec une profonde douleur la vie, la
liberté et les propriétés de tous les Français restés fidèles
à leurs devoirs compromises par le décret que le chef

---

1. Le décret de Napoléon, du 9 mai, était la conséquence logique de l'ordonnance du 6 mars de Louis XVIII, et de la déclaration de Vienne du
13 mars.

du prétendu gouvernement de la France a rendu le 9 de ce mois, et par les arrêtés de quelques-uns de ses agents.

Ce décret et ces arrêtés, qui rappellent les lois révolutionnaires les plus atroces, sont encore en contradiction formelle avec notre Charte, notamment avec l'article 66, par lequel la confiscation des biens demeure à jamais abolie.

À ces causes, notre conseil entendu, nous avons ordonné et ordonnons ce qui suit :

ART. 1er. — Tous les procureurs généraux et soi-disant impériaux, tous les membres d'un tribunal quelconque, soit civil, soit militaire, tous les agents de la police qui, en vertu du décret de Buonaparte en date du 9 mai 1815, ou en vertu des mesures prises, soit en application, soit en extension de ce même décret, par les autorités quelconques, feraient des poursuites relatives aux prétendus délits y spécifiés, et appliqueraient les peines prononcées par le décret, seront responsables dans leurs personnes et dans leurs biens, et seront traduits par-devant nos cours et tribunaux, pour y être jugés conformément aux lois de notre royaume.

ART. 2. — Les préfets, sous-préfets, maires, adjoints, et tous autres agents de l'administration qui auraient concouru aux poursuites ordonnées par le décret du 9 mai, soit en faisant mettre des séquestres ou apposer des scellés, soit enfin en procédant à des ventes mobilières ou immobilières, sont également responsables, et devront aussi être traduits devant nos tribunaux, tant à la poursuite de nos procureurs généraux et royaux, que sur la plainte de ceux qui, en vertu de la présente ordonnance, auraient droit à des indemnités.

ART. 3. — Tous juge de paix, greffier, commissaire-priseur, huissier et autres qui concourront à la vente des

propriétés mobilières ou des fruits de propriétés immobilières, tous ceux qui se seront rendus sciemment acquéreurs des objets vendus, seront solidairement responsables
de la valeur desdits objets.

Art. 4. — Nos ministres sont chargés, chacun en ce qui
le concerne, de l'exécution de la présente ordonnance.

Donné à Gand, le vingtième jour du mois de mai [1] de l'an
de grâce mil huit cent quinze, et de notre règne le vingtième.

N° 25.

Instructions au duc d'Angoulême [2].

A. B., *minute.*

Fin avril, début de mai.

Monseigneur, à qui le roi renouvelle les pouvoirs que
Sa Majesté lui avait précédemment confiés [3], s'efforcera
d'obtenir de la cour de Madrid le commandement d'un
corps de 15 à 20,000 Espagnols, dans le cas où, comme le
Roi l'espère, il sera possible de faire passer à Monseigneur
les fonds nécessaires pour payer sa solde pendant un
ou deux mois, c'est-à-dire pendant le temps où l'on ne
pourrait encore percevoir les contributions publiques.

Monseigneur, en exerçant les pouvoirs du Roi, se conformera aux intentions de Sa Majesté, qui est de maintenir
les lois qu'elle a données. Mais cette considération ne
l'empêchera point d'appliquer aux circonstances extraor-

1. Remarquer la date du *20 mai*, alors que le rapport de Chateaubriand,
qui aurait motivé l'ordonnance, est daté du *15 juin*.

2. Ces instructions furent rédigées en réponse à une lettre du 20 avril du
duc d'Angoulême, que l'on trouvera ci-dessous, n° 85. Cf. également n° 65,
et les pièces n° 82 à 97.

3. Au mois de mars, quand le duc d'Angoulême fut envoyé dans le Midi,
à la première nouvelle du débarquement de Napoléon.

dinaires du moment les mesures de sûreté publique qui seront nécessaires et qui sont désignées dans l'article 14 de la Charte.

L'intention du Roi est que l'armée soit licenciée. Monseigneur ne recevra donc qu'individuellement les officiers et soldats appartenant à cette armée pour en former de nouveaux corps [1], prenant soin, autant que possible, de placer en majorité dans chaque régiment des officiers qui auront donné des gages de leur fidélité. Monseigneur apportera un soin particulier à ce que les chefs de ces corps fassent de bons choix pour leurs bas officiers.

Monseigneur recevra du ministre de la guerre des instructions sur l'organisation de la solde et l'habillement de la nouvelle armée.

Le Roi, s'en rapportant à la sagesse de Monseigneur et aux indications que pourra fournir l'opinion des habitants, pense que l'armée royale du Midi ne doit point trop s'écarter à l'est de Toulouse, la délivrance de Bordeaux et l'établissement d'une correspondance avec les provinces de l'Ouest devant être le premier objet de Monseigneur.

Monseigneur, dans le choix des hommes auxquels il donnera des places administratives, cherchera les garanties de l'opinion, de la probité, mais évitera de prendre des personnes entièrement étrangères aux affaires ou qui, par quelques raisons, seraient en butte à l'animadversion d'une partie de leurs administrés.

En conséquence, il choisira de préférence pour administrer un département des hommes qui n'y avaient pas leur domicile.

Les acquéreurs de biens nationaux étant beaucoup moins nombreux dans le midi de la France que dans les

---

1. Cf. n⁰ˢ 16 et 17.

autres provinces, Monseigneur, vraisemblablement, n'é-
prouvera point de leur part de grands obstacles. Le Roi
lui recommande, dans tous les cas, la plus grande circonspection sur un point aussi délicat, et auquel une loi
mûrement réfléchie peut seule apporter quelque remède
sans s'écarter des engagements pris par Sa Majesté [1].

Monseigneur lèvera le plus qu'il lui sera possible de
volontaires, et leur distribuera la médaille de la Fidélité,
conformément à l'ordonnance du Roi [2].

Monseigneur, pour tous les cas omis dans les présentes
instructions, voudra bien consulter l'ordonnance du Roi
rendue relativement au rétablissement de son autorité par
les commissaires extraordinaires envoyés à cet effet dans
les provinces, ainsi que les instructions jointes à ladite
ordonnance [3]. Monseigneur, qui tiendra toutes ces pièces
secrètes, y trouvera avec un plus grand développement
les intentions de Sa Majesté sur la plupart des questions
relatives à cet important objet.

N° 26.

Instructions au comte de Castejas 4.

A. B., *minute.*

Gand, 5 avril 1815.

M. le comte de Castejas se rendra à Furnes pour chercher à établir des rapports avec les villes de Dunkerque,

---

1. Louis XVIII avait garanti, par la déclaration de Saint-Ouen, en 1814, la
tranquille possession de leurs terres aux acquéreurs de biens nationaux ; la
loi, « mûrement réfléchie, » fut présentée et votée sous Charles X : c'est la
loi du *milliard des émigrés.*
2. Cf. n° 21.
3. Cf. ci-dessus, n°° 16 et 17.
4. Pour cette pièce et les suivantes, jusqu'au n° 32, cf. ci-dessous les

Calais et autres communes situées dans les départements du Nord et du Pas-de-Calais, afin d'y former des intelligences avec les fidèles sujets du Roi, et de s'y procurer, s'il est possible, les moyens de pénétrer sur le territoire français, en y obtenant un poste susceptible de défense. Il rendra successivement compte de sa mission et des informations qu'il aura pu obtenir, et s'assurera du nombre d'émissaires nécessaire à sa correspondance.

N° 27.

Pouvoirs au duc de Tarente [1].

A. B., *minute.*

Gand, 1ᵉʳ juin 1815.

Louis, par la grâce de Dieu, roi de France et de Navarre, à tous ceux qui les présentes verront : salut.

Voulant donner à notre cousin, le maréchal duc de Tarente, une preuve distinguée de la juste confiance que nous avons dans son inébranlable fidélité; désirant en outre pourvoir au rétablissement de notre autorité et à l'ordre public dans notre capitale ainsi que dans le reste de la France, lorsque les événements de la guerre faciliteront les moyens de secouer un joug imposé par la fraude

---

pièces 47 à 54; notes du comte d'Artois, n° 65, et t. II, correspondance de Stuart, n° 11, 15 avril; n° 50, 9 mai; n° 67, 16 mai; n° 98, 9 juin. — Correspondance de Goltz, annexes à la dépêche n° 8, 24 mai. Cf. *Correspondance de Pozzo di Borgo*, t. I, LXV, 24 mai.

1. Macdonald, cf. ci-dessous, n° 28 et 32. Cf. également notes du comte d'Artois, n° 65, *3°*. — Macdonald avait accompagné Louis XVIII jusqu'à Lille; mais, comme Mortier, il s'était refusé à passer en Belgique : « Je pourrai être en France beaucoup plus utile qu'ailleurs, » avait-il dit (*Souvenirs de Macdonald*, 378). Il déclina toutes les offres qui lui furent faites par l'Empereur.

et la violence, Nous déléguons notredit cousin pour former, de concert avec les personnes que nous avons également revêtues de nos pouvoirs, une commission extraordinaire de gouvernement qui agisse en notre nom et d'après nos instructions.

Nous investissons par les présentes le maréchal duc de Tarente, ainsi que les autres membres de la commission, de tous les pouvoirs nécessaires pour destituer les fonctionnaires publics, nommer provisoirement à leurs places ou emplois, promulguer les règlements que requiert la sûreté publique et les faire exécuter, s'assurer de tous les hommes qui s'opposeraient au rétablissement de notre autorité, en un mot exercer notre puissance royale dans les objets que comprend l'article 14 de la Charte constitutionelle et conformément aux lois de notre royaume.

Donné à Gand, le premier jour du mois de juin de l'an de grâce mil huit cent quinze, et de notre règne le vingtième.

> MM. Le maréchal duc DE TARENTE.
> Le bailli DE CRUSSOL.
> Le comte BARTHÉLEMY.
> M. DE GROSBOIS.
> Le comte DE BOUCHAGE.
> Le comte DE SÉMONVILLE.
> M. D'HERBOUVILLE.
> M. DE CHABROL DE CROUSOT.
> Le baron PASQUIER.

N° 28.

Instructions au duc de Tarente.

A. B., *minute.*

M. le maréchal duc de Tarente, dès qu'il apercevra la possibilité de rétablir et de faire reconnaître dans Paris l'autorité du Roi, ou d'opposer avec succès cette autorité à celle de l'usurpateur, se concertera avec les personnes qui lui seront incessamment indiquées et qui, munies comme lui de pouvoirs à cet effet, formeront à l'instant même une commission extraordinaire de gouvernement de cinq, sept ou neuf membres.

Quelques-uns desdits membres de la commission pourront être chargés provisoirement de la direction des différents ministères.

La commission élira son président.

Elle se rassemblera tous les jours aux Tuileries si faire se peut.

Elle ordonnera aux membres et principaux agents du gouvernement usurpateur de quitter Paris, et de s'en éloigner au moins de trente lieues.

Elle fera arrêter tous ceux qui contreviendraient à cet ordre et qui voudraient s'opposer, par des voies de fait ou autrement, au rétablissement de l'autorité légitime.

Elle annoncera par des proclamations que l'intention du Roi est de remettre le plus tôt possible la Constitution en activité.

Elle cassera tous les officiers nommés par Buonaparte pour commander la garde nationale, et elle formera dans cette garde une légion d'élite composée de volontaires et chargée provisoirement de la police de Paris.

Elle fera publier de nouveau et afficher dans Paris la proclamation du Roi, en date du 6 mars dernier, contre Buonaparte et ses adhérents et complices, ainsi que la déclaration du congrès de Vienne du 13 du même mois, en annonçant que les circonstances exigent de la bonté du Roi qu'il mitige l'effet de ses premières menaces; mais que le glaive de la justice, suspendu sur la tête des rebelles, atteindra inévitablement ceux qui persévéreraient dans la révolte.

Elle prendra tous les moyens nécessaires pour dissoudre l'armée actuelle [1], ordonnera à tous les officiers et soldats qui se trouveraient encore sous les drapeaux de l'usurpateur de se rendre dans leurs foyers pour y attendre les ordres du Roi. Elle leur enjoindra, en même temps, d'y faire constater légalement leur retour, sous peine d'être privés de tout droit aux bienfaits et à la protection du gouvernement.

La commission extraordinaire établira le plus tôt possible des communications avec le Roi, qui lui permettent de recevoir de nouvelles instructions et de nouveaux ordres.

N° 29.

Instructions au duc de Bourbon.

A. B., minute.

Mgr le duc de Bourbon se rendra aussitôt que possible dans les départements de l'ouest, sur le point de la côte

---

1. Ce fut en effet Macdonald qui, après le retour des Bourbons, fut chargé du licenciement de l'armée sur la Loire.

où il lui sera le plus facile d'aborder, et muni des pouvoirs du Roi, Son Altesse Sérénissime y prendra le gouvernement général qui déjà lui avait été confié par le Roi [1]. Elle concertera un plan d'opérations dans lequel on rende simultané l'effort des diverses armées royales, afin de diviser autant que possible les forces de l'usurpateur. Mgr le duc de Bourbon aura toujours en vue l'objet très important de s'emparer d'une ville maritime susceptible d'être défendue et conservée.

Il s'entendra avec le maréchal Gouvion Saint-Cyr [2] ou tel autre commandant militaire que le Roi voudrait mettre sous ses ordres, et il s'attachera à rallier au parti royal ceux que la timidité ou des opinions contraires en avaient jusqu'à présent séparés.

Le Roi ayant délégué des pouvoirs de commissaire à M. de Florac, préfet du Morbihan, à M. de la Roche Saint-André et à M. de Puivert [3], Sa Majesté désire que M. le duc de Bourbon les consulte principalement dans ce qui est relatif à son service.

Mgr le duc de Bourbon, dans les proclamations qu'il publiera, se renfermera dans les assurances générales propres à concilier tous les partis et en tenant aux fidèles sujets du Roi le langage le plus propre à les animer et à les satisfaire, il évitera tout ce qui pourrait éveiller des animosités dont l'explosion produirait un effet dangereux sur le reste de la France.

Mgr le duc de Bourbon se conformera autant que possible à l'intention du Roi, qui est que l'armée actuelle soit

1. A la première nouvelle du débarquement de Napoléon et en même temps que le duc d'Angoulême était envoyé dans le Midi. Cf. n° 1, p. 7 note 3.
2. Cf. ci-dessous, n° 30.
3. Cf. ci-dessous, n° 31.

licenciée et qu'il en soit formé une nouvelle. Son Altesse Sérénissime prendra toutefois les mesures nécessaires pour encourager la désertion dans les troupes de l'usurpateur. Elle fera parmi les royalistes mêmes le plus de corps réguliers que lui permettront d'en former les volontaires qui se présenteront.

Pour tous les cas omis dans les présentes instructions, Mgr le duc de Bourbon voudra bien consulter l'ordonnance du Roi relative à l'administration provisoire des départements par des commissaires extraordinaires [1], ainsi que les instructions qui y sont jointes et où Son Altesse Sérénissime trouvera la solution de presque toutes les questions qui pourraient se présenter à ce sujet.

N° 3o.

Au maréchal Gouvion Saint-Cyr [2].

A. B., *minute.*

Gand, ce 10 juin 1815.

Mon cousin, connaissant vos sentiments, votre conduite et votre dévouement pour mon service, je vous charge de vous rendre dans les départements de l'ouest de mon royaume et d'y prendre, sous les ordres de mon cousin le duc de Bourbon, le commandement des troupes qu'auront pu armer et assembler mes fidèles sujets. Je n'ai pas besoin de vous recommander le soin particulier qu'exige la direction d'une population entière animée par le sen-

1. Cf. n°° 16 et 17.
2. Gouvion Saint-Cyr avait été nommé, le 19 mars, au commandement de la 22° division militaire, à Orléans. Il avait essayé vainement d'arrêter la défection des troupes et avait dû fuir, dans la nuit du 23 au 24, déguisé en meunier. Il gagna la Belgique.

timent le plus exalté, mais qui ne peut se comparer à une armée régulière. Votre sagesse et vos talents me sont un garant que vous emploierez dans cette circonstance les meilleurs moyens d'assurer le succès de ces braves Français que vous êtes digne de conduire à la victoire.

Je prie Dieu qu'il vous ait en sa sainte et digne garde.

N° 31.

Article secret et supplémentaire aux instructions remises à M. le vicomte de Bertier [1].

A. B., *minute.*

M. le comte de Florac, préfet du Morbihan, M. le marquis de Puivert et M. le comte de la Roche Saint-André, commissaires désignés pour la Bretagne et la Vendée, formeront, jusqu'à l'arrivée de S. A. S. Mgr le duc de Bourbon, le conseil administratif des armées de la Vendée et de la Bretagne réunies.

Ce conseil dirigera l'administration civile des pays occupés par lesdites armées et apportera tous ses soins à empêcher ses réactions, ses vengeances, à entretenir l'union la plus parfaite parmi les royalistes, à aplanir toutes les difficultés qui pourraient s'élever parmi ses chefs; il cherchera à n'exercer que l'influence de la prudence et de la persuasion; mais dans le cas où une contestation nuisible à la cause viendrait à exister, les trois commissaires ou seulement deux d'entre eux (le troisième se trouvant absent) demeurent autorisés à *prononcer d'une manière définitive* sur l'objet de la contestation, — à laquelle décision tous les chefs seront tenus de se conformer religieu-

---

1. Cf. ci-dessous, t. II, correspondance de Stuart, n° 102, 13 juin.

sement jusqu'à l'arrivée de Mgr le duc de Bourbon ou jusqu'à de nouveaux ordres de Sa Majesté ou de Mme la duchesse d'Angoulême.

Le présent pouvoir sera tenu secret tant qu'il n'y aura aucune nécessité de le produire.

Le Roi confie à M. le vicomte de Bertier la somme de 60,000 francs destinés aux royalistes de l'ouest. Cet officier est autorisé à partager ladite somme entre les différentes divisions, suivant le nombre d'hommes qui les composent et les besoins qu'elles éprouvent. Sa Majesté approuve d'avance la distribution de ces fonds de la manière que M. de Bertier croira la plus convenable au besoin de son service.

N° 32.

Instructions à Hyde de Neuville [1].

A. B., *minute.*

13 juin 1815.

Nous chargeons par la présente le sieur Hyde de Neuville, colonel et chevalier de notre ordre royal et militaire de Saint-Louis, de se rendre en Angleterre pour y agir d'après les ordres qui lui seront donnés par notre bien-aimée nièce la duchesse d'Angoulême, à laquelle nous avons confié des pouvoirs étendus pour tout ce qui concerne les intérêts des royalistes armés dans les provinces de l'ouest de la France.

En conséquence, conformément aux instructions qu'il en recevra, nous l'autorisons à se transporter dans tous les lieux où sa présence sera nécessaire et à y faire con-

1. Cf. ci-dessus, p. 68, la note 4, et ci-dessous, t. II, correspondance de Stuart, n° 50, 9 mai, n° 102, 13 juin.

naître nos intentions, soit verbalement, soit par écrit ;
lui recommandant, lorsqu'il remplira des missions de
cette nature, en qualité de commissaire ou de correspondant employé à maintenir les communications établies
par les soins de notre nièce, la duchesse d'Angoulême,
de recommander à tous les Français une modération qui,
en écartant toute idée de vengeance, assure le triomphe
des vues paternelles qui nous animent.

Ledit sieur Hyde de Neuville, en vertu des mêmes pouvoirs et instructions, se rendra, s'il est possible, à Paris,
pour y exciter un mouvement en faveur de nos droits
légitimes, dès que les circonstances favoriseront cette entreprise. Il remettra aux personnes vers lesquelles nous
l'enverrons les pouvoirs dont nous les investissons,
pour former alors une commission extraordinaire de
gouvernement [1], laquelle agira conformément auxdits
pouvoirs et aux instructions que nous leur adressons pareillement.

Et, dans le cas où le sieur Hyde de Neuville parvien-
dra, d'après nos ordres et ceux de notre nièce, à remplir
cette dernière mission dans notre capitale, nous lui enjoignons de seconder de tous ses moyens les travaux de la
commission extraordinaire de gouvernement qui, selon
notre désir, ne négligera point de l'employer dans le sens
le plus utile à notre service et que les circonstances indi-
queront.

Sur quoi, nous ordonnons à tous nos fidèles sujets de
lui prêter aide, assistance et concours, en ajoutant foi aux
ordres qu'il leur transmettra de notre part.

1. Cf. ci-dessus, n° 27.

III.

LES COMMISSAIRES ROYAUX AUX ARMÉES ALLIÉES [1]

N° 33.

Blacas à Talleyrand (extrait).

A. B., *minute*.

Gand, 22 avril.

.... J'ai appris avec grand plaisir que le baron de Vincent et les autres membres du corps diplomatique venaient joindre le Roi. C'est non seulement un éclat fort utile donné à l'existence royale de Sa Majesté, mais c'est aussi un moyen très nécessaire d'influence sur la conduite des armées étrangères envers les sujets du Roi. Cette dernière considération me fait songer aux mesures qui pourraient être concertées avec les puissances étrangères relativement à la subsistance de ces armées et aux prestations de toute espèce qu'elles demanderaient en France. Vous sentirez, prince, combien il serait avantageux de prendre d'avance à cet égard les arrangements les moins onéreux

---

1. Pour les pièces de ce chapitre et jusqu'au n° 39, cf. ci-dessus, pièces 16, 17 et 18, et particulièrement la note p. 28.

possible, et principalement de statuer que toute espèce de
réquisition ne se ferait que par l'entremise des autorités
royales, de manière à prévenir le pillage et à garantir
une indemnité à venir aux provinces qui auraient à supporter un pareil fardeau. Toutes les stipulations favorables qui pourraient être obtenues sur ce point seraient
d'un grand effet moral dans une situation où le Roi est
contraint d'appeler les étrangers à son secours. Sa Majesté
s'occupe sur ce point d'un projet dont le comte de Jaucourt
vous aura probablement mandé quelque chose.

Vous aurez partagé nos vives inquiétudes sur M. le duc
d'Angoulême et nos regrets sur l'inutilité de ses efforts.
L'on commence à démêler au milieu des mensonges du
Moniteur et des insolentes lâchetés du général Grouchy [1],
que Son Altesse Royale doit être maintenant en sûreté.
Nous désirons cependant bien vivement d'en recevoir la
nouvelle positive.

La santé du Roi est beaucoup meilleure et nous espé-
rons que d'ici à peu de jours Sa Majesté ne se sentira plus
de sa dernière indisposition [2].

---

1. Grouchy avait été envoyé par l'Empereur contre le duc d'Angoulême.
Les instructions reçues de la bouche de l'Empereur lui prescrivaient de « pous-
ser le prince hors du territoire. » « Ayez les plus grands égards pour lui si vous
le prenez, avait dit Napoléon ; écrivez-moi immédiatement, et nous le ren-
verrons sain et sauf. » Grouchy n'avait cependant pas voulu ratifier de lui-
même la capitulation consentie par le général Gilly et qui autorisait le duc
d'Angoulême à quitter la France. (Cf. n° 1.) Lorsque l'Empereur sut le duc
d'Angoulême prisonnier, il hésita quelques instants s'il ne le garderait pas.
Maret le détermina à se tenir à sa première résolution ; cf. H. Houssaye,
1815, t. I, p. 426, 428. L'Empereur avait fait insérer au *Moniteur*, le 12 avril,
la lettre par laquelle il ordonnait à Grouchy de laisser libre le duc d'Angoulême, « bien que l'ordonnance royale du 6 mars et la déclaration de Vienne
du 13 pussent l'autoriser à traiter le duc d'Angoulême comme on avait
voulu le traiter lui-même. »

2. Cf. ci-dessous, lettre du comte d'Artois, n° 64.

N° 34.

Projet de note [1].

A. B., *minute*.

Le soussigné, chargé par intérim du portefeuille des affaires étrangères, a reçu les ordres du Roi son maître d'adresser à Son Excellence M.   , ministre de   , la note suivante :

En déclarant que Napoléon Buonaparte était voué à la vindicte publique, les puissances alliées ont senti combien il était juste de faire une distinction entre la nation française et le parti qui pourrait encore s'obstiner à soutenir l'usurpateur du trône et le perturbateur de la paix.

Cette manière de fixer la question a donné à la guerre son véritable caractère, et elle ne saurait être envisagée par tous les Français qui ne veulent pas s'associer aux armes de l'usurpateur que comme un secours et un moyen indispensable d'être délivrés de la tyrannie.

Ce principe une fois établi, le Roi pense que la première démarche propre à en faire sentir les avantages est celle de rétablir l'autorité légitime partout où la violence du tyran viendra à cesser, et de ramener les esprits par l'expérience à cette conviction qu'ils ne peuvent encore chercher de sûreté que dans la sagesse et la générosité des alliés.

Le Roi reconnaît que la France est appelée à faire une grande partie des sacrifices qui sont nécessaires au maintien de la guerre ; mais il est en même temps per-

---

1. Projet d'une note destinée à accompagner la communication de l'ordonnance publiée ci-dessus au n° 16. On substitua à ce projet le texte ci-dessous, n° 35.

suadé que rien ne pourra mieux remplir les intentions des souverains à cet égard que le rétablissement de l'autorité légitime et la marche d'une administration légale et uniforme.

L'approvisionnement d'un si grand nombre de troupes que celui qui va pénétrer en France est en quelque sorte le premier objet des soins des alliés ; il serait impossible d'y satisfaire sans un système régulier de réquisitions ; de cette vérité dérive également la nécessité de rétablir le seul pouvoir qui, en les exigeant, en épargnera l'odieux inséparable de la force étrangère et rendra les sacrifices plus supportables, en ménageant les ressources sans épargner le nécessaire.

Les départements qui vont devenir le théâtre des opérations militaires sont sans doute destinés à fournir immédiatement tous les objets dont les armées ne peuvent se dispenser ; mais il ne serait pas juste qu'une guerre entreprise pour le salut de toute la France ne fût soutenue que par une partie de la population : tous doivent contribuer directement, ou par des indemnités, autant que les moyens de l'État le permettront, à égaliser les charges communes ; dans cette situation, le Roi seul peut promettre ces indemnités et encourager ainsi par un acte de justice à fournir les objets requis et à multiplier les moyens d'approvisionnement.

Il est possible que les satellites de l'usurpateur parviennent à séduire quelques habitants et à les précipiter dans des erreurs qui méritent une prompte répression ; c'est également l'autorité du roi qui pourra donner à des mesures de rigueur (si par malheur elles devenaient indispensables) le caractère d'une punition légale. Les alliés ne pourraient le faire qu'en qualité d'ennemis et en vertu du droit de la guerre. Le Roi peut se montrer en juge et rencontrer aisément une soumission que la force étrangère n'obtiendrait qu'en imposant de grands sacrifices qui provoqueraient probablement une irritation nouvelle.

La plus grande partie des départements n'attendent que le commencement des hostilités pour montrer les bonnes dispositions que la force ou une sage temporisation leur prescrit maintenant de différer ; la nécessité de diriger leur esprit vers un but salutaire et d'une manière uniforme a décidé le Roi à fixer un règlement qui, en adoptant pour principe le gouvernement constitutionnel, puisse néanmoins pourvoir aux circonstances extraordinaires du moment. Les souverains alliés reconnaîtront combien il importe d'éviter toute diversité dans l'application de cette mesure indispensable, et de faire jouir les pays qui seront occupés par leurs armées des avantages de la même administration destinée à ceux qui, par leurs propres efforts, parviendront à se soustraire à la tyrannie.

Le Roi a lieu de croire que les dispositions de son ordonnance répondent à tout ce que les alliés peuvent désirer pour la facilité et la sûreté des approvisionnements ; mais si sa prévoyance n'avait pas saisi dans tous ses détails ce qui serait nécessaire à cet objet, Sa Majesté est prête à s'entendre et à faire usage des expédients qui lui seront suggérés dans la vue de rendre la mesure plus complète et conforme au bien général.

C'est dans ces intentions que le Roi m'a ordonné de faire à Votre Excellence la présente communication et d'y joindre l'ordonnance projetée, de porter l'une et l'autre à la connaissance de sa cour.

Le Roi désire également que Votre Excellence demande les instructions et les ordres nécessaires pour faciliter aux commissaires qui seront nommés par lui l'exercice de leurs fonctions pour ce qui regarde le service qu'ils sont destinés à prêter aux armées et pour donner à cette mesure, par un consentement réciproque, toute la solidité et tous les avantages qu'elle ne peut manquer de produire.

N° 35 [1].

Gand, 2 juin 1815.

Le soussigné, ministre d'État de Sa Majesté Très Chrétienne, chargé du portefeuille des affaires étrangères, a reçu l'ordre du Roi de communiquer à M. le général baron de Vincent, envoyé extraordinaire et ministre plénipotentiaire de S. M. l'empereur d'Autriche, un règlement que Sa Majesté a délibéré le 27 avril dernier, concernant l'administration des provinces où les armées alliées devront pénétrer.

Les puissances, en déclarant Napoléon Buonaparte voué à la vindicte publique, ont admis une distinction nécessaire entre la nation et son oppresseur, entre le parti qui soutient ce dernier et la presque totalité du peuple français restée fidèle au Roi.

C'est en conséquence de ce principe que les puissances ont invité le Roi à accéder au traité du 25 mars et que Sa Majesté s'est empressée d'y accéder.

Les Français ne doivent donc considérer la guerre que comme un moyen de délivrance, d'où il résulte que l'autorité légitime doit être rétablie partout où celle de l'usurpateur sera détruite, ce qui d'ailleurs aura encore pour effet d'abréger et d'atténuer les maux inévitables de la guerre.

1. Le texte de cette note est tiré de la correspondance du baron Vincent, envoyé extraordinaire d'Autriche, annexe à une dépêche du 4 juin. Cf. ci-dessous, chapitre XI.

Le Roi ne se dissimule pas la nécessité pour la France de supporter une grande partie des sacrifices qu'entraîneront les vastes moyens déployés pour assurer le repos de l'Europe, mais pour faire tourner tous ces sacrifices au profit de la cause commune, pour rendre plus disponibles et mieux ménager toutes les ressources que la France peut offrir, les alliés trouveront dans le rétablissement du gouvernement royal et dans sa marche régulière et uniforme un avantage qu'aucun autre moyen ne saurait remplacer.

D'autres considérations démontrent encore combien le gouvernement du Roi atteindra plus facilement le but que l'on se propose.

Les excès dans lesquels les habitants pourraient être entraînés par les agents de l'usurpateur seront plus convenablement réprimés par l'autorité du Roi que par une force étrangère, contre laquelle l'usurpateur épuisera tous les moyens d'accroître l'irritation.

Tous les rapports qui parviennent de l'intérieur à Sa Majesté autorisent l'heureuse persuasion où elle est que la plupart des départements n'attendent que le commencement des hostilités pour se déclarer contre Buonaparte. Rien de si nécessaire que de seconder ces dispositions, et le moyen le plus puissant sera sans contredit de présenter immédiatement le rétablissement du gouvernement constitutionnel et légal, autant, du moins, que le permettront les circonstances où on se trouvera placé. Ce bienfait ne doit se faire attendre que le moins possible ; il s'appliquera donc également et aux départements qui, par leurs propres efforts, secoueront le joug de la tyrannie, et à ceux qui, opprimés par la présence des troupes rebelles, ne recouvreront leur délivrance que par les armes des alliés.

Toutes ces considérations ont déterminé Sa Majesté à faire choix de commissaires extraordinaires près des armées alliées. Leur mission consisterait à seconder de tout leur pouvoir les opérations militaires du moment où elles commenceront sur le territoire français, à fournir à ces opérations le concours de l'administration civile et à exercer à cet effet, dans les provinces occupées, le gouvernement au nom du Roi.

Le soussigné est expressément chargé de demander le concours des puissances pour l'exécution du règlement du 27 avril ci-joint, et de tous autres dont l'objet sera de procurer aux alliés les approvisionnements et les facilités dont ils pourront avoir besoin.

Dans le cas où quelques points essentiels n'auraient pas été prévus, le Roi sera toujours disposé à s'en entendre avec les cours alliées, et les commissaires extraordinaires recevront expressément l'ordre de se concerter avec MM. les généraux en chef des armées sur tous les points qui viennent d'être indiqués.

Le Roi ne doute pas que ses commissaires ne trouvent dans la bienveillance des puissances alliées tous les moyens dont ils auront besoin pour bien remplir leur mission, et Sa Majesté se flatte qu'elles se formeront de l'utilité et de la nécessité de la mesure proposée une idée juste qui facilitera tous les arrangements réciproques qui seraient nécessaires.

Le soussigné, en priant M. le général baron de Vincent de porter la présente note et l'ordonnance [1] qui y est jointe à la connaissance de son gouvernement, a l'honneur....

1. C'est l'ordonnance imprimée au n° 16.

N° 36.

Sir Charles Stuart [1] au comte de Blacas.

A. B.

Bruxelles, le 3 juin 1815.

Monsieur le comte,

A la suite des communications avec le duc de Wellington, sur la manière de donner effet à l'ordonnance que le comte de Jaucourt vient de nous communiquer par son office en date d'hier : les ministres d'Autriche, de Russie et de Prusse sont tous tombés d'accord avec nous sur les stipulations d'une convention que lord Wellington paraît d'avis qu'il sera convenable de signer de part et d'autre. Je prie donc Votre Excellence de vouloir bien me faire savoir aussitôt qu'il vous sera possible si le projet ci-inclus [2], que le duc vient de rédiger, de concert avec mes collègues, répond au but que nous nous proposons, et si le Roi, étant d'accord sur les principes reconnus par les alliés, ne trouvera aucune difficulté à y prendre part.

N° 37.

Le comte de Blacas à sir Charles Stuart.

A. B., *minute.*

Gand, 4 juin 1815.

Monsieur l'ambassadeur,

J'ai reçu, cette nuit, la lettre que vous m'avez fait l'honneur de m'écrire hier en m'envoyant le projet de convention arrêté entre les ministres des quatre cours

1. Ministre d'Angleterre auprès de Louis XVIII.
2. Ce projet se trouve au n° 39, avec les corrections proposées par Louis XVIII.

alliées, sur la proposition de M. le duc de Wellington. Je me suis empressé, d'après le désir que vous m'en témoignez, de le faire connaître au Roi, qui est parfaitement d'accord sur le principe et qui sent tout l'avantage d'une convention de cette nature. Sa Majesté trouve, cependant, quelques observations à faire sur un petit nombre de points, mais qui sont plutôt relatives à la rédaction qu'au fond même des stipulations. Ne voulant pas retarder le départ de votre courrier, je me réserve d'en faire part à Votre Excellence dès que j'aurai l'honneur de le voir, espérant que les pouvoirs demandés par les ministres des cours alliées permettront avant peu de conclure définitivement la convention proposée.

P. S. — Je joins ici, monsieur l'ambassadeur, la copie du projet de convention [1], avec l'indication des légers changements que l'on pourrait y faire dans la vue de l'effet qu'elle peut produire un jour en France.

C'est à vous que je confie principalement ces idées, et j'ai pensé que vous trouveriez bon qu'elles fussent tracées au crayon sur la pièce même que vous avez bien voulu m'envoyer.

N° 38.

Projet de convention.

A. B.

Les puissances signataires du traité d'alliance en date du 25 mars de l'année 1814 * ayant convenu*, par l'article** dudit traité, qu'il serait fait un arrangement spécial entre elles, afin de

** 1815*
** stipulé*
*** 5*

1. Cf. ci-dessous, n° 38.

régler le mode d'approvisionnement de leurs armées respectives pendant la guerre, et jugeant convenable de soumettre à un plan également uniforme les moyens d'assurer les mêmes subsistances et autres objets nécessaires au maintien des armées susdites du moment où elles entreront sur * territoire français, en y ajoutant * les modifications et changements qui seront jugés utiles au service et aux intérêts communs *, les soussignés, munis de pouvoirs de leurs cours respectives, savoir :

N.   Russie.

N.   Autriche.

N.   Angleterre.

N.   Prusse.

d'une part, et N. également et spécialement autorisé par Sa Majesté * le roi Louis XVIII, ont arrêté ce qui suit :

ARTICLE Ier.

Les pays et territoires français qui seront occupés par les armées alliées seront remis aux agents de S. M. * Louis XVIII, qui les gouverneront en son nom, selon ses instructions et conformément aux lois de la France.

ART. 2.

Lesdits agents * exigeront et recevront toutes les ressources qu'il sera possible d'obtenir des pays délivrés, * pour être employés à la subsistance des armées et en général à l'accomplissement des objets que les puissances contractantes se seront proposés comme le but de la guerre *.

Art. 3.

Toutes les réquisitions qui seront jugées nécessaires seront faites au nom de S. M. le Roi de France * et par des employés ** autorisés par lui à cet effet. Sa Majesté s'engage à nommer des commissaires pour résider auprès de chacun des quartiers généraux des puissances contractantes.

Art. 4.

Les * commissaires seront tenus de fournir aux demandes qui leur seront faites par les commandants des armées alliées, moyennant un simple reçu.

Art. 5.

Les paiements ou indemnités * qui pourront être faits ou promis aux contribuables français, à raison des réquisitions susdites, seront à la charge de S. M. * Louis XVIII.

Les commissaires délivreront, à cet effet, des bons, promesses de paiement ou autres titres qu'ils jugeront convenables.

* ce qui exclut toute mesure de rigueur et toute exécution dont auraient à souffrir les sujets paisibles.

* Louis XVIII
** personnes

* Lesdits commissaires

* remboursements, indemnités ou décharges

* Très Chrétienne

N° 39.

Le comte de Blacas au duc de Richelieu [1].

A. B., *minute.*

Gand, le 17 juin 1815.

J'ai reçu, monsieur le duc, la lettre que vous m'avez fait
l'honneur de m'écrire le 11 de ce mois, par M. de Bréhan,
et je vous rends mille grâces des informations que vous
voulez bien me donner sur ce qui s'est passé à l'occasion
du choix que le Roi avait fait de vous pour être son commissaire auprès des armées russes [2]. Sa Majesté n'avait
point pensé que vos devoirs envers l'empereur de Russie
fussent incompatibles avec ceux que vous aurait imposés
une semblable mission, parce qu'en effet les nobles intentions de Sa Majesté Impériale ne laissaient apercevoir
entre eux aucune opposition [3]. Et si le Roi, dans cette circonstance, vous a donné, monsieur le duc, un nouveau
témoignage de sa confiance, il croyait, en même temps,
montrer le désir qui l'anime d'agir en tout de la manière
la plus conforme aux vues de l'Empereur. Les rapports de
la nation russe avec la France semblaient parfaitement conformes aux vœux du Roi sur cet objet. Au reste, je me
flatte encore que la décision négative du Congrès [4] n'est
pas définitive. A l'époque où Sa Majesté Impériale vous

1. Richelieu, rentré en France en 1814, était prem' gentilhomme de la
Chambre ; il accompagna Louis XVIII à Lille. De là il partit pour Vienne
pour joindre le Tsar.

2. Lettre du comte d'Artois, n° 56.

3. Cf. deux lettres de Richelieu au comte de Rochechouart, dans les
Souvenirs du comte de Rochechouart, p. 384 et 389.

4. Le congrès, qui siégeait encore à Vienne lorsqu'il avait été question,
pour la première fois, de la création des commissaires royaux, avait repoussé le projet.

en a parlé, on ne pouvait savoir encore que le gouvernement britannique avait agréé cette mesure et que les ministres des principales puissances alliées avaient eux-mêmes communiqué au Roi le plan d'une convention fondée sur ce principe. Ce projet de rétablir progressivement en France les autorités légales serait, dans son exécution, le plus facile et le plus favorable aux alliés qui puisse être adopté. Tout autre mode d'administration exige que l'on prenne les formes de la conquête, et quelque sages, quelque modérées qu'elles soient, l'expérience a prouvé combien elles excitent de mécontentement. Les provinces où les armées alliées ont pénétré l'année dernière sont encore aujourd'hui, par cette seule raison, les moins bien disposées. Les commissaires, en allégeant le fardeau de la guerre, rendraient en même temps l'approvisionnement des armées plus sûr et plus facile. Il est impossible que ces vérités évidentes ne soient pas bientôt reconnues et qu'elles ne changent pas la détermination que l'on paraît avoir prise.

Nous attendons avec bien de l'impatience que les Russes et les Autrichiens commencent les hostilités. Buonaparte réunit toutes ses forces contre les armées anglaise et prussienne, et une prompte diversion serait de la plus haute importance.

IV.

LA DÉCLARATION ROYALE DU 2 MAI

N° 40.

Sir Charles Stuart au comte de Blacas [1].

A. B.

Bruxelles, le 22 avril 1815.

Monsieur le comte,

Lors de mon retour de Gand, j'ai eu quelque conversation tant avec le duc de Wellington qu'avec les ministres du roi des Pays-Bas, au sujet de l'adresse dont le conseil de Sa Majesté méditait la publication, et dont M. de Lally a bien voulu me donner lecture.

Ils sont tous d'accord sur la convenance de quelque retard d'une démarche dont le résultat ne sera aucunement douteux en autant qu'elle a lieu après l'entrée du Roi (*sic*); car la moitié de son effet doit nécessairement dépendre de la date sur un point du territoire français; ils pensent également que l'accord préalable des souverains, parties au

---

1. Pour cette pièce et les suivantes, jusqu'au n° 45, cf. ci-dessus le projet de déclaration n° 20 et la note 2, p. 46.

traité signé le 25 mars, sur un manifeste provoqué en
quelque sorte par les stipulations de cet acte, sera fort à
désirer.

J'ose donc répéter l'avis que j'ai eu l'honneur de vous
offrir, et je prie Votre Excellence de vouloir bien le soumettre à la considération du Roi, afin que Sa Majesté
prenne la décision que les circonstances pourraient
exiger.

N° 41.

Le comte de Blacas à sir Charles Stuart [1].

Gand, 23 avril 1815.

Monsieur l'ambassadeur,

Je me suis empresse de mettre sous les yeux du Roi
mon maître la lettre que Votre Excellence m'a fait l'honneur de m'adresser, au sujet d'un projet de proclamation
qui vous avait été communiqué par le comte de Lally-
Tollendal. Sa Majesté a pris en haute considération les
observations que vous faites à ce sujet dans des vues qui
paraissent aussi être celles de M. le duc de Wellington
et du gouvernement de S. M. le roi des Pays-Bas.

Elle me charge au reste de vous faire savoir que cette
pièce ne devait point être signée par le Roi, et n'était destinée qu'à devancer la déclaration de Sa Majesté, pour
faire connaître ses intentions et celles des puissances
alliées; cependant, d'après le désir que vous m'exprimez,
elle ne sera point mise au jour, et Sa Majesté va s'occuper

---

1. Le texte de cette lettre est extrait de la correspondance de Stuart ;
cf. ci-dessous, t. II, dépêche n° 31, 25 avril.

d'établir dans le plus court délai, sur ce point, entre elle
et les autres cours un accord qui, comme vous le remar-
quez avec raison, est la conséquence naturelle de la déclaration du congrès et du traité conclu le 25 mars. Ainsi,
le manifeste du roi de France deviendra en quelque sorte
celui de l'Europe et sera en même temps, envers la nation
française, le garant des dispositions amicales qui animent
les souverains uniquement armés contre le perturbateur
du monde.

N° 42.

Le comte de Blacas à sir Charles Stuart [1].

(Personnelle.)   23 avril 1815.

Je vous adresse, monsieur le chevalier, une réponse
officielle à votre dépêche, mais j'y veux joindre quelques
mots, pour vous remercier d'avoir appuyé, d'une opinion
fort imposante, celle que j'avais toujours eue, dans le
conseil du Roi, au sujet de la déclaration dont il s'agit. Je
pensais que Sa Majesté, ayant jusqu'à ce moment gardé le
silence, ne devait pas le rompre avant d'avoir à faire connaître ce qui pouvait encourager les bons Français et
intimider les rebelles. Toute publication, faite dans un
état d'isolement et d'impuissance apparente, ne permet-
trait ni les promesses ni les menaces qui doivent seconder
les exhortations du Roi; et l'expérience nous a prouvé
combien la force était indispensable pour donner quelque
poids à l'autorité de la justice et de la raison.

1. La minute de cette lettre est aux archives Blacas. La lettre, datée
du 23 avril, est dans la correspondance de Stuart, jointe à la dépêche n° 31.

Afin de remplir, sur ce point, les vues qui nous sont communes, je pense, monsieur le chevalier, qu'il serait utile que les puissances dont les armées sont au moment d'entrer en France fissent connaître au Roi les manifestes qu'elles ont l'intention de publier; tandis que de son côté le Roi leur communiquerait les déclarations qu'il croirait devoir adresser à ses sujets. Le plus grand avantage résulterait de cette intelligence, qui ne pourrait produire en France qu'un excellent effet.

N° 43.

Pozzo di Borgo au comte de Blacas.

A. B.

Bruxelles, 25 avril 1815.

Mon cher comte,

M. Stuart m'a dit, à mon retour ici, vous avoir écrit ce qu'il pensait à l'égard de la déclaration projetée : sa présence à Gand vous aura encore mis à même de connaître la répugnance qu'il a contre cette mesure; dans le cas où elle ait été suspendue (*sic*), il faudrait délibérer s'il ne convient pas que le Roi publie une protestation contre l'assemblée du champ de mai, en déclarant nuls tous les actes qui en émaneront; une pareille démarche aurait un but et un objet déterminés, et me paraîtrait justifiée pour la circonstance.

Lord Wellington est parti pour passer les Hollandais en revue, je lui en parlerai demain à son retour; le mien aura lieu probablement jeudi; en attendant, vous pourriez charger quelqu'un de s'occuper de la déclaration dans le sens où je viens de vous la proposer, ce serait du temps gagné en cas que l'on se décide à la publier.

N° 44.

Pozzo di Borgo au comte de Blacas.

A. B.

Bruxelles, 29 avril 1815.

Je vous envoie, mon cher comte, ma rédaction tirée du projet de déclaration que nous avons arrêté ensemble. Le duc [1] a approuvé la teneur du projet; quant à la rédaction elle-même, n'ayant pas eu le temps d'en faire faire une seconde copie avant le départ de l'estafette, je ne la lui communiquerai que ce soir et demanderai ce qu'il en pense.

Point de nouvelles d'aucune part, tout le monde en attend avec l'impatience que vous partagez sans doute : je profiterai du premier moment pour retourner à Gand; c'est la difficulté de me procurer des chevaux pour la campagne qui me retient; ce serait désagréable d'être surpris par quelque événement, et de se trouver à pied.

N° 45.

Pozzo di Borgo au comte de Blacas.

A. B.

Bruxelles, 18 mai 1815.

Mon cher comte,

Je suis tout confondu d'avoir prolongé mon absence de Gand si fort au delà du terme que je m'étais proposé;

1. Wellington.

une discussion qui s'est élevée au sujet des subsistances des armées, et dans laquelle doit intervenir le roi des Pays-Bas, me retient ici jusqu'à tant qu'elle soit décidée ; j'espère qu'elle sera finie dans la journée de demain. Le général Vincent nous arrive ; c'est une excellente acquisition. J'ai lu le rapport de M. Chateaubriand [1]. Lorsque par hasard on y rencontre un peu de prose, la chose est passable, mais il y a tant de poésie que le tout est manqué : on dit que cela plaît aux Français ! M. Lally vient encore de tonner, il publie un *manifeste délibéré au conseil du Roi* [2]. Si le Roi l'a ordonné, la mesure peut être bonne ou mauvaise sans être criminelle, mais si c'est le contraire, un manifeste du Roi, que le Roi ne fait pas, est une imposture d'auteur.

Croyez-moi, mon cher comte, tout ce bavardage au nom du Roi ne fait que du mal ; apportez-y quelque remède s'il est possible ; ils ont leur journal [3] où ils peuvent fatiguer même leur verve, mais qu'ils ne profanent pas et qu'ils ne compromettent pas le souverain : dans la situation où il est, ce qui n'est pas utile est nuisible : vous savez que je suis dans l'habitude de vous parler à cœur ouvert ; croyez-moi dans ces sentiments pour toujours.

---

1. Il s'agit du *rapport sur l'état de la France, fait au Roi dans son Conseil*, le 9 mai, et publié en tête du *Journal universel*, numéro 19, 12 mai. Cf. la pièce suivante, n° 46.

2. Cf. ci-dessus, *projet de déclaration*, n° 20 et la note 1, p. 49.

3. Le *Journal universel*.

N° 46.

D'André 1 *au comte de Blacas.*

A. B.

26 mai 1815 (l'original porte, par erreur, 26 avril).

.... Il serait bon, je crois, de dire quelque chose sur la
constitution de Buonaparte. Je ne la connais pas encore en
entier, mais du moins le préambule que j'ai vu dans
l'*Oracle* 2 mériterait bien une réponse. On n'a pas été très
content ici de ce qui a paru dans le *Journal universel* sur
la déclaration du conseil, on aurait désiré plus de raisonnements et moins d'antithèses. Le mélange de citations de
différents genres dans un ouvrage grave n'est pas
approuvé, enfin la réfutation est trouvée trop longue.

Il faudrait dire qu'il y a quinze ans ce ne fut pas le vœu
des Français qui amena Buonaparte au gouvernement,
mais une conspiration, comparer les promesses qu'il fit
alors avec ce qu'il a tenu, faire voir aux républicains qu'il
les jouera encore comme il les joua dans le temps, au
peuple, qu'il lui promit aussi la paix et ne lui donna
que la guerre, la liberté et le tyrannisa, qu'il détruisit
insensiblement toutes les formes protectrices de la liberté.

Voilà le thème de la réponse au préambule.

1. Directeur général de la police en 1814.
2. Journal publié à Bruxelles.

V.

L'ACTION ROYALISTE DANS LE NORD [1].

—

N° 47.

Le comte de Blacas à lord Castlereagh.

A. B., minute.

Ostende, le 23 mars 1815.

Mylord, vous aurez déjà appris que le Roi, mon maître, avait été obligé de quitter Lille et de passer à Menin, d'où Sa Majesté s'est rendue ici hier au soir : elle y est venue dans l'intention d'attendre des nouvelles de sa maison militaire, qui avait ordre de se porter sur Dunkerque, et de savoir également le parti qu'avaient pris Monsieur et M. le duc de Berri, qui marchaient à la tête des troupes de la maison du Roi et de quelques corps qui devaient s'y réunir [2]. Dans cette attente, le Roi ne peut prendre aucune

---

1. Pour toutes les pièces de ce chapitre, n° 47 à 54, cf. ci-dessus, instructions au comte de Castejas, 5 avril, n° 26 et la note 4, p. 68; cf. ci-dessous, chapitre xi, lettre de Vincent, 23 mai, et t. II, correspondance de Stuart : dépêches n° 12, 5 avril; n° 14, 11 avril; n° 24, 18 avril; n° 25, 21 avril; n° 46, 5 mai; n° 54, 12 mai; n° 64, 16 mai; n° 69, 19 mai; n° 72, 24 mai. — Lettres de Castlereagh : n° 1, 18 avril; n° 4, 2 mai. — Correspondance de Goltz : les annexes aux dépêches n° 4, 13 mai; n° 5, 18 mai; n° 15, 16 juin.

2. Cf. n° 1, p. 4, note 1, et ci-dessous, n°° 55 et 56.

détermination ultérieure, mais l'intention de Sa Majesté
est de tenter tous les moyens qui pourront dépendre d'elle
pour aller de nouveau en France animer par sa présence
le zèle de ses fidèles sujets, qui sont prêts à tout entre-
prendre pour seconder les efforts qui seraient faits en
faveur de l'autorité légitime. Vous pouvez être certain,
Mylord, que trente mille hommes entrant actuellement en
France *avec la cocarde blanche* réuniront tous les habitants, qui ne demandent que des armes, et que ce corps, en
marchant sur Paris sans perdre un instant, ne rencontrera
que bien peu d'obstacles et trouvera une population
immense prête non seulement à se réunir à lui, mais à
l'aider de tous les moyens pour renverser l'homme auda-
cieux qui veut de nouveau asservir la France et faire la
guerre à l'Europe.

Quelques bâtiments et un vaisseau de guerre seraient
bien nécessaires au Roi pour le transporter où sa présence
sera jugée utile, s'il ne peut aller sur-le-champ à Dunkerque. Sa Majesté compte toujours sur l'appui de ses
alliés et il est certain d'avance de tout le bien qu'il recevra du prince régent et de votre généreuse nation.

N° 48.

Le comte de Blacas à lord Castlereagh.

A. B., *minute.*

Ostende, le 27 mars 1815.

Mylord, j'ai déjà eu l'honneur d'annoncer à Votre
Excellence l'arrivée du Roi à Ostende et l'espoir qu'avait
Sa Majesté d'occuper Dunkerque en y appelant sa maison
militaire. Malheureusement, les ordres qu'elle avait

donnés à cet effet ne sont point parvenus à Monsieur et à M. le duc de Berri, qui, ne pouvant entrer à Lille, se sont dirigés de Béthune sur Ypres. Le refus que l'on a fait dans cette dernière ville de recevoir un détachement qui s'y était présenté a augmenté les embarras de cette pénible retraite [1]. Une partie de la maison du Roi, arrêtée dans Béthune, s'y est trouvée environnée par des troupes de Buonaparte. Cependant Monsieur, qui est maintenant à Ypres, a rassemblé autour de lui un assez grand nombre de ceux qui ont pu passer la frontière, et l'on a pris des mesures pour recueillir tout qui pourrait encore s'y réunir [2].

M. de Gain de Montagnac [3], qui est déjà connu de Votre Excellence, et qui arrive en ce moment de Paris après avoir traversé plusieurs provinces comme simple voyageur, rend le compte le plus satisfaisant des dispositions du peuple, et fait même envisager la défection de l'armée comme tenant à une effervescence [4] qui ne tardera point à se refroidir lorsqu'elle apercevra la faiblesse réelle de l'homme qui l'a séduite. Je crois devoir l'adresser à Votre Excellence [5], à qui je me flatte qu'il pourra donner des informations utiles [6]. Il vous fera connaître le désir du Roi conforme, ainsi qu'il sera facile de vous en convaincre, à ce que doit conseiller la situation présente de la

1. Cf. sur cet incident *Souvenirs du comte de Rochechouart*, p. 375. Le commandant de la place, officier russe, ne voulut laisser entrer que Richelieu, qui portait l'uniforme moscovite ; il tint la porte fermée à Marmont et à Bordesoulles comme « traîtres à leur Roi. »

2. Cf. n° 1, p. 4, note 1, et ci-dessous, lettres du comte d'Artois, n°° 55 et 56.

3. Cf. ci-dessous, lettre du comte d'Artois, n° 56.

4. Rature : *Que la réflexion pourra, que le moindre effort qui, qui doit être passagère.*

5. Cf. ci-dessous les pièces 76 à 82. — Rature : *En vous priant de lui faire obtenir une audience de M. le prince régent.*

6. Rature : *Je vous prie, Mylord, de l'écouter avec attention et intérêt.*

France et celle où elle pourrait se trouver si l'on ne dé-
concertait par une extrême promptitude les desseins de
Buonaparte. Il n'a encore aucune force, aucun ascendant
réel, et la présence d'un corps de troupes se portant rapi-
dement sur Paris avec le Roi [1] produirait incontestablement un changement encore plus soudain que celui dont
nous venons d'être témoins. Votre Excellence qui a vu
elle-même la France dans une grande crise, qui doit connaître le véritable sentiment de la nation [2], est plus que
personne en état d'apprécier ces vérités.

N° 49.

Le comte de Blacas au duc de Wellington.

A. B., *minute.*

Gand, le 15 mai 1815.

Mylord, un devoir impérieux me prescrit de soumettre,
sans délai, à Votre Excellence un projet fondé sur les
rapports très importants qui viennent de me parvenir. Des
députés des communes d'Armentières [3], d'Aire, d'Hazebrouck, de Cassel, sont venus offrir au Roi leur sang et
leur fortune. Les habitants de cette fidèle contrée sont
impatients d'arborer le drapeau blanc. Animés d'un
dévoument sans bornes, ils se sont cotisés et ont formé
une caisse assez considérable pour les frais de leur arme-
ment, ont fabriqué des cartouches et sont tous armés de
fusils de chasse. En un mot, ils s'engagent, au premier

1. Rature : *Et ralliant à lui toute la population qui s'armerait pour lui.*
2. Rature : *Ne peut douter qu'elle ne seconde le premier effort qui sera
tenté pour briser le nouveau joug.*
3. Cf. ci-dessous, n° 54.

signal, à fournir un rassemblement de quinze mille hommes. D'un autre côté, la faiblesse des garnisons qui occupent les places voisines et les intelligences que nous y avons nous donnent l'assurance de surprendre Calais ou Dunkerque. Une autre correspondance non moins active est établie entre le Boulonnais, l'Artois et la Picardie, d'où l'on m'a fait dire que la présence de trois régiments suffirait pour soulever toute la population. Vous concevez combien il serait important que ce mouvement intérieur précédât l'entrée des armées alliées; quelle impulsion cet événement donnerait au parti royal; et, ce que je dirai avec une égale confiance au duc de Wellington, quelle force cet appui prêterait à Sa Majesté dans ses relations avec les autres cours.

Je n'hésite donc point, Mylord, à vous demander l'assistance d'un petit corps de cinq à six mille hommes, en y comprenant quelque artillerie; et j'ose vous protester que l'autorité légitime sera bientôt reconnue et proclamée dans deux ou trois provinces. Je connais trop votre âme et le but qui vous anime pour douter de la satisfaction avec laquelle vous verriez un changement aussi favorable aux intérêts du Roi et de la France; changement que la connaissance des faits que j'ai l'honneur de vous communiquer me fait envisager comme certain [1].

J'attends avec la plus vive impatience la réponse de Votre Excellence, à qui j'offre un nouveau témoignage de la haute considération avec laquelle j'ai l'honneur d'être, Mylord, votre très humble et très obéissant serviteur.

---

1. Cf. ci-dessous, n° III, une lettre de Blacas à Wellington après Waterloo.

N° 5o.

Le duc de Wellington au comte de Blacas.

A. B.

A Bruxelles, le 1ᵉʳ mai[1] 1815, à neuf heures du matin.

Monsieur le comte,

Je viens de recevoir votre lettre du 15, et je me réjouis des bonnes dispositions des habitants d'Armentières, d'Aire et d'Hazebrouck, dont vous me faites part. Il faut bien ménager cette disposition et leur envoyer l'ordre positif de ne pas se montrer, de ne pas donner le moindre soupçon jusqu'au moment que tout sera préparé.

Pour ce qui regarde le Boulonnais, l'Artois et la Picardie, je vous donne les mêmes conseils. Vous ne m'indiquez pas où vous désirez que j'envoie les trois ou quatre bataillons qu'on demande, et je ne peux pas donc vous répondre positivement.

En général, cependant, je vous dirai qu'il me serait bien difficile de détacher même trois ou quatre bataillons. J'espère que mon armée fera son devoir; mais elle est composée de troupes de diverses nations[2], dont quelques-unes sont bien jeunes. Le fond de tout, c'est les Anglais, et les circonstances où se trouvait le gouvernement britannique au moment que Buonaparte est arrivé en France ont empêché que j'aie autant de ceux-là que je devrais avoir[3].

---

1. La lettre est ainsi datée, et cependant, dès la première ligne, Wellington indique qu'il répond à la lettre du 15 mai, imprimée au n° 49.

2. L'armée anglaise comprenait un fort contingent de troupes hollandaises et belges, dont partie avait servi sous Napoléon; dans les casernes à Bruxelles, les soldats criaient : Vive l'Empereur !

3. Outre qu'elle avait en Espagne et en Portugal ses armées principales, l'Angleterre, depuis le milieu de 1812, était en guerre avec les États-Unis.

Je n'oserais pas vous offrir d'autres troupes, et je ne peux pas vous offrir de ceux-là, à moins que ce soit pour un service qui ne les détacherait pas trop loin.

Je vous prie de réfléchir bien sur le principe que je vais vous énoncer. La puissance de Buonaparte, en France, est fondée sur le militaire et sur rien d'autre, et il faut ou détruire ou contenir le militaire avant que le peuple puisse ou même ose parler. Pour opérer contre le militaire français en France avec effet, il faut des armées nombreuses qui ne laissent pas la chose longtemps en doute. Alors, le peuple pourra parler et agir sans courir risque d'être détruit, et avec effet.

Si, pour favoriser une insurrection dans les communes, ou même dans les provinces dont vous faites mention, j'entrais en France dans le moment, même soutenu et aidé par l'armée prussienne, j'aurais tout de suite en les mains quatre corps d'armée, peut-être cinq, et la garde, c'est-à-dire une force évaluée de cent dix à cent vingt mille hommes, outre les gardes nationales. Nos progrès, si nous pouvons en faire, seront extrêmement lents ; les pays où les troupes seraient obligées de rester seraient nécessairement grevés et obérés du poids de leurs subsistances, qu'il faudrait leur imposer, et vous trouverez le désir de s'insurger affaibli, non seulement parce qu'on verrait la force armée insuffisante pour vaincre les premières difficultés, mais parce qu'on trouverait qu'il vaudrait mieux ne pas avoir des armées à nourrir chez soi.

Ainsi, croyez-moi, pour faire l'affaire du Roi, il lui faut non seulement les vœux et les bras de son peuple, mais

En 1814 elle avait fait un puissant effort qui avait nécessité l'envoi de nombreuses troupes au Canada. Washington avait été occupé le 24 août ; mais la paix ne fut signée que le 24 décembre. En mars 1815 le rapatriement des troupes anglaises était loin d'être achevé.

encore, pour avoir ceux-là, toute la force que l'Europe alliée peut faire marcher à son secours.

J'ai l'honneur d'être, monsieur le comte, avec la considération la plus distinguée, de Votre Excellence le très obéissant et très fidèle serviteur.

WELLINGTON.

N° 51.

Le comte de Blacas au duc de Wellington.

A. B., minute.

Gand, le 19 mai 1815.

Mylord,

J'ai vu avec peine que Votre Excellence apercevait quelques difficultés à l'accomplissement du projet que j'ai eu l'honneur de lui soumettre et dont je n'avais point songé à lui communiquer les détails avant que je connusse son intention sur les moyens d'exécution. La situation des communes que j'ai nommées dans ma lettre indique à peu près le point sur lequel il serait nécessaire d'opérer; mais, d'après vos observations, je vais faire parvenir aux habitants l'invitation de ne point éclater encore. Votre Excellence doit sentir combien ce délai est pénible à ces hommes [sujets] fidèles, qui, en butte aux vexations de tous les genres, craignent à chaque instant d'être enlevés de force[1] pour grossir l'armée de Buonaparte et être renfermés dans les places. On demande dans toute la France des gardes nationales mobiles, et bientôt il n'y aura plus pour elles d'alternative entre l'obéissance ou

---

1. Cf. ci-dessous, note du duc d'Angoulême au roi d'Espagne, n° 91, 15 mai, et Gain de Montagnac à Castlereagh, n° 77.

une résistance ouverte. Déjà, j'apprends qu'à Paris et dans
quelques provinces on a contraint les citoyens à se faire
remplacer à prix d'argent pour le service militaire ;
chaque jour fournit ainsi à Buonaparte un grand [certain]
nombre d'hommes qui, tous, se seraient armés contre lui
s'ils n'avaient point été confondus dans les rangs de ses
soldats.

J'ai eu l'honneur de vous mander, Mylord, que j'avais
formé des intelligences avec plusieurs villes du département du Nord. Je ne sais s'il me sera encore possible
d'empêcher que le projet sur Dunkerque ou Calais n'éclate.
J'y vais mettre tous mes soins ; mais si l'événement arrivait, j'oserais encore assez compter sur Votre Excellence,
d'après les intentions mêmes qu'elle m'annonce, pour
espérer qu'elle prêterait une prompte assistance aux
fidèles sujets du Roi.

N° 52.

Le duc de Wellington au comte de Blacas.

A. B.

A Bruxelles, ce 20ᵉ mai 1815, à dix heures du matin.

Monsieur le comte,

Je reçois la lettre de Votre Excellence du 18 dans le
moment, et je regrette que vous ne voyiez pas dans celle
que je vous ai écrite la justice et la vérité que j'espérais
que vous y trouveriez. Que l'état de la France soit ce qu'il
puisse être, il est impossible de risquer l'entrée d'un
corps de troupes étrangères qui ne soit pas non seulement
assez fort pour se maintenir, mais pour continuer des opérations majeures sans s'arrêter. Le retard de l'arrivée des

troupes est malheureux, mais il est dans la nature des
choses. On ne peut pas faire arriver des troupes de l'Amérique, et du fond de la Gallicie et de la Pologne d'un côté,
et de Lisbonne de l'autre, sans qu'il se passe du temps,
et quand on pense qu'il s'est passé à peine deux mois que
les puissances alliées ont reçu les nouvelles de l'état de
choses en France, qui les ont fait croire qu'un effort était
nécessaire, et qu'on voit les préparatifs déjà faits, on est
vraiment étonné.

Vous pouvez être certain de ceci, monsieur le comte,
que j'ai plus d'expérience en affaires de guerre civile, surtout en France, que beaucoup d'autres, et que vous trouverez les choses exactement comme je vous les ai indiquées.

Pour ce qui regarde les places fortes, il faut que je m'explique. Si une place forte de la première ligne se rendait
au Roi par ses propres efforts, ou de la garnison, ou de la
population, je mettrais une armée en état de l'appuyer, et
je donnerais tous les secours en mon pouvoir, ou pour
empêcher l'ennemi de l'attaquer, ou pour faire lever si
elle fût attaquée, ou pour leur donner le moyen de se
défendre. Je peux promettre la même chose en égard de
moyens et d'appui maritime pour une place qui est port
de mer; mais je ne peux pas promettre les opérations
militaires pour sauver ces places, ni une de la seconde
ligne, si une telle se mettait au pouvoir du Roi par ses
propres moyens.

Il était question entre le chevalier Stuart et moi d'une
communication avec le duc de Trévise [1], qui paraissait
avoir la disposition de donner possession au Roi d'une ou
plus de places fortes, s'il ne craignait pas les puissances

1. Le maréchal Mortier.

étrangères. Là-dessus j'ai dit et je répète, pour qu'on le fasse savoir où bon semblera, que si le duc de Trévise veut donner possession au Roi d'une ou plus de places fortes sur la frontière, je me mettrai entièrement sous les ordres du Roi en tout ce qui regardera les places fortes.

Vous observerez que je fais une distinction majeure entre la reddition d'une ou plus de places fortes par un homme comme le duc de Trévise, et une reddition par les habitants ou la garnison d'une place forte.

Je crois que la première rendrait inutile et donc nuisible toute opération de la part des puissances étrangères, surtout le Roi ayant à sa disposition une armée comme la mienne. La seconde serait très importante, mais pas de nature à influer sur l'état des choses en France de manière à rendre inutiles les opérations ultérieures; et donc je ne pourrais pas, en ce cas-là, agir exactement dans ce sens comme je le pourrais dans l'autre.

J'ai l'honneur d'être, monsieur le comte, avec la considération la plus distinguée, de Votre Excellence le très obéissant serviteur.

WELLINGTON.

N° 53.

Le comte de Blacas au duc de Wellington.

A. B., *minute.*

Gand, ce 22 mai 1815.

Mylord,

Je suis extrêmement sensible au soin que prend Votre Excellence de me développer les motifs qui la dirigent dans la conduite qu'elle se propose de tenir, et je la prie de croire que personne n'a plus de confiance que moi dans les vues éclairées qui vous animent. J'espère aussi que vous n'attribuerez qu'au sentiment bien profond des malheurs de la France l'impatience avec laquelle j'attends le commencement des efforts qui doivent y mettre un terme, mais je n'en aperçois pas moins l'inévitable délai que l'éloignement des armées a dû apporter à leur marche.

Je crains bien qu'une défection considérable dans l'armée et dans les chefs qui la commandent ne puisse avoir lieu avant les hostilités. Les dispositions de tout ce qui est militaire sont bien différentes de celles du peuple.

N° 54.

Bayart, notaire royal à Armentières, à Son Excellence le comte de Blacas.

A. B.

Gand, 15 mai 1815.

Monseigneur,

Pénétré des bontés de mon Roi, je viens, le cœur plein de respect et de reconnaissance, je viens prier Votre Excellence de renouveler à ses pieds l'hommage de mes serments inviolables de fidélité et de dévouement sans bornes.

Oui, monsieur le comte, je retourne dans mon pays ; les bontés de mon Roi pour ses fidèles sujets y seront connues, et si j'étais susceptible d'être encouragé pour une aussi belle cause, je vous dirais que mon enthousiasme est porté à son comble.

Le Roi peut compter autant de serviteurs fidèles que d'habitants dans le département du Nord, et si quelque vil reptile osait encore lever la tête, il serait écrasé par les paroles de bonté que je ne cesserai de répéter et que je regarde comme un titre de famille dont je m'honorerai à jamais.

Il nous faut seulement, monsieur le comte, un interprète des volontés du Roi ; vous n'ignorez pas combien est dangereux le rôle que nous allons jouer. Si la personne chargée de nous diriger et de recevoir nos rapports ne possède déjà notre confiance, le but est manqué.

Monsieur le comte de Galliffet, ainsi que j'ai déjà eu l'honneur de vous le dire, a su gagner cette confiance par la manière dont il nous rendait les paroles de bonté et de bienveillance de notre digne maître ; par son courage dans des circonstances très difficiles, nous étions assurés de trouver en lui un confident discret, un conseil sûr, quoique bien jeune, et plus encore, un soutien et un chef de notre choix, si nous avions été obligés de songer à notre défense personnelle.

Tous les chefs du pays ont pour lui les mêmes sentiments ; je les partage entièrement en étant leur interprète, et, comme il est une vérité bien sentie par nous tous que la confiance s'acquiert et ne s'achète pas, nous vous supplions, monsieur le comte, d'ordonner à M. de Galliffet de retourner au poste qu'il avait occupé avec succès.

Son dévouement à son Roi et à sa cause nous donne l'assurance de le voir de nouveau partager les dangers au milieu de tous ceux qui l'appellent.

Recevez avec bonté, monsieur le comte, l'assurance des sentiments distingués et respectueux avec lesquels j'ai l'honneur d'être, de Votre Excellence, le très humble et très obéissant serviteur.

C.-A.-J. BAYART,
Notaire royal à Armentières.

VI.

LETTRES DU COMTE D'ARTOIS ET PIÈCES ANNEXES[1]

N° 55.

Le comte d'Artois à Louis XVIII.

A. B.

Beauvais, mardy 21 m., onze heures.

Au Roi.

C'est le général Ricard que je vous envoie, mon Cher frère, il vous rendra un compte détaillé de notre position. Nous sommes encore en bon état, mais des marches longues acheveroient par elles-mêmes la destruction totale de la Maison, sans compter ce que l'ennemi peut et doit essoier contre nous. Si vous êtes resté à Abbeville nous y serons après demain de bonne heure, si au contraire vous avez pris le parti d'aller soit à Calais, soit à Dun-

---

1. Tandis que, pour les pièces précédentes et les suivantes, nous avons modernisé l'orthographe, corrigé les fautes de syntaxe, ajouté la ponctuation, nous avons cru devoir reproduire rigoureusement — aussi rigoureusement que le permet son écriture presque indéchiffrable — l'orthographe très archaïque du comte d'Artois. Il nous a semblé que cela faisait partie presque de la physionomie de l'homme. — Cf. *Correspondance de Talleyrand et de Louis XVIII* (Pallain), xci, 23 avril. — *Correspondance de Pozzo di Borgo*, t. I, liii, 1er mai ; lxiii, 13 mai.

kerque, soit enfin à Lille, nous serons obligés de nous porter sur Dieppe ou le Tréport, pour trouver des moyens d'embarquement que je fais préparer d'avance, et pour licentier les corps de la garde de manière à ce que les individus ne soient pas compromis et que l'on puisse les retrouver. Nous allons ce soir à Quévauvillers et demain à Poix ou un peu plus loin sur la route qui peut conduire à Abbeville ou à Dieppe, et nous y attendrons vos ordres ultérieurs.

Mais souvenez-vous, mon cher frère, que ma proposition est le nec plus ultra de ce que nous pouvons faire.

Je me porte bien, Berri aussy, qui se met à vos pieds, nous ne quitterons pas la Maison jusqu'au dernier moment, notre présence y est nécessaire, soiés tranquille sur nôtre compte, vous savés ce que nous sommes et si nous vous aimons.

Adieu ou plutôt à vous revoir, mon cher frère, je vous aime et vous embrasse de tout mon cœur.

Le général Ricard a des lettres de Vienne [1].

N° 56.

Le comte d'Artois à Louis XVIII.

A. B.

Ypres, 27 mars 1815.

Le garde du corps que vous aviés envoié à Calais et à Dunkerque, mon Cher Frère, vient d'arriver ici, et il vous rendra compte de sa mission [2]. Les espérances de pouvoir

---

1. Pour cette pièce, cf. n° 1, p. 4, note 1.
2. Un autre envoyé de Louis XVIII à Dunkerque, le baron de Lascours, garde de la Porte, avait été pris et fut traduit devant un conseil de guerre, qui l'acquitta.

pénétrer à Dunkerque étant détruites, je vais retirer ce
que nous avons réuni ici et dans les environs, et nous
prendrons des cantonnements du côté de Rousselaere, de
Thielt et peut-être jusqu'à Gand. Nous avons en ce moment
à peu près 3oo chevaux et 15o hommes à pied. Le nombre
augmentera encore tous les jours et je placerai des commissaires ici, à Menin, à Courtrai et à Tournai, pour
recueillir les individus, et les envoier de suite dans les
cantonnements qui leur seront assignés. J'ai vu le général
Clinton qui commande l'armée sous le prince d'Orange,
j'en ai été très content et nous nous entendrons d'autant
mieux qu'il est le premier à désirer que le camp Royaliste
se forme et s'augmente le plus qu'il sera possible.

Je ne vous apprendrai sûrement rien en vous disant que
M. Huc est sauvé ainsy que les 3 caissons; ils sont passés
hier à Courtrai et ils se dirigeaient sur Gand. C'est un
petit point de tranquillité [1].

Le général Clinton m'a parlé dans le même sens que
le roi des Pays-Bas, il désire vivement que vous vous
rapprochiés de Bruxelles et que vous évitiés tout ce qui
pourrait faire croire que votre projet soit d'aller en Angleterre [2]. Je pense aussy que dans le moment actuel il est
important que vous restiés dans ce Pais cy et très à portée
de la France, non seulement pour y soutenir la masse
entière du Peuple qui est toute pour nous; mais pour diriger aussy autant que possible la nouvelle politique qui
aura probablement son centre à Bruxelles. Avés toujours
l'air de chercher à protéger la France contre la juste rage
des étrangers; mais souvenés vous bien en même tems,
que les choses sont poussées trop loin, pour qu'il ne
soit pas indispensable qu'une armée composée de traîtres

1. Les trois caisses renfermaient les diamants de la couronne.
2. Cf. ci-dessus lettre du prince d'Orange, n° 6.

et de brigands reçoive la punition sévère qu'elle n'a que trop méritée.

Je crois, j'espère, j'ose même ne pas douter que le dévouement des habitants du Midy mettra mes pauvres enfants [1] à l'abri de tout danger; mais le mouvement atroce de l'armée est si général que je paierais au prix de mon sang d'avoir des nouvelles de Bordeaux et de Toulouse [2] et je tremble que nous ne les attendions encore bien longtems.

Je vous verrai j'espère d'ici à très peu de jours, et si le P^{ce} Régent a mis des bâtiments de guerre à votre disposition je suis prêt à m'embarquer pour la rivière de Bordeaux.

M. de Gain, fils de M. de Montagnac [3], part aussy pour Ostende avec la garde du corps, il est actif, intelligent, et peut-être serait-il bon de l'envoier à Vienne auprès du prince de Talleirand pour lui peindre la véritable position de la France [4]. Il y a aussy ici le comte de Bruges qui paraît très en état de rendre un compte fidel de tout ce qui se passe. Enfin je crois que le D. de Richelieu a aussy envie d'aller à Vienne; je ne l'aime pas beaucoup; mais il a acquis une sorte de considération qui le fera écouter et il ne faut rien négliger [5].

A vous revoir, mon Cher frère, je vous aime et vous embrasse de tout mon cœur.

Je vous prie de me faire adresser votre réponse le plutôt possible ici, j'ignore si j'en partirai demain ou aprèsdemain, mais je me dirigerai toujours sur Gand.

1. Le duc et la duchesse d'Angoulême.
2. Le duc d'Angoulême ne s'était pas arrêté à Toulouse; dans cette ville, ce fut Vitrolles qui essaya d'organiser la résistance.
3. Cf. n° 48.
4. On l'envoya en Angleterre. Cf. ci-dessous, n°° 76 à 82. Il avait déjà joué un certain rôle lors de la rentrée des Bourbons en 1814; cf. Collection de la Société, *Souvenirs de Semallé*, chap. VI.
5. Cf. n° 39.

M. de Gain partira plus tard et je lui remettrai même un petit mot qu'il m'a demandé.

N° 57.

Le comte d'Artois à Louis XVIII.

A. B.

Ypres, 28 mars, 1 h. 1/2.

Comme c'est MM. de [1] . . . . . . et de Conflans qui portent ma lettre, je joins ici, mon Cher Frère, celle que j'écris au c^te de Blacas [2], et comme elle dit tout, j'y ajoute simplement que je me porte bien, et que malgré tout ce qui me blesse, m'attriste profondément et m'inquiète, je suis loin de me sentir abattu et j'ai ferme confiance que Dieu finira par nous récompenser.

Soignez votre santé, mon Cher Frère, elle nous est bien nécessaire.

Je vous aime et vous embrasse de tout mon cœur.

N° 58.

Le comte d'Artois à Louis XVIII.

A. B.

Bruxelles, 31 mars, 9 h. du soir.

Quoique Sir Ch. Stewart [3] se soit chargé de quelques commissions verbales, je vais, mon Cher Frère, les retracer ici en peu de mots.

1° On se dispose ici à repousser une attaque si elle devait avoir lieu très promptement, et en conséquence le

---

1. Nous n'avons pu déchiffrer le premier nom.
2. Nous n'avons pas trouvé cette lettre dans les archives Blacas.
3. Sir Ch. Stuart, ambassadeur d'Angleterre.

P^ce Héréditaire [1] concentre toutes ses forces entre Nivelle et Tournai comme point central. Les Prussiens arrivent en grande force, et dans 8 ou 10 jours au plus il y en aura 80,000 sur la Roer. En attendant on ne prendra aucune position d'attaque et on se bornera à la défensive jusqu'à l'arrivée de Ld Wellington. Celui-ci est attendu le 2 ou le 3 au plus tard.

2° Le Roi [2] avec lequel j'ai causé sur votre position croit que vous êtes très bien placé à Gand, il conçoit que vous ne désiriés pas vous trouver en ce moment à Bruxelles, et comme il ne m'a pas parlé du Lac [3], je pense que (si cela vous convient) vous êtes bien à Gand jusqu'à l'époque où les grandes décisions seront prises par Ld Wellington, qui aura à ses ordres les 80,000 Prussiens ainsy que les armées Anglaises, Hollandaises et Belges.

3° Notre petit corps se portera où vous le voudrés, c'est-à-dire à Deinstt [4], à Gand ou à Alost. Je préférerais Alost parce que cette position est plus avancée et en même (*sic*) plus dégagée d'embarras pour se porter en avant ou en arrière suivant les circonstances.

Tel est, mon cher frère, le développement des commissions verbales que j'ai donné à Sir C. Stewart. Je lui ai beaucoup parlé aussy de la nécessité de nous faire avoir des armes [5]. . . . . . d'en demander, et comme nous ignorons encore ce que l'on pourra faire quelque chose sur Bordeaux et sur la Vendée, en conséquence j'ai indiqué Ostende comme le point le plus rapproché de nos bons

1. Le prince Guillaume d'Orange.
2. Le roi des Pays-Bas.
3. Le château royal de Laeken, bâti en 1782 par le duc de Saxe-Teschen, occupé par Napoléon lors de son séjour en Belgique et où Louis XVIII se serait volontiers installé.
4. Deynze.
5. Mots illisibles. Cf. ci-dessous, chapitre XI, lettre de Vincent, 23 mai, et t. II, la correspondance de Stuart, *passim*.

paisans de la Flandre. Au surplus vous donnerés vous même vos ordres à cet égard.

Mon projet est d'attendre ici Lᵈ Wellington et j'y ai du mérite, car le bruit et le monde sont bien incommodes. Si cependant vous aviés besoin de moi plutôt je serais rendu à Gand en moins de 6 heures.

Je loge dans le même hôtel que le vieux Cousin [1], ce qui est un peu lourd à supporter. Mais je n'ai pas trouvé place ailleurs. C'est à l'hôtel de Bellevue.

J'ai vu dans la journée et aussy assés longtems, MM. d'André, de Chateau Briant, l'Éᵠᵘᵉ de Nancy [2], d'Anglez et la Cretelle.

Les trois premiers ont déjà écrit à M. de Blacas [3] exactement dans le même sens que je vous ai parlé hier, sur la *nécessité* que vous formiés un gouvernement composé de ministres *ad interim*, et que vous fassiés des actes et des Déclarations comme si vous étiés aux Thuileries. Ces MM. sont également d'avis ainsy qu'Anglez et la Cretelle que l'on rédige auprès de vous un *Moniteur* et un autre Journal qui contienne tous vos actes royaux et auxquels on ajoutera des réflexions propres à frapper les français et les Étrangers. Je pense entièrement comme ces MM. et je crois qu'il n'y a pas un moment à perdre pour travailler à tout cela [4].

1. Le prince de Condé.

2. Anne-Louis-Henri de la Fare, évêque de Nancy en 1788. Il prêcha le sermon d'ouverture des États généraux, refusa sa démission lors de la conclusion du Concordat. Il fut fait archevêque de Sens en 1817, pair de France en 1822, cardinal en 1823.

3. Cf. ci-dessous, n° 69, une lettre d'André, dont cette lettre du comte d'Artois n'est que le résumé.

4. Cf. ci-dessous, lettre du comte d'Artois, n° 59, et les pièces numerotées 69 à 74. — Ci-dessous, t. II, correspondance de Stuart, n° 8, 2 avril; n° 21, 18 avril; n° 26, 21 avril. — *Correspondance de Talleyrand et de Louis XVIII* (Pallain), XCI, 23 avril. — *Correspondance de Pozzo di Borgo*, t. I, XLVII, 3 mai.

Il y a encore ici M. de Talendal [1], qui écrira dans le meilleur sens et avec une grande chaleur. Lui et la Cretelle serait très bons pour écrire. Anglez est à vos ordres pour tout et c'est un instrument excellent soit pour la police soit pour remplacer l'Abbé [2] à l'intérieur. D'Anglez dont j'ai été très content ferait provisoirement les fonctions de ministre de la justice et peut-être M. de Chateau Briant pourrait avoir de même la marine. Le D. de Feltre [3] à la Guerre, Jaucourt aux Affaires Étrangères et Blacas à la Maison. Je n'ai pas vu Bourienne, et on le dit parti pour Hambourg. Quant à MM. de Talendal et la Cretelle, en les traitant on peut se borner à les faire écrire.

Telles sont mes idées, mon Cher frère, et je vous les soumets comme je les crois utiles. Votre bonne tête en décidera.

Le duc de Richelieu a été retenu ici par une maladie de son valet de chambre, mais il est parti ce soir pour Vienne et toujours dans les meilleures dispositions.

J'espère que vous aurés disposé de mes cuisiniers et de mes chevaux s'ils ont pu vous être utiles.

Soiés assez bon pour dire à Berri ce qui a rapport à la marche de notre petite armée et pour lui communiquer ce que vous voudrés du reste de ma lettre.

J'ai encore vu M. Reinhard le premier commis des Affaires Étrangères [4]; d'après réponse du Mᶦˢ de Jaucourt il va aller dans sa terre entre Bonn et Cologne; mais il

1. Lally-Tollendal; cf. *Correspondance de Pozzo di Borgo*, t. I, LIV, 4 mai. « Lally et Chateaubriand sont des auteurs qui connaissent tout, excepté les choses et les hommes. »

2. L'abbé de Montesquiou, émigré en Angleterre.

3. Clarke.

4. Reinhart était directeur des chancelleries : ce fut lui qui, n'ayant pas reçu d'ordres spéciaux de Jaucourt, laissa dans les portefeuilles au ministère l'un des originaux du traité secret du 3 janvier. Cf. ci-dessous, n° 61.

reviendra si vous le voulés et je crois qu'il pourra être utile.

Adieu, mon Cher frère, je vous aime et vous embrasse de tout mon cœur.

Le Roi, la Reine et leurs enfants ont été très bien sous tous les rapports.

N° 59.

Le comte d'Artois à Louis XVIII.

Bruxelles, 1ᵉʳ avril 1815, 10 heures du soir.

Je reçois votre lettre par M. d'Audenarde, mon Cher frère, et il m'est impossible de ne pas vous répondre tout de suite par un Estafette.

Je ne suis pas tenace à mes opinions lorsque je ne suis pas fermement convaincu de leur importance; mais dans cette occasion il m'est impossible de ne pas insister de nouveau avec la plus grande force sur l'importance, même sur la *nécessité* (démontrée à mes yeux) d'agir et de parler *en Roi* de Gand, comme vous le feriés de Paris ou de toute autre ville de votre royaume, et sur l'urgence absolue de vous former un Ministère par Intérim [1]. J'ai eu même sur cela une longue conversation ce matin avec d'André, Chateau Briant, Mr l'Éᵍᵘᵉ de Nancy, qui m'ont confirmé dans mon opinion par des raisonnements qui me paraissent sans réplique. Anglez abonde dans ce sens sans s'être concerté avec les autres; enfin le Roi des Pays-Bas, avec lequel j'ai eu une assez longue conversation ce matin, s'atend à voir émaner de vous des actes

1. Cf. lettre précédente.

Royaux. Il ne s'agit plus de l'ancienne émigration et vous êtes aussi Roi ici qu'en France. Enfin si vous persistés encore dans la manière de voir exprimée dans votre lettre, je vous conjure au moins d'appeler près de vous l'É^que, Chateaubriant et d'Anglez et d'écouter avec attention tout ce qu'ils vous diront à ce sujet.

Je sais que d'André a été mou dans les derniers tems ; mais je dois dire qu'il explique assez bien sa conduite et qu'à présent il soutient son avis avec autant de force que d'esprit.

Je sais que mes enfants et M. le duc de Bourbon peuvent être en position de vous bien servir ; mais ils ne peuvent vous remplacer en rien pour les grands actes Royaux et j'ose répéter qu'il en faut et qu'il en faut beaucoup, pour intimider les grands coupables, pour en imposer aux faibles et pour encourager les bons.

Le Ministre de la Guerre et ceux de la Maison et des Affaires Étrangères sont insuffisants pour tout ce qu'il y a à faire, et j'avoue que dans ma manière de voir 24 heures de perdues me paraissent un vrai malheur. Je vous conjure donc, pour l'intérêt de la France, de me répondre de vous envoier ces MM. Je n'ai pas vu M. de Lally mais je sais qu'il fera tout ce que vous voudrés. Quant à la Cretelle, c'est précisément parce que sa plume a trempé dans une mauvaise encre qu'il est essentiel de le mettre en jeu pour vous, et il y est disposé avec chaleur, et avec la haine la plus prononcée contre le Corse.

Je suppose que le D. d'¹ . . . . . vous aura parlé d'un homme qui a vu Fouché depuis notre départ ; de pareilles inventions ne sont que de noires perfidies ; on peut tout

---

1. Nom illisible ; peut-être le duc d'Havré.

écouter, mais il faut suivre sa ligne et ne s'arrêter à de
tels avis que pour regarder avec soin autour de soi.

Je crois Bourienne parti, car je n'en ai pas entendu parler.

J'ai vu un homme parti de Paris le 29, il donne des
nouvelles avantageuses, parce qu'il dit que la division se
met déjà dans les troupes de ligne à Paris. Au peuple,
Bonaparte ne parle qu'un langage très pacifique, et il
pense si peu à commencer l'attaque contre ce pais cy, qu'il
rappelle une partie des troupes du Nord pour les concen-
trer à Paris ou dans les environs. Malgré le peu d'agrément de mon séjour ici Je n'en bougerai pas jusqu'à
l'arrivée de Ld Wellington, j'espère qu'elle aura lieu
demain ou après demain.

Soiés assez bon pour me répondre ou pour me faire répondre demain le plutot qu'il vous sera possible. Notre
état de stagnation politique [1].

Je joins ici une note que l'É^que de Nancy a rédigée
de concert avec d'André, Chateau Briant et Anglez ; ces
MM. ont encore d'autres idées très importantes qui déve-
loppent le 2e et 3e article [2].

Adieu, mon Cher frère, je vous aime et vous embrasse
de tout mon cœur.

N° 60.

Le comte d'Artois à Louis XVIII.

A. B.

Bruxelles, 2 avril 1815, 10 heures du soir.

N'ayant point encore reçu de réponse à ma lettre d'hier,
je profite du départ des aides de camp de Berri, pour les

1. *Sic*, phrase inachevée.
2. Nous n'avons pas retrouvé cette note.

charger de vous rendre compte, mon Cher frère, du peu
de nouvelles que j'ai appris dans la journée tant par le
Gal Fagel [1] que par M. de B. . . . . .[2], qui a quitté Paris
avant hier. Tout roule sur les résolutions des Puissances
qui seront apportées par Ld Wellington ; mais je crains
qu'il ne fasse attendre quelques jours. Cela me déplaît à
mort ; cependant il me paraît si important que je le voie
à son arrivée que je me décide à l'attendre ici.

Je voudrais bien qu'il fût possible que vous vinssiés
vous établir à Lac ; mais la Reine a été le voir aujour-
d'hui, je sais qu'elle doit aller s'y établir dans peu de
tems, et je ne crois pas qu'il soit possible de faire une
proposition à cet égard. Cependant je verrai à essaier un
moyen qui s'il ne réussit pas ne présentera au moins aucun inconvénient.

Je reçois dans le moment votre lettre, mon Cher frère,
ainsy que celle de Blacas. J'enverrai les lettres qu'il écrit
à MM. de Château Briand, d'André et l'É^{que} de Nancy,
je les verrai demain matin et je les laisserai aller à Gand,
si comme je n'en doute pas ils en ont envie. Ils vous
expliqueront toutes leurs opinions à l'appui de celles que
je vous avais communiqué ; mais vous en déciderés et
vous leur donnerés les ordres que vous jugerés les plus
convenables.

Je crains comme vous que les nouvelles de la Vendée
ne soient vraies, elles ont un caractère officiel qui est
effraiant, d'ailleurs je connais les personnages cités et je
sais que d'Autichamp n'aurait surement pas agi avec eux.
Quant à Oudinot, je veux espérer encore qu'il est resté
fidel [3].

1. Ministre des Pays-Bas auprès de Louis XVIII.
2. Nom illisible.
3. Oudinot, qui commandait à Metz, s'était d'abord opposé à la procla-

Ce que M. de Blacas me dit du Gal Bordesoulle [1] m'étonne, il avait une bonne réputation et il s'explique à merveille. Quant à . . . . et à . . . . [2], je ne suis pas étonné qu'ils soient des intriguants. Adieu, mon Cher frère, je vous aime et vous embrasse de tout mon cœur.

N° 61.

Le comte d'Artois à Louis XVIII.

A. B.

Bruxelles, 4 avril 1815.

Je ne comptais pas vous écrire aujourd'hui, mon Cher frère ; mais comme il se pourrait que le Gal Fagel parte aussitôt qu'il l'espérait, il faut que je vous rende compte de ce qu'il m'a confié :

Il y a lieu de craindre que M. de Jaucourt a laissé dans ses bureaux des papiers et des pièces qui constatent la convention faite entre vous, l'Angleterre et l'Autriche, pour s'opposer aux projets ambitieux de la Russie et de la Prusse ; car le chargé d'affaires de Russie que Pozzo avait laissé à Paris [3], a parlé de cette convention au Gal Vin-

mation de l'Empire. Il céda devant la colère de la population et de l'armée et finit par supplier Suchet d'intercéder en sa faveur auprès de l'Empereur.

1. Bordessoulle avait rejoint Louis XVIII à Gand.

2. Noms illisibles.

3. M. de Boudiakine. Il avait eu, chez Mlle Cochelet, dame du palais de la reine Hortense, une entrevue avec Caulaincourt, qui lui avait mis sous les yeux le traité secret du 3 janvier, oublié aux Affaires étrangères, par Jaucourt, dans la précipitation du départ. Le baron Vincent, ministre d'Autriche, avait eu également une entrevue avec Caulaincourt. Cf., sur l'incident, Pallain, *Correspondance de Talleyrand et de Louis XVIII*, p. 369, les notes. Cf. ci-dessous, t. II, Correspondance de Stuart, n° 3, 2 avril ; n° 9, 5 avril ; n° 15, 11 avril. — Cf. *Correspondance de Pozzo di Borgo*, t. I, LVII, 23 mai.

cent d'un ton un peu ironique, et ne lui a pas caché que c'était par M. de Caulaincourt qu'il en était informé. M. de Vincent a tout nié ; mais l'autre n'a pas paru persuadé.

C'est là tout ce que M. Fagel m'a dit à cet égard et il m'a assuré qu'il n'en savait pas davantage. Fagel regarde cela comme un malheur parce que Bonaparte pourra s'en servir pour aliéner l'E^{eur} de Russie.

Si le mal est fait, il n'y a pas de remède ; mais je crois qu'il serait bon que vous connaissiez par M. de Jaucourt si effectivement il a pu rester dans ses bureaux quelque trace officielle de cette convention secrète.

J'ai dû vous parler directement de cet objet ; du reste je m'en rapporte entièrement à ce que dira M. Anglez et à ce que je mande à Blacas.

Adieu, mon Cher frère, je vous aime et vous embrasse de tout mon cœur.

N° 62.

Le comte d'Artois à Louis XVIII.

A. B.

Bruxelles, 5 avril 1815, à 1 h. 1/2.

Lord Wellington est arrivé cette nuit, mon Cher frère, et j'ai eu ce matin une longue conversation avec lui. Je l'ai trouvé très gai, très bien portant, ayant une connaissance assez juste de l'état de la France et dans les meilleures dispositions pour notre cause.

La première chose dont il m'a parlé est le traité conclu à Vienne le 25. Ce traité est au fond le même que celui de

Chaumont l'année dernière, avec la différence que vous trouverés dans la lettre de Ld W. que je joins ici [1].

Au surplus, je pense comme Ld W. que M. de Jaucourt doit avoir reçu du P^ce de Taillerand tous les détails relatifs à ce sujet.

Votre accession à ce traité me paraît une chose nécessaire ; mais il faut qu'elle soit accompagnée d'une déclaration qui explique les motifs qui vous décident à appeler les Étrangers en France, il me semble que les bases de cette déclaration sont faciles à poser, puisqu'il ne s'agit que d'une révolte d'une partie de l'armée contre la Nation et contre vous.

Ld W. a le projet de se rendre près de vous à Gand, demain au soir ou après demain matin, et ce ne sera que sous vos yeux et de concert avec vous que toutes les mesures ultérieures seront arrettées. J'avais proposé de vous engager à venir à Bruxelles ou dans le voisinage, afin de faciliter les communications fréquentes qui devront avoir lieu entre vous et lui ; Ld W. et le P^ce héréditaire qui était présent à notre conversation avaient d'abord abondé dans mon sens ; mais par réflexion, Ld W. a paru désirer que vous restassiés encore à Gand, afin, a-t-il dit, d'éviter tout ce qui pourrait donner un prétexte à une invasion des français avant l'époque où les Alliés seront eux-mêmes en mesure de repousser une attaque ou d'attaquer euxmêmes.

Les Prussiens avancent asses lentement et j'ai vu avec peine que Ld W. voudrait retarder de 15 jours ou même de 3 semaines le moment où on pourra marcher en avant avec avantage.

Ld W. m'a confirmé ce qui vous avait été déjà annoncé

---

1. Cf. ci-dessous, lettre de Wellington, n° 72.

de Londres, c'est que personne n'avait d'argeut, et qu'il sera nécessaire que les troupes alliées soient entretenues aux frais de la France aussitôt qu'elles y seront entrées [1]. Il regrette cette mesure et il en sent les inconvénients ; mais il la regarde comme nécessaire, et il voudrait qu'on en affaiblisse les dangers en établissant des Commissaires français chargés de pourvoir à la subsistance des armées alliées, et que ces Commissaires soient autorisés à donner à tous les habitants qui feraient les fournitures des bons Royaux, qui devraient être payés ensuite par le Trésor Royal. Cette idée est de L[d] W., elle méritera d'être examinée [2].

L[d] W. a envoié tout de suite un courier à Madrid pour engager le Roi d'Espagne à porter un corps d'armée vers Bayonne et un autre vers Perpignan, pour soutenir et appuier tous les mouvements du Midy. C'est une fort bonne mesure. Au surplus, le *Moniteur* du 2, que je viens de lire, prouve clairement que mon fils se soutient très bien du côté d'Avignon, et que ma belle-fille est toujours à Bordeaux [3]. Il est aussy question de proclamations de M. le duc de Bourbon, ce qui me donne lieu de croire qu'il se maintient dans la Vendée [4].

Je suis obligé d'aller ce soir à une triste fête que la Ville donne au Roi et à la Reine. Je verrai encore L[d] W. dans la soirée ou demain matin, et à moins de motifs qui me fassent changer de projet, je compte aller demain à Gand pour m'y trouver en même tems que L[d] W. et pour me porter de là où vous jugerés que je pourrai vous être le plus utile.

1. Cf. ci-dessus, n° 1, page 7, note 2, et ci-dessous, n° 63.
2. Cf. ci-dessus, p. 28, note 1, et ci-dessous, lettre d'André, n° 69.
3. Cf. n° 1. La duchesse d'Angoulême avait quitté Bordeaux le 1er avril ; le duc capitula le 8.
4. Le duc de Bourbon avait renoncé à la lutte dès le 25 mars.

Si je changeais d'avis, j'enverrais un estafette ou un
courier ; mais dans tous les cas, il m'est impossible de
fixer l'heure à laquelle je pourrais arriver, ainsy je vous
conjure, mon Cher frère, de ne pas compter sur moi pour
le diner.

J'ai vu l'É^{que} et M. d'André, et Mounier va s'occuper
d'établir des communications.

A demain, mon Cher frère, je vous aime et vous embrasse de tout mon cœur.

N° 63.

Le comte d'Artois à Louis XVIII.

A. B.

Bruxelles, 11 avril au matin.

Je ne vous parlerai pas, mon Cher Frère, de la longue
conversation que j'ai eu avant-hier avec Pozzo puisqu'il
vous aura répété tout ce qu'il m'a dit. Je vois que l'E^{eur} de
Russie nous sera peu utile [1] dans cette circonstance, et
il faut le ménager mais sans altérer cependant les
principes que vos ambassadeurs ont mis en avant à
Vienne.

J'ai vu hier Ld W. pendant un quart d'heure seulement.
Je l'ai trouvé toujours le même, et il a dû expédier hier au
soir le courier pour Vienne dans le même sens dont nous
étions convenus à Gand. Mais il m'a appris des choses
qui ne me font pas plaisir ; d'une part, le Roi des Pays-
Bas a peur soit d'une invasion, soit des dispositions du

---

1. La connaissance du traité du 3 janvier avait singulièrement refroidi le
tsar à l'endroit des Bourbons. Cf. *Correspondance de Pozzo di Borgo*, t. I,
XL, 17 avril ; XLI, 17 avril. — Ci-dessous, t. II, Correspondance de Stuart,
n° 17, 14 avril.

pais, et il demande qu'on agisse avec une extrême prudence. J'ai même des raisons pour croire que le Roi ou ses conseils auraient quelque désir de vous voir aller du côté de la Hollande plutôt que de vous rapprocher des frontières; j'espère, cependant, que nous réussirons à nous opposer à une mesure qui me paraîtrait bien fâcheuse [1]. D'une autre part j'ai insisté vis-à-vis de Ld W. pour la prompte publication du traité du 27; mais il s'y oppose pour le moment [2], parce que, dit-il, le traité n'est pas ratifié par sa cour et qu'il ne le sera peut-être pas très promptement, attendu que personne n'a un sol à Vienne, à Berlin ni à Pétersbourg, et que les cours demandent des subsides énormes à l'Angleterre, et qu'il ne sait pas si son g^{ment} pourra en donner même une partie. Il ne faut pas parler de ce dernier objet, car Ld W. me l'a dit presque malgré lui, et il pourrait être fâché qu'on en parle [3].

M. d'Epresménil, qui arrive de Paris, vous donnera des détails satisfaisants sur bien des objets, il apporte aussi au Duc de Feltre des notions importantes sur tout ce qui tient au militaire. Il part pour Gand avec M. de S.... [4]. Ce sont eux qui vous portent ma lettre.

Les papiers de Paris me donnent la fièvre. Il est trop à craindre que les nouvelles de Bordeaux sont vraies au fond et que ma courageuse belle-fille a été obligée de s'embarquer. J'espère qu'elle se sera portée en Espagne,

1. Cf. ci-dessous, lettre de Fagel, n° 70; t. II, correspondance de Stuart, n° 8, 2 avril; n° 21, 18 avril; n° 59, 16 mai; n° 76, 26 mai.

2. Cf. ci-dessus, n° 1, p. 6. Cf. ci-dessous, lettre de Stuart, n° 73, et les pièces relatives à la ratification du traité du 25 mars, n° 74. — Cf. t. II, correspondance de Stuart, n° 10, 5 avril; lettres de Castlereagh, n° 3, 25 avril.

3. Lord Harrowby et M. Wellesley Poole (cf. n° 1, p. 6, note 2) avaient été chargés d'annoncer à Wellington que le gouvernement anglais fournirait 6 millions de livres aux trois cours de Vienne, Berlin, Saint-Pétersbourg, mais qu'on ne pourrait aller au delà.

4. Nom illisible.

et je le désire vivement. Soiés assez bon pour m'avertir à tems si vous expédiés quelqu'un de ce côté.

Le silence sur la Vendée est de bon augure, et je suis persuadé que M. le D. de Bourbon y est encore; mais ce qui m'agitte plus que tout, c'est la situation de mon fils. On dit bien qu'il a reculé à Montélimard, mais il est sûr qu'il a obtenu un succès marquant, et une lettre particulière de Paris que j'ai lu dit qu'il a 22,000 hommes rassemblés sous ses ordres. De plus c'est M. de Grouchy qui marche contre lui, et le soir même de votre départ il a renouvelé ses serments de fidélité et juré que sa conduite prouverait la pureté de ses sentiments.

Jules [1] n'a eu ses passeports que ce matin, et il va partir avec M. de M.... [2], qui pourra être fort utile dans le païs où ils vont.

J'espère que Pozzo reviendra ici aujourd'hui.

Adieu, mon Cher Frère, je vous aime et vous embrasse de tout mon cœur.

Nº 64.

Le comte d'Artois à Louis XVIII.

A. B.

Bruxelles, 13 avril au matin.

Point de nouvelles de M. de Blacas, aussy j'espère, mon Cher frère, que la fièvre n'est point revenue et que le vomitif vous aura soulagé d'une manière efficace. Tout ce que nous éprouvons depuis un mois n'est pas de nature à faire faire de bonnes digestions. J'ai encore vu L^d W.

---

1. M. de Polignac, l'ami intime du comte d'Artois, le futur ministre des Ordonnances de juillet 18З0.
2. Nom illisible.

hier au soir, il est mieux disposé que jamais et j'espère arranger aujourd'hui tout ce qui a rapport aux déserteurs qui se présentent en foule [1].

C'est le D. de Luxembourg qui porte ma lettre. Vous aurés aujourd'hui à Gand M. Capelle, Préfet de l'Ain, il donne une grande preuve de fidélité, il a des moyens, surtout du côté des frontières de la Suisse, et si vous y envoiés B. . . . [2] et Damas comme Pozzo m'a dit que vous en aviés envie, il serait bon de faire partir en même tems M. Capelle pour Genève.

Les Prussiens sont déjà arrivés au nombre de 40,000, cela augmente tous les jours, et sûrement Ld W. ne perdra pas de tems pour marcher en avant, aussitôt que le retour du courier qu'il a envoié à Vienne lui en donnera la liberté.

Adieu, mon Cher frère, je vous aime et vous embrasse de tout mon cœur.

J'arriverai demain avant le dîner.

N° 65.

Notes abrégées.

A. B.

1er juin.

1° L'objet le plus pressé et le plus important est celui qui concerne le D. d'Angoulême. Il faut lui envoier des

---

1. Il y a là une belle exagération du comte d'Artois. Dans des placards que les royalistes faisaient distribuer à la frontière, l'on promettait une prime de 80 fr. au cavalier et de 20 fr. au fantassin déserteur. Or, du 1er avril au 10 mai, il y eût vingt-huit (28) déserteurs. Au 22 avril, l'effectif total de l'armée royale montait à 802 hommes.

2. Nom illisible.

pouvoirs, des instructions et surtout de l'argent en assés grande quantité pour le mettre à portée de commencer à agir dans l'intérieur sans exiger les impôts, et pour lui donner en même tems les moyens de solder pour deux mois 15,000 Espagnols ou Portugais dont il aura nécessairement besoin dans le premier moment [1].

En conséquence, il faut demander au G^ment B^que une avance de 200,000 £, et si elle était refusée il faut trouver cette somme sur les diamants de la Couronne [2].

2° L'état actuel de la Vendée, de l'Anjou et de la Bretagne exige également des mesures très promptes [3]. Je pense qu'il faut ordonner à M. le duc de Bourbon de s'y rendre sans délai. Il a déjà des pouvoirs, il faut y joindre des instructions qui devraient être l'un et l'autre dans le même genre que celles du duc d'Angoulême, mais [avec ordre de lui obéir], en se subordonnant au duc d'Angoulême, si ce dernier était dans le cas de lui faire passer des ordres. Il faut aussy destiner une somme de 15 à 20,000 st. pour cette partie. Je pense encore qu'il serait très utile de faire proposer au M^al de Gouvion Saint-Cyr de se rendre de suite dans la Vendée pour y prendre le commandement en chef en attendant l'arrivée de M. le D. de Bourbon. Gouvion Saint-Cyr s'est fort bien conduit, il est estimé et je lui crois un bon esprit.

3° Profiter de la lettre de Mme M.... [4] pour donner une marque de confiance à Macdonald en le chargeant du

---

1. Le duc d'Angoulême était en Espagne, sollicitant des secours de Ferdinand : cf. ci-dessus, n° 25, les instructions, et ci-dessous, les pièces n°° 82 à 97; cf. t. II, correspondance de Stuart, n° 67, 16 mai.

2. Il faut remarquer que dans la capitulation signée par le duc d'Angoulême à La Palud (cf. n° 1), il s'était formellement engagé à faire restituer à Napoléon les diamants de la couronne, « qui, disait l'Empereur, n'appartiennent ni à Louis XVIII ni à moi, mais à la France. »

3. Pour tout ce qui suit, cf. ci-dessus, les pièces n°° 25 à 30.

4. Nom illisible.

commandement en chef dans Paris et dans les environs,
si on peut y produire un grand mouvement avant l'arrivée
du Roi dans la capitale et surtout avant l'arrivée
des armées Étrangères [1]. Les pouvoirs de commandement
militaire pourraient être fort étendus ; mais il faudrait
que d'une part Macdonald cherche à bien s'entendre avec
Oudinot, et de l'autre qu'il soit bien informé des intentions du Roi pour le licenciement total de l'armée actuelle,
sans qu'il aie le droit de s'engager à la conservation d'aucun des corps de l'armée en masse ; mais seulement à celui
des officiers qui auraient refusé de servir l'usurpateur, ou
qui, après avoir prêté le serment, donneraient de tels gages
de leur fidélité qu'il fût permis de leur accorder.

Il faudrait, en même tems, donner un pouvoir à Macdonald et des instructions pour le civil. Ces pouvoirs et
instructions (les hommes que l'on pourrait associer à Macdonald pour cette partie devraient être MM. d'Herbouville, de Chabrol et Pasquier) qui ne pourraient être que
fort passagères, devraient se borner à 3 articles. (Ces
trois articles devraient faire la base des instructions du
D. d'Angoulême, du D. de Bourbon et du M^{al} Gouvion
St-Cyr, en ajoutant celui relatif au licenciement de l'armée). 1° Que le Roi veut tenir fermement aux Loix et à la
Charte qu'il a donné ; 2° qu'il ne veut entendre à aucune
proposition qui tendrait à faire aucun changement aux
articles de la Charte ; 3° qu'en attendant le moment où les
Chambres pourront être convenablement réunies, le Roi
usera de l'étendue de pouvoir qu'il s'est réservé dans
l'article 14 pour les momens de crise.

4° Envoier très promptement un officier très sûr, pour
lui marquer une confiance personnelle, pour lui faire

____

1. Cf. ci-dessus, n°s 27 et 28.

connaître les intentions du Roi,. . . . [1] et de plus pour l'assurer que l'on compte entièrement sur lui et pour lui demander des renseignements positifs sur sa division et sur tout le corps d'armée du g^al Gérard.

5° Tenir des officiers près à partir pour ordonner le rassemblement et le soulèvement de tous les fidèles sujets du Roi aussitôt que le D. de Wellington aura donné le signal auquel il s'est engagé [2].

6° Préparer sans délai un manifeste bien clair, bien positif, bien bon pour tous les fidèles français, bien imposant pour les rebelles et en général aussi ferme qu'il puisse l'être sans s'écarter des bornes fixées par la Charte.

N° 66.

Le comte d'Artois à Louis XVIII.

(Sur la suscription : *au trot.*)   A. B.

Alost, Lundy 19 juin, Midy.

Je ne vous parle pas des nouvelles, mon Cher Frère. Voici ce que je vais faire : je pars à l'instant pour Bruxelles ; là, soit par Pozzo et le g^al Vincent [3]; soit par le Duc si je puis le joindre, je vais m'occupper de deux objets aussi urgents qu'importants.

1° Je ne demanderai pas, mais je dirai que le corps de l'armée Royale va se porter à Courtrai, à Menin et à Ypres pour pénétrer en France et y réunir tous les fidèles. Je demanderai un peu de Cavalerie et d'Artillerie.

1. Mots illisibles.
2. Cf. ci-dessus les lettres de Wellington, n°s 5o et 5a.
3. Le général Vincent avait été grièvement blessé la veille à Waterloo.

Si je ne les obtiens pas, je me bornerai à demander armes et munitions de toutes espèces.

2° Il arrive une immensité de déserteurs, je les demanderai tous.

3° Je demanderai également les prisonniers qui s'offrent en très grand nombre de vous servir. Bonaparte battu et à peu près détruit, ils ne peuvent plus être à craindre, et il est d'une importance majeure pour la suite que vous ayés le plus promptement possible une armée à vous.

4° J'emmène Montelegier et environ 3o officiers bien sûrs ; d'après les rapports les plus positifs nous avons la certitude que ces MM. réuniront et vous amèneront un grand nombre de soldats de toutes armes, si comme je le demanderai avec instance on leur permet d'aller aux avants postes. J'ai déjà vu 3 officiers de Carabiniers qui répondent qu'ils amèneront plus de la moitié de leur corps.

En attendant je vous prie avec instance, mon Cher Frère, de faire partir du monde pour la Flandre, l'Artois, la Picardie et la Normandie, afin de faire lever sans délai toute la masse des habitants.

Bonaparte est perdu, mais nous avons d'autres ennemis à combattre qui sont peut-être aussy dangereux [1]. Je vous supplie de vous rappeller de *tout* ce qui a été le résultat de nos conversations.

Je vous embrasse, mon Cher Frère, aussi tendrement que je vous aime.

---

1. Allusion au parti orléaniste, que l'on craignait de voir appuyer par la Russie.

N° 67.

Le comte d'Artois au duc de Berry, à Alost.

A. B.

Bruxelles, 6 h. 1/4 (sans date).

Je viens de causer plus d'une heure avec le Duc et Pozzo [1] ; les idées du 1ᵉʳ applaudies par le 2ᵉ sont excellentes dans le fond, quoique ne s'accordant pas entièrement avec les nôtres. Tu recevras des ordres de marche en avant dès demain peut-être, ou au plutard après demain [2].

Je vais ce soir coucher à Alost et demain j'irai à Gand.

Fais passer mon billet au Roi.

Je partirai d'ici vers huit heures ; fais prévenir chez M. Tack (?), où je descendrai.

Je t'embrasse.

N° 68.

Le duc de Berry au comte d'Artois.

(Suscription : 6 h., au galop, Monsieur.) A. B.

Alost, à 6 h. (sans date).

Mon bien cher Papa, je vous envoye la lettre que j'ai reçue de Marmont ; vous verrez qu'il n'y a pas un moment à perdre pour que vous partiez de Gand. Je me pré-

---

1. Cf. ci-dessous, t. II, correspondance de Goltz, n° 15, 16 juin.

2. Ces ordres de marche se trouvent dans la lettre suivante, publiée au tome VIII de la Correspondance de Wellington :

« A Son Altesse Royale le duc de Berri.

« Nivelles, ce 20 juin 1815, à 7 heures du soir.

« Comme je compte passer la frontière demain, je prie Votre Altesse Royale de se mettre en marche pour se joindre à nous. Je vous prie de marcher demain, le 21, à Grammont, le 22 à Ath, et le 23 à Mons. J'écris au duc de Feltre pour le prier que le Roi se mette en mouvement aussi par la même route ; et, en cas que Sa Majesté fasse séjour dans les villes nommées pour Votre Altesse Royale, il faudrait que Votre Altesse Royale cantonnât dans le voisinage au lieu de le faire dans la ville nommée. »

pare à me retirer à Termonde et derrière l'Escaut, tant
pour couvrir la retraite du Roi que parce que je n'aurai
pas le temps d'arriver à Malines si Bruxelles était occupé
ce matin, comme cela est à craindre. Si la retraite n'est
pas aussi précipité, j'irai de Termonde sur Malines,
j'ai écrit au Duc. J'attendrai ici que je sache Bruxelles
pris pour me retirer. Cela est bien fâcheux, mais cela ne
fait pas grand'chose pour le résultat [1].

Ch.

N° 69.

D'André au comte de Blacas.

A. B.

Bruxelles, 31 mars 1815.

Monsieur le comte,

Je renvoie à M. de Jaucourt les sceaux des affaires
étrangères et un rouleau de papiers qui m'ont été remis
par M. Rheinhart.

Je vous prie, monsieur le comte, de me dire si le Roi a
quelques ordres à me donner. Je les attendrai ici et je les
exécuterai fidèlement. Si, au contraire, Sa Majesté n'avait
rien à m'ordonner, je quitterai cette ville, qui est fort
chère et dont la position ne me convient pas, pour me retirer en Allemagne.

Permettez moi de vous observer que la résidence d'Ostende ne me paraît ni convenable ni sûre pour le Roi [2].
Elle a l'inconvénient de le présenter comme toujours prêt
à partir pour l'Angleterre; elle a encore celui de n'offrir

---

1. Ce billet a dû être écrit soit après Ligny et les Quatre-Bras, 16 juin, soit
plutôt le lendemain 17, veille de Waterloo.

2. Cf. ci-dessus, n° 1, note 3, p. 3, et n° 5 et 6; lettres du comte d'Artois,
n° 56, 59, 82, et notes de Lainé, n° 102.

qu'un départ très difficile à cause du canal et du débouché en cas du danger qui pourrait être prompt, si l'ennemi se portait de ce côté. Anvers me paraîtrait préférable, si le Roi ne vient pas à Laeken, comme on le dit. On peut s'embarquer également à Anvers soit pour la Hollande, soit pour l'Angleterre, l'éloignement des frontières est un peu plus grand, on est à très peu de distance de Bruxelles et on pourra avoir une communication facile avec les différentes armées qui agiront au nord de la France.

Il serait utile que le Roi entretînt une correspondance journalière avec Bruxelles ; le prince de Condé, l'archevêque de Reims [1], l'évêque de Nancy, moi-même, nous pourrions être les aboutissants de cette correspondance. Elle servirait à faire connaître aux fidèles serviteurs du Roi les intentions de leur maître, les moyens par lesquels ils pourraient rendre leur zèle utile, la marche qu'ils doivent suivre ; ils indiqueraient de leur côté tout ce qu'ils pourraient croire avantageux pour son service et donner des nouvelles du pays qu'ils habitent.

Je pense aussi qu'il serait à propos de faire quelques actes de gouvernement pour ne pas tomber dans une absolue nullité ; n'aurait-on pas pu, par exemple, proclamer : 1° le licenciement de l'armée ; 2° la formation de nouveaux corps sur des points donnés ; 3° la suspension de toutes les contributions dans les pays occupés par les rebelles ; 4° le bannissement contre tous les maréchaux, les ministres, les lieutenants généraux et même les conseillers d'État servant la rébellion ; 5° la confiscation de leurs biens pour récompenser la portion de l'armée et les administrateurs qui resteraient fidèles, on reconnaîtrait le service dans le temps de.... (*sic*) ; 6° la défense aux re-

---

1. Alexandre-Angélique de Talleyrand-Périgord, archevêque de Reims en 1777, non démissionnaire au Concordat ; archevêque de Paris en 1817.

ceveurs, payeurs et trésoriers de rien verser au trésor
des rebelles, sous peine de payer deux fois ; 7° la défense
de prendre des emplois sous le gouvernement rebelle,
sous peine d'être déclaré inhabile à remplir aucunes fonctions publiques ; enfin plusieurs autres actes de cette espèce, qui répandraient au moins l'inquiétude parmi les
partisans de Buonaparte ?

Les détails à donner soit pour appuyer ces ordonnances,
soit pour les développer, seraient longs, mais avec vous,
je n'en ai pas besoin.

Il me paraîtrait encore nécessaire que le Roi eût auprès
de chaque armée principale un commissaire général
accrédité par lui et reconnu par les puissances, qui fût
chargé de prendre possession des pays conquis, d'y établir des autorités provisoires, d'y régulariser les livraisons et les fournitures, d'y organiser les gardes nationales,
d'y former des corps, d'y faire des proclamations, en un
mot de toute la partie administrative, afin que les étrangers ne parussent effectivement que les alliés et les auxiliaires du Roi et non des conquérants [1].

Voilà, monsieur le comte, quelques-unes des principales
idées qui m'occupent. Je les ai communiquées à l'évêque
de Nancy et à quelques fidèles qui trouvent qu'il vaut
mieux encore hasarder que de ne rien faire.

La Cretelle, Chateaubriand, Lally sont ici, à ce qu'on
me dit ; ne pourait-on pas tirer parti de ces écrivains
fameux ? Ne serait-ce pas une bonne idée que de faire rédiger un journal auprès du Roi ? Nous n'avons point de
nouvelles de France. Les alliés ne laissent rien passer.
Il arrive ici quelques personnes qui ne me paraissent pas
très sûres, quoiqu'elles affectent un grand zèle. Le baron

1. Cf. ci-dessus, la note 1 de la page 28.

d'Imbert de Toulon, le général de Perrière, Brossard sont ici. Je n'ai vu personne que le prince de Condé, l'archevêque de Reims et l'évêque de Nancy. Bourrienne était ici avant moi, il est un peu singulier qu'il ne soit pas venu me voir; il était parti de Paris à minuit du dimanche au lundi. Anglès est aussi ici, à ce qu'on me dit.

Le sieur Azarete se rend à Ostende; je n'ai pu lui refaire une lettre pour vous. C'est un aventurier hardi, on peut en tirer parti, mais il bavarde beaucoup. Je crois qu'il part ce soir.

J'envoie M. Cannone, ancien valet de chambre de Sa Majesté, que l'évêque de Nancy m'a recommandé comme un homme très sûr, porter les sceaux et cette lettre. Je lui ai remis 200 francs; j'espère qu'il me rapportera bientôt les ordres du Roi et de ses nouvelles,

N° 70.

Le baron Fagel au comte de Blacas.

A. B.

Gand, 17 avril 1815.

Monsieur le comte,

J'entrevois, par une lettre de Bruxelles reçue ce matin, que la pétition de l'imprimeur Houdin au Roi, mon maître, a été renvoyée à un rapport du conseil général de l'Intérieur. Celui-ci trouve des difficultés à la publication d'un *Journal officiel*, qui contiendrait des actes, etc., etc., qui ne seraient pas ceux du gouvernement du pays où il s'imprimera : c'est là la seule objection qui s'oppose au projet dont Votre Excellence m'a fait l'honneur de me parler et je n'ai pas voulu tarder à lui en donner connaissance [1].

1. Cf. ci-dessus, lettres du comte d'Artois, 31 mars, n° 58, et du 11 avril, n° 63, et ci-dessous, t. II, correspondance de Stuart, n° 21, 18 avril.

N° 71.

Gain de Montagnac [1] au comte de Blacas.

A. B.

Londres, 25 avril.

Monsieur le comte,

. . . .

L'idée de ce journal (le *Journal universel*) est excellente et l'exécution l'est autant. Cette feuille sera d'un effet moral prodigieux. Ce qui faisait beaucoup de tort, c'était un long silence qui faisait dire à Paris et même ici que le Roi se constituait émigré. Il faut répondre à chaque décret de Bonaparte par une ordonnance. Il en percera toujours quelqu'une en France, et cela fortifiera le courage des royalistes et troublera les indifférents. J'insiste toujours ici sur la nécessité des diversions françaises même dans l'intérêt des alliés. Dans le nôtre, monsieur le comte, combien il est important qu'il en éclate ! Il faut sauver l'honneur français....

N° 72.

Wellington à Mgr Monsieur, frère du Roi.

A. B.

A Bruxelles, le 5ᵉ avril 1815.

Monseigneur,

Je suis bien fâché de faire savoir à Votre Altesse Royale que je n'ai pas de copie du traité dont je vous ai parlé [2].

1. Cf. ci-dessus, lettre du comte d'Artois, 31 mars, n° 58.
2. Traité du 25 mars. Cf. ci-dessus, lettre du comte d'Artois, 5 avril, n° 62.

Son sujet est de maintenir le traité de Paris et tous les
intérêts qui en dépendent; et il est pointé particulièrement contre Bonaparte et son invasion de la France;
et les parties contractantes s'engagent de maintenir chacune 150,000 hommes en activité pour les objets émis
dans leur déclaration du 13 mars.

Toutes les puissances de l'Europe sont invitées à adhérer à ce traité; et le roi de France l'est par un article
spécial.

Je compte que Sa Majesté aura reçu le traité ou
demain, ou après-demain.

N° 73.

Sir Charles Stuart au comte de Blacas.

A. B.

Bruxelles, le 6 avril 1815.

Monsieur le comte,

Comme M. de Jaucourt m'a témoigné l'intention d'imprimer la copie d'une dépêche reçue du prince Talleyrand
annonçant la signature d'une convention à Vienne sur
les bases du traité de Chaumont, je crois très nécessaire
de vous prévenir du désir de M. le duc de Wellington
de suspendre une démarche dont il a lieu de craindre
un effet préjudiciable aux intérêts du Roi [1]. Je vous prie
donc, Monsieur, de vouloir bien prendre les ordres ultérieurs de Sa Majesté après qu'Elle aura eu connaissance
des communications dont Son Altesse Royale Monsieur
a daigné se charger de la part du duc, afin que M. de

1. Cf. ci-dessus, lettre du comte d'Artois, n° 63, 11 avril, et les notes à
cette pièce.

Jaucourt ne donne aucune suite aux intentions qu'il avait manifestées à ce sujet il y a deux jours.

Le duc de Wellington compte de m'accompagner demain à Gand pour faire ses hommages au Roi.

J'expédie la lettre de M. de Jaucourt à Vienne aujourd'hui.

N° 74.

Le comte de Blacas à Sir Charles Stuart [1].

A. B., *minute.*

Sans date.

Monsieur l'ambassadeur,

Ayant mis sous les yeux du Roi, mon maître, la pièce [2]

---

1. Cf. ci-dessus, lettre du comte d'Artois, n° 63, et les notes. — Ci-dessous, t. II, correspondance de Stuart, n° 37, 27 avril.

2. La pièce est reproduite au *Journal universel*, n° 7, 5 mai. La voici :

MEMORANDUM, 25 AVRIL 1815.

Il a été ordonné de ratifier le traité dont la substance a été donnée ci-dessus (traité du 25 mars), et il a été notifié de la part du Prince Régent aux hautes parties contractantes que telle était la volonté de Son Altesse Royale agissant pour et au nom de Sa Majesté, que lesdites ratifications soient échangées en due forme contre les actes semblables de la part des puissances respectives, sous une déclaration explicative de la teneur suivante, quant à l'article 8 dudit traité :

DÉCLARATION

Le soussigné, en échangeant les ratifications du traité du 25 mars dernier de la part de sa cour, en a reçu l'ordre de déclarer que l'article 8 dudit traité, par lequel Sa Majesté Très Chrétienne est invitée d'y accéder sous certaines stipulations, doit être entendu comme liant les parties contractantes sous des principes de sécurité mutuelle, à un commun effort contre la puissance de Napoléon Buonaparte, en exécution de l'article 3 dudit traité, mais qu'il ne doit pas être entendu comme obligeant Sa Majesté Britannique à poursuivre la guerre dans la vue d'imposer à la France aucun gouvernement particulier.

Quelle que soit la sollicitude du Prince Régent de voir Sa Majesté Très

dont vous avez bien voulu me faire la communication confidentielle et qui renferme, à l'occasion de l'échange des ratifications du traité conclu à Vienne le 25 mars, une déclaration interprétative sur les articles 4 et 8 dudit traité, je suis chargé par Sa Majesté de transmettre à Votre Excellence les observations suivantes, qui semblent solliciter quelques éclaircissements ultérieurs sur les intentions de Son Altesse Royale M. le Prince Régent du Royaume-Uni.

Sa Majesté Très Chrétienne, en accédant, sur l'invita-

Chrétienne rendue au trône, et quelque désir qu'il ait de contribuer conjointement avec ses alliés à un événement aussi heureux, il se croit néanmoins appelé à faire cette déclaration au moment de l'échange des ratifications, tant par considération de ce qui est dû aux intérêts de Sa Majesté Très Chrétienne en France, que conformément aux principes sur lesquels le gouvernement anglais a réglé invariablement sa conduite.

Cf., même numéro du *Journal universel*, l'analyse de la discussion à laquelle donna lieu à la Chambre des Lords le message du gouvernement anglais signalé ci-dessus, p. 6, note 2. — Cf. également *Journal universel*, n° 15, 3 juin, l'analyse de la *Séance du 25 mai aux Communes*. Castlereagh annonce que l'Autriche a ratifié le traité du 25 mars et a communiqué la ratification en y joignant la note suivante :

« Le soussigné, ministre de Sa Majesté l'Empereur d'Autriche, ayant rendu compte à son maître de la note communiquée par lord Castlereagh, de la part du Prince Régent, sur l'article 8 du traité du 25 mars, a reçu ordre de déclarer que l'interprétation donnée à cet article par le gouvernement britannique est entièrement conforme aux principes sur lesquels Sa Majesté Impériale se propose de régler sa politique dans la présente guerre. L'Empereur, quoique irrévocablement déterminé à diriger tous ses efforts, ainsi qu'il y est tenu par le traité, de concert avec ses alliés, contre le pouvoir de Napoléon Buonaparte, est néanmoins convaincu que ses devoirs envers ses sujets et les principes mêmes de la confédération ne lui permettent pas de s'engager dans une guerre pour dicter aucune forme particulière de gouvernement aux Français. Quelque désir qu'ait l'Empereur de voir Sa Majesté Très Chrétienne sur le trône de France, et quel que soit son empressement à concourir avec ses alliés à l'accomplissement d'un objet si désirable, il croit devoir néanmoins accéder par cette déclaration à l'explication transmise par le gouvernement anglais à l'échange des ratifications, et le soussigné est en conséquence autorisé à l'accepter. »

A la suite de cette lecture, lord Cavendish et lord Grey, au nom de l'opposition, protestèrent néanmoins contre la guerre qu'on allait faire à la France et la proclamèrent inique. Cf., sur toutes ces discussions dans les Chambres anglaises, Villemain, *Souvenirs contemporains d'histoire et de littérature : les Cent-jours.*

tion des hautes parties contractantes, au traité susmentionné, a exercé un droit de souveraineté dont cette invitation serait la reconnaissance la plus authentique, lors même que des relations politiques ne constateraient pas suffisamment les rapports dans lesquels Sa Majesté se trouve à l'égard de toutes les puissances de l'Europe.

Il est également à remarquer que l'article 1er du traité, contenant l'engagement formel de « préserver contre toute « atteinte l'ordre de choses si heureusement rétabli en Eu- « rope, » et l'article 2, par lequel les hautes parties contractantes s'obligent « à ne pas poser les armes que d'un « commun accord, et avant que l'objet de la guerre dési- « gné dans l'article 1er ait été atteint, » seraient sans objet s'il ne se rapportaient à l'entreprise de Napoléon Buonaparte contre les droits légitimes de Sa Majesté Très Chrétienne, laquelle ne pouvait être invitée à donner son adhésion qu'autant que le traité serait « dirigé, » ainsi que l'exprime l'article 8, « contre Buonaparte et ses adhérents. »

Les hautes parties contractantes paraissent donc évidemment s'être imposé l'obligation, non de faire recevoir à la France telle ou telle forme de gouvernement, puisque la forme de gouvernement qu'elle doit et veut conserver y a été irrévocablement et légalement fixée, mais de soutenir les droits de ce gouvernement légitime contre les efforts de Buonaparte et son parti, et la déclaration par laquelle M. le Prince Régent n'annonce d'autre intention que de déterminer le véritable sens des articles 4 et 8 du traité, n'a pas, sans doute, pour objet d'infirmer cette conséquence nécessaire des autres stipulations qu'il renferme.

Sa Majesté Très Chrétienne est d'autant plus empressée de faire connaître à Son Altesse Royale les réflexions que j'ai l'honneur de communiquer à Votre Excellence, que toute autre interprétation du traité, loin de concilier en

France l'opinion publique, la jetterait dans une dangereuse
incertitude. Ce n'est, en effet, qu'en proclamant les droits
de Sa Majesté que les puissances signataires du traité du
25 mars peuvent se montrer les alliées de la France, tandis qu'en ne se proposant qu'un but éventuel et indéter-
miné, elles autoriseraient toutes les défiances et provoqueraient toutes les oppositions.

A l'égard des motifs qui ont dicté la déclaration de votre
cour, j'aurai l'honneur de représenter à Votre Excellence
que les *intérêts du Roi mon maître,* conformes au traité,
demandent que Buonaparte et ses adhérents ne soient con-
sidérés que comme des ennemis publics, et que, par
conséquent, on ne voie la volonté générale que dans la
partie saine et opprimée de la nation. Il est également
évident que Sa Majesté Très Chrétienne n'ayant jamais
antérieurement accédé à un traité d'alliance avec le gouvernement britannique, la règle de conduite invariablement suivie par celui-ci à l'égard de la France ne trouve
plus d'application dans les circonstances actuelles.

N° 75.

Le comte Charles de Damas au comte de Blacas 1.

A. B.

Grammont, 21 juin 1815.

Je vous adresse, mon cher comte, mes vives réclama-
tions sur l'exclusion des compagnies de la maison du Roi

---

1. Cette lettre, sans aucune valeur historique, est reproduite à titre de
document psychologique.

autres que celles des gardes du corps pour le service d'escorte du Roi. M. le duc de Feltre mande à Mgr le duc de Berry de disposer des détachements pris sur le 2ᵉ escadron de Grammont, à Mons ; le 2ᵉ escadron n'est composé que de gardes du corps. Cette formation des différents corps de la maison du Roi peut être indifférente quand il ne s'agit que du service ordinaire ; mais lorsqu'il s'agit de l'escorte du Roi, vous sentirez l'importance que chacun met à des privilèges aussi honorables qu'incontestables. Jamais le Roi n'a quitté sa résidence, jamais le Roi n'a été à la guerre sans être accompagné de ses compagnies rouges, et leur dévouement dans ce moment-ci, où elles font tant d'efforts pour se mettre en état de servir, mérite qu'une aussi grande peine leur soit épargnée. Je demande donc qu'il y ait un certain nombre de gendarmes, chevau-légers et mousquetaires réunis à l'escorte du Roi lorsque Sa Majesté se trouve à la guerre, et que vous ayez la bonté d'instruire M. le duc de Feltre des antiques droits de la maison du Roi.

VII.

MISSION DE GAIN DE MONTAGNAC A LONDRES [1]

N° 76.

Gain de Montagnac [2] au comte de Blacas.

A. B.

Londres, le 3 avril 1815.

Monsieur le Comte,

Parti d'Ostende le 29 mars au soir, comme vous le savez, je suis arrivé à Londres le 30 dans la nuit. Le 31 au matin je me rendis chez M. le comte de la Châtre [3], qui écrivit sur l'heure à lord Castlereagh pour lui demander audience pour moi ce matin même. L'opinion de M. de la Châtre était, et j'ai vérifié depuis que cette opinion était juste, l'opinion de l'ambassadeur, dis-je, était qu'il y avait incertitude dans les membres du conseil sur le parti

1. Nous n'avons pas reproduit entièrement le texte des lettres et des notes de Gain de Montagnac, parce que la rhétorique y abonde et que les redites y sont innombrables. Gain écrivait comme il aurait plaidé. Mais nous nous sommes bornés à supprimer les passages qui n'étaient que de style.

2. Cf. ci-dessus, lettre de Blacas, 27 mars, n° 48. Cf. lettre du comte d'Artois, 27 mars, n° 56.

3. Ambassadeur de Louis XVIII à Londres.

à prendre, que lord Liverpool penchait pour traiter [1], que lord Castlereagh était incertain, mais que le Prince Régent, le chancelier, lord Harrowby, lord Bathurst étaient très vifs sur les intérêts du Roi. A midi je me rendis chez lord Castlereagh, j'y trouvai lord Liverpool; là, en présence de ces deux ministres, je développai les raisons qui devaient engager à entrer immédiatement en campagne contre Bonaparte . . . .

. . . . , ...

Dans ce premier entretien, malgré l'extrême réserve naturelle aux hommes d'État de ce pays, et particulièrement à lord Castlereagh et à lord Liverpool, je crus les avoir éclairés sur divers points, principalement sur la faiblesse réelle de Buonaparte et sur la vraie disposition de la majorité des esprits dans les départements qui se trouvent aujourd'hui sous son influence.

. . . .

Le lendemain 1er avril, je retournai chez lord Castlereagh, et j'eus avec lui un second entretien. Un conseil l'empêcha de me conduire chez le Prince Régent. Il me donna rendez-vous pour le lendemain à Carlton-house.

Le 2, au rendez-vous chez le Prince Régent, nous attendions une heure, lord Castlereagh et moi, avant d'être introduits, et j'employai ce temps à faire lire à lord Castlereagh et à commenter avec lui la note n° 1 [2]. A la fin de cette note, je m'engageais à montrer, dans une seconde, comment la position du Roi changeait du tout au tout, par

----

1. Avec le gouvernement impérial. Il y avait à Londres et en Angleterre un parti nombreux, hostile à une lutte nouvelle contre Napoléon. Des pétitions furent même présentées, le 1er mai, au Parlement par des commerçants de la Cité, où l'on qualifiait de « politique semblable à la folie même » la guerre contre la France. A la Chambre des Lords et aux Communes, l'Empereur eut de nombreux défenseurs parmi les whigs.

2. Cf. ci-dessous, n°° 77 et 78.

la défection de l'armée et d'une partie des administrations : car j'avais fort bien reconnu dans ces entretiens
que l'objection principale était celle-ci : qui nous assurera, si on aide le Roi à reconquérir ses États, que dans
un an pareille chose n'arrivera pas?

Je mis tout ce que j'ai de chaleur à combattre cette
crainte, qui me paraissait être le prétexte des faibles dans
ce ministère, je dis le prétexte, car la raison réelle et
cachée était l'inquiétude sur la dette, et la nouvelle plaie
que la guerre allait faire aux finances. —Lord Castlereagh,
appelé le premier chez le Régent, n'y resta que peu de
temps, et redescendit pour me dire que, forcé d'aller au conseil, il me quittait. Peu d'instants après je fus admis chez
le Prince Régent, que je trouvai seul dans sa chambre ;
il était deux heures et demie, et je ne sortis de chez lui
qu'à plus de six heures. Je le trouvai dans les meilleures
dispositions, plein de dévouement personnel pour le Roi,
plein de haine contre Buonaparte, plein de l'idée qu'avec
cet homme il n'y aurait jamais de repos pour l'Europe,
mais partageant jusqu'à un certain point l'idée des faibles
de son ministère, sur l'impossibilité de s'assurer que
pareille crise n'eût lieu après le rétablissement du Roi,
désirant au moins qu'on levât ces objections en lui four-
nissant des raisons. Je parlai, je fus écouté avec attention.
Je commençai par traiter de l'état des partis, et par démon-
trer la faiblesse réelle de Buonaparte, qui n'avait pour lui
que l'armée, quelques anciens chefs des jacobins, et une
certaine masse d'administrateurs infidèles et corrompus.
Je démontrai par les propres paroles de Buonaparte, par
sa feinte modération [1], par la manière dont il s'était
jeté à la tête du parti jacobin, combien il fallait qu'il

1. Cf. ci-dessus, n° 19, p. 47, note 2.

jugeât la partie mauvaise; que par toute sa conduite il
semblait demander à genoux qu'on lui laissât trois mois;
— que ce qu'il y avait d'urgent était donc de l'attaquer sur l'heure. Je parlai ensuite de l'impossibilité où
était l'Europe de traiter avec un tel homme à aucune condition. J'arrivai enfin aux raisons qui devaient faire croire
que rien de pareil à la crise actuelle ne pourrait se représenter en France si le Roi était rétabli. — J'ajoutai alors
que je venais de remettre à lord Castlereagh une première note, que dans une seconde j'allais essayer d'établir
les raisons qui devaient écarter l'inquiétude que rien de
semblable à la révolte actuelle pût jamais avoir lieu. Je
suppliais le prince de vouloir que cette note fût lue atten-
tivement; il le promit.

Le Prince-Régent me parut fort instruit de beaucoup de
détails sur les personnes et sur les choses. Il me dit dans
les termes les plus formels l'intention où il était de soutenir vivement le Roi. Il me détailla tout ce qu'il avait
fait pour presser l'embarquement des troupes, de l'artillerie et des munitions. Enfin Son Altesse Royale finit par
dire que son opinion personnelle était d'attaquer promte-
ment, mais elle ne s'expliqua pas sur la pensée du ministère, et il était aisé de voir que la pensée du ministère
était d'attendre quel serait l'effet de la nouvelle de l'entrée de Buonaparte à Paris sur les souverains à Vienne. —
Comme je me levais pour prendre congé, le prince me dit
que M. le duc d'Orléans devait arriver et qu'il me ferait
appeler pour conférer avec lui en ma présence. Il me fit
l'honneur de me demander mon opinion personnelle sur
M. le duc d'Orléans. Je répondis que j'avais peu l'honneur
de le connaître, mais que sa conduite avait paru généralement, en France, sage, mesurée et conforme à sa position.

N° 77.

Copie d'une lettre de Gain de Montagna? à lord Castlereagh.

A. B.

Londres, 1er avril 1815.

Milord,

. . . .

Buonaparte a réussi dans son entreprise, parce que Buonaparte connaît bien la France et qu'il sait tout ce qu'on peut oser en ce pays, lorsqu'on ne donne à personne le temps de la réflexion.... Pour bien juger ce qu'il faut faire, il faut se demander ce que ferait Buonaparte s'il était roi de France et à Ostende, et s'il avait l'Europe pour alliée. Il demanderait, Milord, n'en doutez pas, un corps de troupes pour se porter sur-le-champ vers Paris, il marcherait avec la plus grande célérité, éviterait tout engagement, et arriverait à Paris, qui ne demande qu'un levier pour se soulever.... Et alors toute cette puissance de l'usurpateur s'évanouirait en ce moment....

Milord, Buonaparte apprend comment il faut le combattre.... Aujourd'hui un homme armé en France contre lui vaut plus que n'en vaudront cinq dans trois semaines, et dix dans deux mois....

Aujourd'hui Buonaparte n'est encore que *campé* à Paris; dans six semaines il y sera *établi.* Il faut apprendre de lui tout ce que l'on gagne par la vitesse.... L'état est déjà changé depuis huit jours. Ce qui est possible cette semaine sera impossible l'autre. Si on veut faire de ceci une campagne régulière, Buonaparte aura plus d'un mois devant lui, et dans un mois il aura cent cinquante mille hommes qui se battront en désespérés. Si une armée

entrait aujourd'hui en France, partie des soldats déserte-
rait ou passerait sous les drapeaux du Roi.... Milord, une
catastrophe révolutionnaire ne se combat bien que par
une autre scène du même genre.... Un corps de troupes
étranger, ayant la cocarde blanche, et marchant précédé
d'une proclamation de douze lignes, et je réponds que dans
la Flandre et l'Artois, il suivra autant de soldats qu'on
aura de mousquets à fournir. Alors, dans sa marche, le
corps français fera l'avant-garde, et ce noyau, faible au
départ, sera énorme à vingt lieues de là.... et Buonaparte
sera bien embarrassé lorsqu'il faudra se battre contre
des Français, précisément parce qu'il sent que s'il verse
du sang français, il est perdu. Il faut le forcer à en
verser un peu, pour éviter que ce sang ne coule bientôt
par torrents, si Buonaparte marche sur la Belgique. Il
faut aller au-devant et prendre ses positions de la Somme....
Derrière, aussitôt toute la Flandre et l'Artois se lèveront,
j'ose l'assurer.... Buonaparte vient de s'emparer de tous
les moyens révolutionnaires; il faut s'emparer de tous les
moyens militaires, pour que la nation ait le temps de
revenir de cette première terreur où la subite invasion
de Buonaparte l'a précipitée. Encore une fois, Milord, ce
n'est point une campagne régulière qu'il s'agit de faire,
c'est une force qu'il faut prêter au peuple français contre
son oppresseur.... Si on attend que les Russes soient sur
le Rhin, Buonaparte sera maître de la Belgique, et ses préfets lui fourniront des hommes et de l'argent.... Le pacte
entre les jacobins et les buonapartistes, entre Carnot [1]
et Buonaparte, est trop récent encore pour être bien
cimenté, mais dans six semai.. 3 le ciment sera formé. Au

1. Carnot, le 21 mars, fut appelé aux Tuileries par l'Empereur, qui lui
offrit le ministère de l'intérieur. Il accepta parce que, dit-il, « dans ce moment, il n'est pas permis de vous rien refuser. »

nom de l'Europe, Milord, et de ses libertés, ne perdez pas un moment. Chaque journée de retard coûtera la vie à vingt mille Européens. Le succès aujourd'hui ne saurait être douteux; il le sera dans deux mois, si l'on perd en préparatifs le temps où il faut agir! Que tout ce qu'il y a de troupes se mette en mouvement, et entre en France sur l'heure, voilà ce qu'il y a de plus prudent! Toute la prudence passive des temps ordinaires n'est en ce moment que faiblesse et folie!

. . . .

N° 78.

*Copie de la note remise par Gain de Montagnac
à lord Castlereagh.*

A. B.

Londres, le 3 avril 1815.

Gain commence par expliquer à Castlereagh que « la crise est salutaire, parce qu'elle va permettre de faire place nette, ce que le roi n'avait pu faire en 1814.... »

Alors la nation française chez laquelle il y a, Milord, beaucoup d'honneur et de loyauté, prend tout de suite en mépris toute cette armée traître à sa parole, tous ces administrateurs sans foi, et sépare sa cause de la leur. J'ai traversé la France à pied, Milord, et le paysan sait bien dire aujourd'hui : les *soldats de Buonaparte;* l'année dernière il disait : *nos soldats* [1].

Si donc, Milord, le Roi rentre dans sa capitale, non

---

1. Gain prenait ici ses désirs pour la réalité. Il est aujourd'hui amplement démontré que le retour de l'île d'Elbe a été facilité autant par l'enthousiasme des paysans que par celui des soldats.

seulement il peut licencier l'armée et en former une autre, renvoyer des ministères tout ce qui a conjuré, casser tout magistrat ou tout administrateur infidèle, non seulement il le peut, non seulement il le doit, Milord, mais il lui serait impossible de ne pas le faire; les deux Chambres et la nation entière s'élèveraient contre toute indulgence de sa part. Le vœu unanime sera de faire rentrer dans l'obscurité toute cette foule d'agents corrupteurs ou *corrompus*, et *voilà*, Milord, quel sera le *bienfait* qui doit résulter de cette grande crise. Le Roi *pourra* et *devra* se débarrasser de toute l'administration de Buonaparte, de toute l'armée de Buonaparte, et avant cette crise, il l'eût tenté en vain. La trahison lui prête donc cette force, elle lui donne le moyen de séparer ce qui est bon de ce qui est mauvais. Cette révolution enfin est une *révélation*, et grâce au ciel, il sera demeuré encore assez de gens loyaux, assez de sujets fidèles dans les emplois pour que la marche du gouvernement ne soit pas interrompue. Voici donc, Milord, les moyens simples et nécessaires que le Roi prendra pour empêcher le mal : il déclarera que l'armée ayant été traître au Roi et à la nation, elle est licenciée; il cassera tout officier qui, ayant prêté serment, l'a faussé, et le renverra dans ses foyers. Il donnera des congés absolus à tout sous-officier ou soldat ayant plus de six années de service, sauf les exceptions qu'il se réservera de faire. Et aussitôt, avec les jeunes soldats et quatre mille officiers de sa maison, auxquels il adjoindra des officiers fidèles — il n'y a pas de corps où on n'en connaisse un petit nombre, — il fera tout de suite les cadres de nouveaux régiments, et cette armée, trois mois après, sera excellente. Il chassera de tous les ministères les chefs de bureau connus comme traîtres, et cela est devenu facile; il cassera tout conseiller d'État, préfet, maire, administrateur ou juge, qui aura violé le serment qu'il lui avait fait, et ces opérations une fois faites, je ne craindrais plus Buonaparte, quand même il serait reconduit à l'île d'Elbe. Cette grande opération, Milord, je le répète, était impossible au Roi avant la conspiration de Buonaparte et la défection de l'armée; elle est le résultat simple et nécessaire de la rentrée du Roi dans sa capitale, et la nation entière y applaudira. Dès lors, la France, débarrassée du levain terrible qui la travaillait sans cesse, se reposera, et l'Europe aura une garantie de paix pour l'avenir. Ce qui est corrompu en France, Milord, ce sont les administrateurs; ce qui est pur, ce sont les administrés; et l'entreprise de Buonaparte a fourni à l'Europe, et en particulier à la France, le seul moyen de se débarrasser de cette multitude d'agents avides qui, depuis quinze ans, opprimaient la France et, par elle, le monde.

Pesez, Milord, les raisons que je viens de donner, et vous conclurez, je l'espère, que précisément parce que Buonaparte devait réussir avec les éléments qu'il a trouvés en France, il a donné au Roi de France le moyen de lui ôter pour toujours ces éléments, et il contribue par là au repos définitif de l'Europe. Oui, Milord, la crise actuelle est le complément de la restauration de la maison de Bourbon, et la destruction du foyer qui devait embraser le monde.

. . . .

Que les corps alliés entrent donc en France précédés d'une proclamation de douze lignes qui annonce qu'ils viennent aider le Roi et la nation contre le rebelle, qu'ils sont fidèles au traité de Paris, que tout département qui se déclarera pour le Roi sera traité en allié, et aussitôt derrière ces corps on verra se lever des corps français, qu'il faudra mettre à l'avant-garde, dès qu'ils seront organisés; la marche sera rapide, et l'on verra si la nation a retrouvé son oppresseur avec joie. Chaque paysan de France a senti pendant une année la douceur du repos. Chaque mère de famille invoque le nom du Roi comme le patron qui doit lui conserver son fils; car le nom de Buonaparte et le mot de conscription sont liés, et ne font qu'un dans la pensée de l'habitant des campagnes. Qu'on prête donc, Milord, à toute cette population le levier nécessaire pour la mettre en mouvement, et bientôt ce mouvement sera général.

Je prie Votre Excellence d'agréer....

N° 79.

Gain de Montagnac au comte de Blacas.

A. B.

Londres, 7 avril 1815.

Monsieur le Comte,

. . . .

Le 5 au matin, Mgr le duc d'Orléans me manda chez lui. Je me rendis à ses ordres. Il me fit l'honneur de me dire que le Prince Régent l'avait engagé à se rendre à Carlton-house et à m'y amener. Dans cette nouvelle audience le Prince mit de nouveau en avant cette objection déjà faite : comment s'assurer qu'une crise pareille n'aurait pas lieu en France après le rétablissement du Roi? Je donnai les raisons contenues dans le mémoire que je me proposais de remettre à lord Castlereagh.

. . . .

Mgr le duc d'Orléans traita plusieurs points avec connaissance des choses et des hommes. Je ne fus pas sur tous les points de son avis, et j'osai défendre mon opinion, ce qui produisit une discussion dont il sortit quelques vérités qui se fixèrent dans l'esprit du Prince Régent. L'audience dura deux heures. Le Prince Régent daigna me traiter avec bonté, et j'ose croire que l'important objet de le mettre au fait de la situation réelle des esprits en France a été rempli.

Voilà, monsieur le Comte, le résultat de mes démarches jusqu'au 4. Depuis, chaque jour, j'ai vu lord Castlereagh, éclaircissant divers points et répondant à beaucoup d'objections de détail. J'ai la satisfaction de reconnaître que le ministère a pris confiance et que la marche est plus ferme, parce que son opinion est mieux formée. Le ministère, monsieur le Comte, me paraît revenu de ce premier étonnement où l'avait jeté la nouvelle de l'occupation de Paris. Mais les formes constitutionnelles de ce pays ne permettent pas de se prononcer aussi vite que les circonstances l'exigeraient, et comme vous le reconnaîtrez par le message du Prince Régent [1], on attend l'effet qui aura été produit à Vienne. . . . .

. . . .

N° 80.

Gain de Montagnac au comte de Blacas.

A. B.

Londres, le 11 mai 1815.

Monsieur le Comte [2],

. . . .

On est décidé à la guerre, mais selon ce que j'entre-

---

1. C'est le message du 6 avril. Cf. n° 1, p. 6, note 2.
2. Cette lettre de Gain de Montagnac est particulièrement intéressante ; elle montre qu'il était ou très bien informé, ou très perspicace. Le tiers

vois, les alliés veulent n'agir que de concert, et il paraîtrait qu'ils ne veulent entrer en campagne que vers le 10 de mai [1], époque où l'armée russe sera en mesure d'agir. Ce délai d'un mois me fait frémir, non que je pense que Buonaparte puisse résister alors, évidemment il sera écrasé : mais, monsieur le Comte (si j'ose dire toute ma pensée), ce délai d'un mois est affreux pour le Roi. Un tiers parti se forme en France, tout me l'indique! Il se trouve ici certains Français et certains étrangers qui ne sont pas venus ici seulement pour échapper à Buonaparte. Carnot et Fouché ne veulent pas tomber avec Buonaparte; ils l'aiment très peu, et dans l'état où ils voient les choses, ne doutez pas, monsieur le Comte, que leur pensée secrète ne soit de s'établir solidement aux dépens de Buonaparte et du Roi. C'est là le pivot secret sur lequel ils tournent. Dans ce calcul ils ont envoyé ici des gens chargés de sonder le terrain; il ne manque à leur plan, pour qu'il réussisse, qu'un chef, *et ce chef peut se trouver*, monsieur le Comte, pensez-y! Songez à l'extrême lassitude où l'on est en France! Pensez combien un tiers réunirait de voix et concilierait d'intérêts! Tous les révolutionnaires de toutes les époques croiraient trouver

parti dont il signale la formation en France et en Europe exista réellement, et se proposait de porter au trône le duc d'Orléans. Fouché chargea Montrond de faire à Vienne des ouvertures à ce sujet. Le Tsar, irrité contre les Bourbons par le traité du 3 janvier, persuadé « qu'ils n'avaient rien appris, » et qu'après une seconde restauration les mêmes fautes de leur part entraîneraient de nouvelles crises, songea sérieusement à cette combinaison. Il proposa même la candidature du duc d'Orléans, pour le repos de la France et de l'Europe, dans une conversation à Vienne avec lord Clancarty : « Je ne vois de propre à tout concilier que M. le duc d'Orléans. » Voir cette très importante conversation dans Pallain, *Correspondance de Talleyrand et de Louis XVIII*, n° 91, 23 avril, pages 397 et seq. Cf. également *Correspondance de Pozzo di Borgo*, t. I, pièces LVIII et LXIV, et chapitre xi, lettre de Vincent, 11 juin, et présent volume, ci-dessous, n°ˢ 106 et 107, lettres de Blacas et de Lainé.

1. *Sic* : il faut lire 10 juin.

dans ce nouveau chef une garantie qu'ils croient ne
trouver ni dans le Roi ni dans ses successeurs immédiats.
— Pensez d'ailleurs, monsieur le Comte, que si les cabinets de l'Europe sont décidés à ne pas traiter avec Buonaparte, ils seraient tout de suite disposés à traiter avec un
autre, si cet autre se trouvait élevé au trône par une conspiration qui aurait l'air d'un vœu national. Pensez, monsieur le Comte, que toutes ces inquiétudes, vagues peut-
être encore aujourd'hui, peuvent se trouver des réalités
dans quinze jours! Je vous parle, monsieur le Comte, en
homme qui ne connaît que le Roi et la France. J'ai blâmé,
je l'avoue, plusieurs points de votre conduite comme ministre, mais le Roi vous honore de son amitié, vous devez
lui être attaché, et en Français fidèle, je vous dois de
vous éclairer sur le danger. Je parle ici avec d'autant
plus d'assurance que, l'orage une fois passé, toute mon
ambition est que le Roi me permette de passer le reste de
ma vie loin des fonctions publiques. Croyez donc, monsieur le Comte, à un homme qui vous avertit du danger.
Vous pouvez encore sauver le Roi et la France, mais
vous ne le pouvez qu'en provoquant vous-même sur-le-
champ la formation d'un ministère vigoureux. Ralliez-
vous à Talleyrand. J'ai dit au roi à Hartwell, si vous
vous le rappelez, tout ce que je pensais de l'utilité dont
Talleyrand pouvait être, et je le dis encore aujourd'hui.

. . . .

Talleyrand devient l'homme nécessaire au Roi, à la
France, à *vous-même* [1]. Si vous n'êtes pas le premier à

---

1. Cf. *Correspondance de Pozzo di Borgo*, t. I, n° 47, 3 mai : « La résolution de le mettre à la tête des affaires est indispensable; » — n° 56, 12 mai :
« Si M. de Talleyrand n'est pas parti, chassez-le de Vienne ; sa présence
ici est indispensable. » Cf. Pallain, *Correspondance de Talleyrand*, pièce 90,
et les notes de la page 395 et de la page 408.

l'appeler, craignez qu'il ne passe à ce tiers parti que je vois se former, et que ce terrible délai d'un mois va peut-être consolider. — Aujourd'hui tout ceci encore est en germe ; mais au train dont se mènent les affaires, quinze jours peuvent rendre le plan formidable ! Carnot et Fouché s'uniront aux Royalistes constitutionnels, et alors même parmi les Royalistes purs la défection serait horrible, si par malheur il venait à se trouver un chef. — Je ne veux pas penser que cela puisse être. Rien jusqu'ici ne m'autorise à former à cet égard de justes soupçons ; mais quand tout repose sur la vertu d'un seul homme [1], au temps où nous vivons, monsieur le Comte, on n'a que trop le droit d'être inquiet et méfiant !

Pesez donc tout cela ! En vous parlant ainsi je remplis mon devoir de Français et de gentilhomme. Je continue la fidélité d'un père mort aux pieds de son maître. Je vous parle avec la franchise connue pour héréditaire au sang et à la race dont je sors. — J'estime peu la fortune, nullement les emplois. Pesez donc mes paroles.

. . . .

N° 81.

Gain de Montagnac au comte de Blacas.

A. B.

16 mai 1815.

Monsieur le Comte,

Partant aujourd'hui pour Bruxelles, voulant ne pas différer de vous soumettre les conclusions de l'entretien que j'ai eu hier avec vous, je viens vous les développer.

1. Le duc d'Orléans.

Vous m'aviez montré que vous étiez plein de l'idée vraie qui doit diriger aujourd'hui votre conduite. Le Roi est attaqué dans le principe constitutif de la monarchie. Rentrera-t-il en France roi par la grâce de Dieu, ou roi par la grâce du peuple? Tel est le nœud réel de la difficulté de sa position. Le Roi sera-t-il forcé de reconnaître que la monarchie française est une monarchie élective, ou maintiendra-t-il le droit de l'hérédité? Ni vous ni moi ne doutons de quel côté est la gloire, de quel côté est l'intérêt vrai du Roi et de la nation. Vous m'avez paru sentir vivement le vrai d'une question secondaire qui découle naturellement de la question principale, et cette question secondaire est celle-ci : le Roi doit-il remonter sur son trône uniquement par la force de l'étranger, ou doit-il désirer qu'il s'élève pour lui, en France, une force nationale, une force française, une force véritablement à lui? Vous avez, hier, prononcé sur cette question en homme qui en sait toute l'importance, et j'ai été heureux de voir que nous n'avions, vous et moi, qu'une pensée à cet égard. Si le Roi rentre par la seule force de l'étranger, en effet, peut-être l'étranger voudra-t-il que le Roi retire la constitution qu'il a donnée et qu'il en reçoive une qu'on lui offrira [1].... Les événements peuvent amener cette chance! — Si le Roi rentre par la seule force de l'étranger, on lui dictera son pouvoir et les limites de son pouvoir, on lui dictera son administration, son ministère, on lui demandera garanties sur garanties, et des garanties telles que peut-être enfin son honneur devra s'en indigner, lorsque

---

1. C'était le projet du Tsar. Cf. *Correspondance de Pozzo di Borgo*, t. I, une lettre de Nesselrode, n° 60, 3 mai, et un mémoire du même, n° 61 : « Il est nécessaire de reconnaître ce principe : le droit qu'a la nation de se donner un acte constitutionnel. Celui qu'elle a reçu (la Charte) lui a été imposé. Il devrait être réservé à la nation de le rejeter, de le modifier ou de le sanctionner dans les formes légales. »

déjà il ne sera plus possible de secouer le joug. — Si le
Roi de France rentre à Paris par la seule force de l'étranger, non seulement l'étranger lui dira sans cesse sur tous
les tons qu'il n'avait pas de parti en France, mais en
ayant ou en affectant des craintes pour l'avenir, on lui
imposera de telles lois que le Roi de France ne sera plus
que le vassal de l'Europe.

Il est donc évident, monsieur le Comte, que l'honneur
français et la dignité du Roi doivent par-dessus tout faire
souhaiter qu'il éclate des mouvements français, qu'il se
lève des bannières françaises, avant même l'entrée des
alliés. Une témérité qui, sur quelques points, serait même
sans succès, augmenterait la force du Roi…. Je l'ai déjà
dit, Mgr le duc d'Angoulême et Madame ont fait plus
pour la cause royale et française que si une armée prussienne eût battu une armée de Bonaparte. Je n'insiste pas
plus longtemps sur ce point, vous sentez tout cela comme
moi et mieux que moi, monsieur le Comte. . . . . . .

. . . .

Dans ce règne du Roi, vous avez gardé avec tout le
monde un air de dignité froide que le cardinal de Richelieu ou lord Chatham auraient peut-être eu tort de
prendre au plus haut degré de leur puissance. Fort de
l'amitié du Roi, vous avez dédaigné celle des Royalistes,
et vous avez eu tort ! Mais aujourd'hui vous êtes attaqué
et vous devez garder ou reprendre cette dignité, elle sied
en ce moment.

A mon retour de Bruxelles, je viendrai prendre vos
ordres, comme nous en sommes convenus hier.

Gain examine ensuite quelle doit être la conduite de Blacas.
Il a la France et l'Europe contre lui [1]. Talleyrand a *inoculé*

1. « Tout ce qui sort de France crie au Blacas comme au loup. » Jaucourt

aux souverains tout le mal que l'on dit de Blacas. Il n'en est
pas moins important que Blacas reste auprès du Roi. Il faut
proposer au Roi la suppression du ministère de la maison;
mais il faut faire créer une charge de surintendant de la maison. De là Blacas pourra « faire ferme à ses ennemis. »

à Talleyrand, 24 avril 1815. Cf. chapitre xi, lettres de Vincent, 23 mai,
11 juin, annexe 7.

VIII.

NÉGOCIATIONS EN ESPAGNE. — LETTRES DU DUC D'ANGOULÊME

Nᵒ 82.

De Laval-Montmorency [1] *à Madame.*

A. B.

Madrid, le 3 avril 1815.

RAPPORT POUR ÊTRE PRÉSENTÉ A SON ALTESSE ROYALE
MADAME [2].

J'envoie à Madame [3] la lettre que je viens de recevoir à
l'instant des mains de Sa Majesté Catholique. J'ajoute ici
copie d'un office au premier secrétaire d'État, qui n'est
que la répétition de ce que j'avais dit avec bien plus de
véhémence et de détails dans mes conférences, qui ont été
presque journalières depuis que les événements ont pris
un caractère si grave. C'est M. de Cevallos qui, après

---

1. Prince de Laval-Montmorency, ambassadeur de Louis XVIII auprès
de Ferdinand VII.

2. Pour ces pièces et les suivantes jusqu'à 97, cf. ci-dessus : lettre de
Louis XVIII, nᵒ 12; lettre du comte d'Artois, nᵒˢ 62 et 65; instructions au
duc d'Angoulême, nᵒ 25. — Ci-dessous, t. II, correspondance de Stuart,
nᵒ 14, 11 avril; nᵒ 91, 2 juin; nᵒ 92, 9 juin.

3. La duchesse d'Angoulême.

avoir lu avec moi la lettre (la 2ᵉ du 28) si élevée, si persuasive et si touchante de Madame, insista pour que je lui fisse une demande officielle des mesures qui en feraient l'objet.

Je viens d'entrer avec le ministre dans le développement des motifs qui exigent surtout et avant tout la plus grande célérité dans les mouvements des troupes espagnoles, et la plus sérieuse circonspection dans la manière dont ces troupes alliées et amies se présenteront pour ôter toute apparence d'hostilité, ménager notre amour-propre national, et manifester à l'armée et à la France entière la pureté des intentions de Sa Majesté Catholique, l'amitié des deux peuples et l'unité de leurs efforts.

J'étais entré précédemment dans l'esprit des vues de Madame; j'avais déjà parlé au ministre de l'utilité d'un manifeste dans le sens de la guerre à l'homme, paix à la France, fraternité aux sujets du Roi, nécessité de la plus exacte discipline et tous les égards dus à un pays ami, les couleurs blanches unies à la cocarde rouge, et même ce qui peut-être paraîtra minutieux à la distance où vous êtes, l'avantage de parer les officiers de l'armée de la décoration du Lis [1].

Vous ne pouvez vous imaginer la considération dont jouit ici cette décoration. Les grands, les généraux, les ministres se font un honneur de me la demander, de la porter, une ambition de l'obtenir. Depuis nos revers je suis accablé de demandes à ce sujet, malgré un impôt de 3,000 réaux pour avoir la permission de la porter. Il y a

[1]. La décoration du Lis consistait en un lis d'argent suspendu à un ruban blanc ; ce n'était pas, à proprement parler, l'insigne d'un ordre de chevalerie, c'était seulement une sorte de signe de ralliement. Beaucoup de gens la prirent sans qu'elle leur eût été conférée officiellement. L'origine en fut une distribution de morceaux de ruban blanc, faite par le comte d'Artois aux gardes nationaux venus au-devant de lui, le jour de son entrée solennelle à Paris, le 12 avril 1814. Cf. collection de la Société : *Souvenirs de M. de Semallé*, p. 198.

quatre jours que M. de Cevallos m'a dit qu'il la voulait prendre. Je terminerai cette digression en vous priant d'engager Madame à m'envoyer quelques brevets et décorations en son nom, que je pourrais envoyer aux principaux officiers, qui seraient éminemment flattés de les recevoir de cette auguste princesse.

Le ministre a désiré une note afin de la présenter ce soir au conseil d'État, qui est convoqué pour la première fois depuis le retour du Roi dans ses États.

C'est une immense mesure dans cette capitale et pour le gouvernement de ce royaume, que la réunion de ce conseil d'État. Il était ardemment souhaité par tous les gens éclairés, et il y avait contre ce système d'administration des règnes précédents une forte opposition soutenue en général par le parti appelé *servile*, par les intrigues subalternes de la domesticité du Roi, qui, dit la censure, abusait des bontés et de l'amour extrême du Roi pour son peuple.

Ainsi la grande question qui nous occupe sera agitée ce soir dans la première séance du conseil, à ce que m'a dit M. de Cevallos.

J'ai le regret de ne pouvoir dire que ce premier secrétaire d'État, qui me montrait, il y a quelques jours, des sentiments si animés pour le sort du Roi et les malheurs de la France, se soit soutenu dans la même ardeur. Il proteste toujours de sa constante admiration pour la conduite du Roi et de son amour pour les Bourbons.

Nul doute sur ses principes. Mais à la célérité des mesures dont je lui démontre l'évidente nécessité, il oppose des délais et le manque d'argent pour entrer en campagne. Il conteste l'authenticité de cette déclaration de Vienne [1]

---

1. Déclaration du 13 mars, cf. p. 2, note 3.

qui nous donne des droits si légitimes à la coopération immédiate des forces de Sa Majesté Catholique [1]. Cette déclaration aurait acquis auprès de ce gouvernement un caractère plus solennel, si elle m'eût été envoyée directement par Madame, ou au nom des Princes.

Il m'accable encore de sa froideur en me répétant que l'armée espagnole, tout en continuant son mouvement vers l'extrême frontière, ne franchira les Pyrénées que quand son gouvernement aura reçu officiellement de son plénipotentiaire Labrador la déclaration du congrès, et plus encore, jusqu'à ce que les puissances, sur la réquisition du Roi Très Chrétien, aient formé l'alliance offensive contre l'ennemi commun.

J'ai cherché à combattre ces dispositions désespérantes par des insinuations et des notes des membres les plus prépondérants du corps diplomatique.

Ma liaison avec l'ambassadeur d'Angleterre [2], qui a un des plus nobles caractères que j'aie rencontrés, m'a mis, j'ose le dire, en situation de le faire agir fortement dans notre sens. Il est d'autant plus écouté qu'il est mécontent, et que l'on fait ici des demandes de subsides. Il est sorti de chez moi en m'assurant qu'il allait dire à M. de Cevallos qu'il avait la conviction intime que son frère, le duc de Wellington, était parti immédiatement après avoir signé l'alliance au congrès [3], et qu'à l'heure où Sa Majesté Catholique était encore à délibérer, ce général était entré en France à la tête de toutes les troupes anglaises, belges et prussiennes répandues dans les Pays-Bas et sur la rive gauche du Rhin.

<hr>

1. Ferdinand VII n'adhéra que le 2 mai au traité du 25 mars.
2. Sir Henry Wellesley, frère de Wellington.
3. Wellington avait, en effet, quitté Vienne aussitôt après la signature de la convention militaire du 31 mars.

Le ministre de Russie m'a donné une preuve non équivoque de ses dispositions en m'envoyant, d'après ma demande, copie de la note qu'il a adressée au premier secrétaire d'État.

Je n'ai pas négligé non plus de voir les membres les plus influents du conseil d'État. Le nouveau ministre de la guerre qui y sera appelé est admirablement disposé pour adopter les mesures les plus actives : il est venu m'en assurer chez moi. Le capitaine général Castaños, le duc de San Carlos, et surtout Don Juan de Escoïquis sont pénétrés de la vérité de nos raisonnements, et m'ont promis d'exposer à ce conseil que l'honneur, la gloire et les intérêts de Sa Majesté Catholique commandent la plus prompte diligence.

J'ai proposé au Roi et à son ministre d'envoyer, mais sans délai, un officier au quartier général de Mgr le duc d'Angoulême, pour se concerter sur les mesures si délicates à prendre lors de l'entrée des troupes espagnoles : je m'en suis référé, quant aux moyens, aux données que Madame indique dans sa lettre, et à quelques instructions renfermées dans la lettre de M. de Vitrolles.

Au reste, les troupes en mouvement se composent de quarante mille hommes en Catalogne, vingt mille en Aragon, et quinze mille en Navarre et Biscaye.

Le ministre, en me donnant cette assurance, m'a demandé si ces armées seraient à la solde du Roi : j'ai cru devoir répondre qu'elles auraient leurs subsistances en France.

Quant à l'article plus délicat encore de l'entrée dans les places fortes, il me semble que la mesure d'en partager la garnison entre les troupes des deux puissances, sous le pavillon blanc et l'autorité du Roi, serait adoptée. Mais avant tout, il faut faire précéder la marche des alliés par un officier de l'armée espagnole, qui se rendrait à Toulouse ou au quartier général de Mgr le duc d'Angoulême.

Il est indispensable, pour la franchise de nos communications, que vous m'envoyiez immédiatement un *chiffre,*

Le comte de Peralada, ambassadeur d'Espagne, a reçu ses ordres de départ. D. Pedro Cevallos m'a assuré qu'il se mettrait en route dès l'instant que le Roi aurait fait connaître le lieu de sa résidence, et que même si cet ambassadeur trouvait trop d'obstacles à se rendre auprès de Sa Majesté, il irait à Toulouse, que je lui ai indiqué comme le centre des opérations du Midi et le quartier général de Mgr le duc d'Angoulême [1].

En définitive, il faut se mettre bien dans l'esprit qu'on peut obtenir des Espagnols tous les genres de sacrifices, hors celui de la lenteur.

N° 83.

Le comte de Blacas au prince de Laval.

A. B., *minute.*

Gand, ce 17 avril 1815,

Le Roi vous envoyant, mon cher prince, des instructions par le comte Louis de Sabran, je le charge de vous remettre cette lettre pour vous donner quelques informations particulières sur la situation de Sa Majesté. Vous

---

1. L'on voit combien l'on était mal renseigné en Espagne sur ce qui se passait dans le midi de la France. Le duc d'Angoulême n'avait jamais eu son quartier général à Toulouse, où seul Vitrolles s'était établi depuis le 23 mars, avec l'intention d'organiser un gouvernement central du Midi. L'aventure dura jusqu'au 4 avril.

savez les armements immenses qui se font contre Buonaparte et, sous ce rapport, nos espérances ne sont combattues par aucunes défiances, mais vous connaissez aussi l'état de l'opinion en France, et l'ascendant que cherche à y recouvrer un parti dont l'usurpateur a été forcé de se faire un appui [1]. Cet ordre de choses est du plus grand danger. Il peut compliquer la question d'une manière funeste en présentant une troisième chance aux pervers et aux tièdes, qui ne repousseront point cette nouvelle apostasie. Il est donc de la plus haute importance de donner au Roi une force qui lui soit propre, qui ne permette d'autre lutte qu'entre Buonaparte et le souverain légitime. A défaut des Français qui ne peuvent, en ce moment, arborer la bannière royale, les Espagnols, sujets, soldats des Bourbons, doivent plus facilement que d'autres la reporter en France à côté de Mgr le duc [2] et s'y montrer comme des alliés naturels de la monarchie. Pour cela, cher prince, il faut peut-être moins un grand nombre de troupes (lorsque surtout l'immense coalition de l'Europe aura commencé son agression), qu'il ne faut des troupes disciplinées, bien conduites et animées de l'esprit qui convient à cette juste entreprise [3]. Ce n'est point contre les Français, mais contre les soldats de Buonaparte, les oppresseurs de la France, qu'ils doivent être armés. Je ne doute pas que cette vérité ne frappe Sa Majesté Catholique lorsqu'elle lui sera présentée par vous avec toute la force que lui donneront les sentiments dont vous êtes pénétré.

Nous avons lieu d'espérer que d'ici à peu de temps le Roi, arrivé sur le sol de France, y fera des actes de gouvernement de la plus haute importance pour animer et diriger

1. Les libéraux, Benjamin Constant en tête.
2. Le duc d'Angoulême.
3. Cf. ci-dessous, n° 91, et chapitre XI, lettre de Vincent, 23 mai.

les efforts de ses fidèles sujets. Sa Majesté emploiera tous
les moyens de vous les communiquer.

N° 84.

Le duc d'Angoulême à Louis XVIII.

A. B.

Barcelone, ce 20 avril 1815.

. . . .

Nous sommes dans une crise très forte, mais j'ai la confiance que tout finira bien. J'ai fait tout ce qui a dépendu
de moi pour ne pas quitter notre patrie, mais enfin j'y ai
été forcé, j'espère que cela ne sera pas pour longtemps.
Les sentiments des habitants du Midi sont excellents; j'ai
été assailli partout de bénédictions, elles nous porteront
bonheur. Si par hasard le baron de Damas n'allait pas
plus loin que Madrid, alors il vous écrirait de là de ma
part une longue lettre. Je ne saurais trop dire à quel point
j'ai été content de lui, ainsi que de tout ce qui compose
ma maison. Le comte de Damas [1] et Saint-Priest ne m'ont
pas encore joint. Adieu, mon cher oncle, mille amitiés
au duc de Grammont et croyez à la sincérité de tous mes
sentiments et de mon affection pour vous.

LOUIS ANTOINE.

1. Le comte de Damas avait été adjoint au baron de Vitrolles par le duc
d'Angoulême. Lors de l'arrestation de Vitrolles à Toulouse, Damas ne fut
pas inquiété et reçut même un passeport pour l'Espagne, parce que le
général Delaborde jugeait « ses capacités peu dangereuses. » Cf. ci-dessous,
n° 86.

N° 85.

Le duc d'Angoulême à Louis XVIII.

A. B.

Barcelone, 20 avril 1815.

Mon très cher oncle,

. . . .

Il m'est essentiel de connaître le plus tôt possible et avant d'entrer en France les principes sur lesquels sera basé le gouvernement de Votre Majesté [1]; eux seuls peuvent diriger ma conduite; car je ne dois pas lui cacher que si j'allais faire des nominations ou des dispositions qui devraient être changées ensuite, comme l'ont été une partie de celles que j'avais faites l'année dernière à Bordeaux, personne n'aurait plus aucune confiance et rien ne serait stable. Toutes les administrations civiles et militaires demandent à être entièrement changées.

Que Votre Majesté me permette de lui faire les questions suivantes :

1° La charte constitutionnelle sera-t-elle maintenue ou non? Si elle ne l'est pas, quel sera le principe de gouvernement?

2° Quels sont ceux qui parmi les employés seront maintenus, pardonnés ou condamnés?

3° Quel sera l'uniforme de l'armée?

4° Je demande que les pouvoirs qu'il plaira au Roi de me donner soient détaillés. J'ai été obligé de brûler ceux que j'avais.

1. Cf. ci-dessus, Instructions, n° 25.

5° Quel est le plan des puissances alliées?

6° Si on doit agir, je demande que le Roi mette à ma disposition une somme d'au moins un million [1].

. . . .

N° 86.

Le comte de Damas au comte de Blacas.

A. B.

Madrid, le 29 avril 1815.

. . . .

Les généraux qui doivent commander les armées espagnoles sont Castaños en Catalogne, Palafox en Aragon et O'Donnell en Navarre. Ces choix ont l'approbation universelle. Oh! mon cher comte, quelle bonne, quelle excellente nation que cette nation espagnole! Combien le Corse et ses satellites y sont universellement abhorrés! Combien même le petit peuple sait mettre de différence entre eux et les fidèles qu'ils nomment les Français de Louis XVIII et que partout ils accueillent comme des amis! A propos de Corse, tâchez d'établir cette dénomination pour l'armée. Ce mot *armée française* est un opprobre pour le nom français, appelons-la l'armée corse, versons le ridicule sur elle : il pourra influer sur sa défection, et le Roi aura moins de coupables à punir [2]. Toute cette canaille si criminelle de généraux, d'officiers et de soldats ne mérite pas de porter le titre de Français. Les scènes de Bordeaux envers Madame et du Saint-Esprit

1. Cf. ci-dessus, n° 65.
2. Cf. ci-dessus, n° 84, note.

envers Monseigneur, celle du Nord que je ne sais pas, mais que je présume, soulèvent d'indignation et appellent la plus terrible sévérité. La prétendue gloire de ces brigands est effacée par l'atrocité de leur conduite. Il est impossible que nous redevenions jamais leurs camarades.

M. de Taffart est ici avec une autorisation en bonne forme de Madame, pour former un corps sur la frontière. Il ne réussira pas, car il ne demande au gouvernement que la permissiou d'engager des sujets espagnols, des rations pour leur subsistance, et des armes et des munitions; il sollicite des fonds en Angleterre. Tout cela prouve son zèle que rien ne peut étouffer, mais le succès en est plus que douteux. Madame a été si contente de lui qu'elle lui a donné la croix de Saint-Louis, objet de tous les vœux.

Adieu, cher comte, vous connaissez ma sincère amitié, qui ne peut varier....

N° 87.

Le baron de Damas au comte de Blacas.

A. B.

Madrid, le 3o avril 1815.

Monsieur le Comte,

. . . .

Le gouvernement espagnol et la majorité de la nation sont convaincus de l'importance qu'il y a pour eux d'embrasser notre sainte cause, mais le ministère est on ne peut pas plus timide, l'armée est peu contente du gouvernement, et je ne sais pas même si l'on a ici des cartouches à fournir à l'armée : il paraît que les Anglais ne veulent point donner de subsides. Néanmoins près de cent mille Espagnols sont rassemblés sur différents points, les généraux destinés à les commander sont tels que nous pouvons les désirer, mais ce sont trois généraux en chef qui ont des commandements séparés.

Le ministre de la guerre est excellent, et inspire une grande confiance à la nation. La nouvelle de l'entrée des alliés en France pourra seule faire agir les Espagnols.

Les ministres étrangers se sont conduits à merveille, à l'exception peut-être de celui de Suède, qui est peu influent. Les Russes m'assurent qu'ils n'auraient pas fait plus s'ils avaient été sujets du Roi : le prince de Laval leur rend cette justice.

. . . .

N° 88.

Le comte de Damas au comte de Blacas.

A. B.

Madrid, le 3o avril 1815.

Cher Comte,

. . . .

La déclaration des puissances du 8 avril a produit ici la meilleure sensation. Le corps diplomatique est chaud pour nos affaires comme nous-mêmes, la légation russe par-dessus tout. Sir Henry Wellesley est parfait.

La proclamation contresignée duc de Feltre est paternelle. Ne pensez-vous pas que le moment du langage *sévère* approche ? L'armée *corse* est composée d'infâmes gredins qui ne méritent plus aucun ménagement, à commencer par M. Ney. Des garnisons étrangères dans les places fortes, des gardes nationales dans toutes les villes,

et la formation progressive d'une nouvelle armée *française* et royale choisie avec soin, voilà mon rêve. A tous
les diables l'*armée corse*, et ses chefs fusillés ou envoyés
en Sibérie, à Cayenne ou aux mines. Aux grands maux
les grands remèdes.

Adieu, cher comte, tout à vous, à la vie et à la mort....

N° 89.

Note du duc d'Angoulême à M. de Cevallos.

A. B., *copie*.

Madrid, 14 mai 1815.

D'après la demande de M. de Cevallos, je vais lui exposer par écrit les objets sur lesquels je supplie Sa Majesté
Catholique de donner les ordres nécessaires.

M. de Cevallos connaît les bonnes dispositions des habitants du midi de la France, il n'ignore pas non plus que
le nombre des réfugiés français serait bien plus considérable sans les entraves que l'on a mises pendant quelque
temps à leur émigration. Ces émigrés, tous en état de
porter les armes, brûlent du désir de servir notre sainte
cause. Ils seront perdus pour elle, si leur zèle demeure
plus longtemps sans effet.

En conséquence je supplie Sa Majesté Catholique de
vouloir bien ordonner que des lieux de rassemblement
soient fixés pour les émigrés susdits; enrégimentés par
des officiers que j'y enverrais à cet effet, ils seraient en
état sous peu de soutenir les efforts de l'armée espagnole.

Figueras ou Rosas en Catalogne, Pampîona ou Tolosa
en Navarre ou en Biscaye, me semblent les lieux les plus
propres à opérer ces rassemblements....

N° 90.

Le duc d'Angoulême à Louis XVIII.

A. B.

Madrid, 16 mai 1815.

Mon très cher oncle,

. . . .

Il est impossible d'être plus comblé de bontés que je ne
le suis par Sa Majesté Catholique ; Elle a toutes les atten-
tions imaginables pour moi. J'ai eu hier une audience
particulière d'Elle dans laquelle je lui ai détaillé mes demandes ; Elle m'a écouté avec la plus grande attention,
m'a dit que Votre Majesté ne devait pas douter de ses sentiments, qu'elle n'avait l'intention de rien prendre en
France, mais Elle m'a laissé dans l'incertitude sur l'époque
de l'action de ses troupes, à cause qu'elles ne sont pas
bien organisées. Je lui ai remis une note [1] de ce que je lui
avais dit, j'en ai remis une autre à M. de Cevallos, et j'en
remettrai une troisième au ministre de la guerre Ballasteros . . . .

. . . .

N° 91.

Note du duc d'Angoulême au roi d'Espagne, remise
le 15 mai 1815.

A. B., *copie.*

1° Que Sa Majesté veuille bien admettre en Espagne
tous ceux qui sortent de France pour la bonne cause, et
fixer deux points de réunion vers Figueras ou Rosas

---

1. Ci-dessous, n° 91.

pour les Pyrénées-Orientales, Pampelune ou Tolosa pour les Pyrénées-Occidentales, où j'enverrai des officiers pour les organiser en compagnies et bataillons.

2º Les dispositions des habitants du Midi étant excellentes, mais ayant besoin d'être promptement soutenues et secourues pour ne pas donner à Buonaparte le temps de les faire marcher de force [1], il est important qu'une armée espagnole de quarante à cinquante mille hommes passe la frontière dans les premiers jours de juin et se porte sur Toulouse.

3º Dans le cas où l'entrée immédiate des troupes espagnoles sur le territoire de France ne pourrait avoir lieu, je demande que Sa Majesté veuille bien donner l'ordre à ses généraux d'y faire entrer sur ma réquisition un corps de douze à quinze mille hommes pour me soutenir, si j'y étais entré avec un corps français, ou si j'y avais occupé quelque place.

4º Que le Roi veuille bien me reconnaître comme lieutenant général de tout le Midi de la France, pour le Roi de France, et ordonner à ses généraux de s'entendre avec moi pour les opérations.

5º Que Sa Majesté veuille bien donner une proclamation, ou la faire donner par ses généraux, annonçant que ses armées n'entrent en France que comme amies et alliées de son cousin le Roi de France, pour y agir, de concert avec moi, contre l'ennemi commun, et qu'elles y observeront la plus exacte discipline, ce qu'Elle voudra bien ordonner à ses généraux de maintenir avec la plus grande sévérité, car sans cela on s'aliénerait les sentiments des habitants, et se les rendrait contraires [2].

1. Cf. ci-dessus, nº 61, Blacas à Wellington, 19 mai, et nº 77, Gain à Castlereagh, 1er avril.
2. Cf. ci-dessous, chapitre XI, lettre de Vincent, 13 mai.

6° Les troupes espagnoles entrées en France de la manière ci-dessus, je m'engage à leur faire fournir les vivres de campagne.

7° Que deux régiments espagnols soient embarqués avec le marquis de Rivière pour occuper Marseille....

N° 92.

*Copie d'une note du duc d'Angoulême remise au minist. ?
de la guerre Ballasteros, le 16 mai.*

A. B., *copie.*

1° Deux points de réunion pour les royalistes : Figueras ou Rosas pour les Pyrénées-Orientales; Pamplona ou Tolosa pour les Basses-Pyrénées. Le duc d'Angoulême enverra des officiers pour les organiser en compagnies et bataillons; il se rendra lui-même à Figueras et enverra le lieutenant général comte de Damas à Tolosa.

2° Des rations de vivres et des fourrages pour tous ceux qui seront ainsi rassemblés.

3° L'entrée immédiate de cinquante mille Espagnols se dirigeant sur Toulouse.

4° Dans le cas où cela ne serait pas possible, le duc d'Angoulême demande que les généraux espagnols soient autorisés à faire entrer en France un corps de douze à quinze mille hommes pour le soutenir s'il y était entré avec un corps français et s'il y avait occupé quelque place.

5° Que la plus stricte discipline soit observée en France par les troupes espagnoles, et que cela soit annoncé par une proclamation.

6° Les troupes espagnoles entrées en France, le duc

d'Angoulême s'engage à leur faire fournir les vivres de
campagne....

N° 93.

Note du duc d'Angoulême pour S. E. M. de Cevallos

A. B., *copie.*

19 mai 1815.

Le duc d'Angoulême devant partir après-demain 21,
pour retourner en Catalogne, demande à Son Excellence
réponse positive et par écrit d'ici à demain matin sur les
points suivants :

1° Qu'il soit fourni six cents fusils, gibernes, etc., au
rassemblement commandé par le général d'Escars auprès
de Figueras.

2° Qu'il lui soit permis d'en acheter, s'il en trouve à
vendre, particulièrement du calibre français, inutiles aux
troupes de Sa Majesté.

3° L'ordre au général commandant en Catalogne de
mettre à sa disposition, et de le soutenir par un corps de
cinq à six mille Espagnols, s'il entre en France, avec ce
que le général d'Escars a pu rassembler.

4° Qu'on fixe les points de rassemblement désignés en
Catalogne et en Navarre.

Le duc d'Angoulême attend des sentiments bien connus
de M. de Cevallos qu'il voudra bien prendre les ordres
du Roi sur les objets ci-dessus, et lui faire connaître les
décisions de Sa Majesté, dont il ne peut trop reconnaître
les bontés....

N° 94.

Le prince de Laval au comte de Blacas.

A. B.

Madrid, le 19 mai 1815.

. . . .

J'ai fait tout ce qui était en mon pouvoir pour réclamer, au nom du Roi, le concours d'un corps de troupes espagnoles, pour soutenir l'opinion du Midi, les efforts magnanimes de Madame à Bordeaux et de M. le duc d'Angoulême vers les Pyrénées-Orientales.

Toutes mes demandes étaient superflues; il était résolu, dans la circonspection de ce cabinet, que les armées espagnoles ne se compromettraient pas avant qu'il eût connaissance de ce qui se passait au Congrès et une sécurité entière sur la coalition.

Madame a jugé à propos de ne faire qu'une apparition sur les côtes de l'Espagne [1], et les peuples du Midi ont vu à regret cette princesse s'éloigner d'un pays où elle avait laissé des espérances et des impressions profondes d'amour et d'attachement à la cause du Roi.

Monseigneur débarqua à Barcelone et m'envoya une lettre pour Sa Majesté Catholique. Il lui exprimait son désir de venir lui faire sa cour à Madrid et entrer avec Sa Majesté dans quelques développements sur les causes qui l'avaient amené dans ses États.

Je crus qu'il importait essentiellement à la considération de Son Altesse Royale qu'elle ne parût pas comme exilée à Barcelone, qu'elle ne supportât pas le même refus

1. La duchesse d'Angoulême, après cette *apparition*, se rendit à Londres, puis elle vint à Gand.

que M. le duc de Bourbon avait éprouvé, et qu'enfin le départ précipité de Madame rendait cette mesure aussi nécessaire à sa dignité qu'utile à ses intérêts.

Depuis quelque temps, M. de Cevallos m'affligeait par la plus froide circonspection et un silence accablant à toutes mes notes pressantes. Ce ministre m'envoya une réponse du Roi Catholique sans m'en donner communication. Je pressentis que ce n'était pas le cœur de Sa Majesté qui l'avait dictée, et incapable que j'étais de sortir de mon lit, je demandai pour Rivière, qui arrivait ici, une audience particulière où il devait engager Sa Majesté à permettre au prince de se rendre à Madrid. Il s'en acquitta à merveille; il repartit pour Barcelone. Je conjurai Monseigneur de ne pas s'en tenir an texte de la lettre, mais aux dernières paroles de Sa Majesté. Quelques jours après, je me traînai au palais, je vis le Roi en audience privée, et Sa Majesté me confirma qu'elle serait charmée de connaître un prince de son sang dont la conduite avait été si brillante dans les derniers combats, et les infortunes honorées par sa vaillance.

Ceci ne se passera pas sans quelque humeur de la part de son ministre. Depuis cette époque tout tourna à notre avantage. La déclaration du 13 mars, le renouvellement du traité de Chaumont parvinrent successivement. Enfin, Monseigneur arriva, et Sa Majesté le comble depuis une semaine de témoignages d'amitié et d'affection la plus tendre.

Pour les affaires, Monseigneur insiste :

1º A être autorisé à réunir sur la ligne des Pyrénées les sujets fidèles du Roi, et n'éprouver aucun obstacle dans ses levées.

2º En cas que Son Altesse Royale se portât en Roussillon, qu'il fût mis à sa disposition un corps d'Espagnols de cinq à six mille hommes pour le soutenir.

Cette demande sera plus difficile à obtenir que la première.

3° Qu'on lui fournisse à peu près mille fusils pour armer sur-le-champ ses premiers volontaires.

Il demande aussi qu'on lui désigne l'époque probable de l'entrée des armées espagnoles en France, que la plus exacte discipline soit observée par les troupes, et démontre combien il est essentiel qu'elles prennent l'attitude et tiennent la conduite d'alliés fidèles du Roi, enfin la guerre à un seul homme et à ses adhérents, et fraternité envers tous les autres.

C'est selon ces principes, que vous me recommandez de ne point perdre de vue, que tous mes offices ont été dirigés depuis l'invasion. Nous aurons satisfaction avec plus ou moins d'étendue sur tous ces articles.

Cependant hier soir M. de Cevallos, en déplorant avec moi l'état des finances de ce pays et le dénuement des troupes, ne m'a pas déguisé qu'il serait difficile de prendre l'offensive avant le 1er juillet. Le ministre de la guerre (Ballesteros), homme plein de zèle et d'activité, m'avait fait le même aveu.

Au reste, mon intelligence très amicale avec les ministres des quatre grandes puissances, et les preuves de confiance qu'ils m'ont données, en me communiquant les diverses notes qu'ils avaient passées à cet égard, me sont d'un puissant secours pour presser les opérations de ce gouvernement.

. . .   .

N° 95.

Le comte de Damas au comte de Blacas.

A. B.

Madrid, ce 20 mai 1815.

J'imagine que vous ne serez pas fâché, mon cher comte, d'avoir quelques détails sur le voyage de Monseigneur ici. Tout ce qui tient aux formes, à la bonne grâce et aux manières aimables de la part du Roi et des infants, ne doit rien laisser à désirer; mais il n'en est pas de même pour le grand but que nous ambitionnons. Ni les instances réitérées de Monseigneur, ni le concours le plus absolu de la part des ministres des puissances alliées, n'ont pu déterminer M. de Cevallos à donner une réponse catégorique, ni sur l'étendue des secours dont nous avons besoin, ni sur l'époque de leur mise en activité, encore moins sur la manière de les employer après avoir passé la frontière. Nous étions tous d'avis, le prince de Laval, le marquis de Rivière, le baron de Damas et moi, que Monseigneur ne désemparât pas avant d'avoir obtenu des réponses; mais Son Altesse Royale pense que sa présence sur la frontière en fera plus qu'un allié si difficile à mettre en action. En conséquence, il repart demain matin pour la Catalogne, où il a laissé Amédée d'Escars. Celui-ci lui donne de très bonnes nouvelles des dispositions du Midi; mais je crains les lenteurs de ce gouvernement-ci, je redoute presque autant l'ardeur de Monseigneur, qui brûle de commencer les opérations. Je veux pourtant espérer qu'il y mettra de la prudence, et qu'il ne s'exposera pas légèrement à des tentatives qui perdraient tout, si elles n'étaient pas couronnées de succès. Je ne serai pas en mesure de les prévenir ni d'y influer. Pour mon malheur, Monseigneur m'envoie au corps d'armée de Navarre essayer d'y former un rassemblement des Béarnais. Il ne me manque pour cela que des armes et de l'argent, en admettant qu'il me passe du monde. Je prévois donc des difficultés insurmontables pour moi et dans tous les genres; mais un serviteur fidèle doit obéir et faire tout sacrifice d'amour-propre et de gloire. Je me rendrai donc au poste qui m'est assigné; mais je le ferai par pur dévouement et avec la crainte positive d'échouer complètement. Plaignez-moi; mais du moins reconnaissez le zèle d'un sujet dévoué qui ne calcule rien de ce qu'il croit son devoir.

. . . .

N° 96.

Note du comte de Damas adressée à M. de Cevallos,
ministre et premier secrétaire d'État.

A. B., *copie.*

Madrid, le 28 mai 1815.

D'après la demande que Son Excellence a bien voulu me faire hier, j'ai l'honneur de mettre sous ses yeux la note suivante.

La cour d'Espagne, par le manifeste qu'elle vient de publier, annonce au monde entier qu'elle juge que la religion et la morale, encore plus que la politique, imposent la loi de faire la guerre à l'usurpateur, qui veut encore troubler la tranquillité de l'Europe, après s'être montré constamment l'ennemi de tous les rois, le tyran de toutes les nations.

Dès lors tout homme attaché à ses devoirs doit prendre les armes pour son Dieu, son pays et son Roi légitime. Cette vérité est généralement sentie en France. Les royalistes du Midi surtout attendent avec le dernier empressement l'appui que la déclaration magnanime de Sa Majesté Catholique leur donne le droit d'espérer, et ils se disposent en foule à se réunir aux armées de Sa Majesté.... Chargé par Mgr le duc d'Angoulême de marcher à la tête de ceux de la onzième division militaire, je sollicite avec ardeur des bontés du Roi :

1° Que Sa Majesté daigne donner des ordres à M. le général en chef de l'armée de Navarre, pour qu'il me reconnaisse en qualité de commandant civil et militaire de la 11ᵉ division, et qu'il favorise les opérations préliminaires dont ce titre m'impose l'obligation.

2° Que M. le comte de Labisbal soit autorisé à m'assigner un ou plusieurs villages près de la frontière du Béarn où je pourrai recevoir et organiser militairement tous les Français qui, pénétrés de leurs devoirs, viendront se ranger sous les drapeaux des lis.

. . . .

N° 97.

Le comte de Damas au comte de Blacas.

A. B.

Madrid, 1ᵉʳ juin 1815.

....Je n'ai jamais vu un pays aussi dépourvu de tout ; aussi est-ce une des raisons qu'ils donnent pour justifier leurs lenteurs à se mettre en action.

Voilà pourtant enfin les généraux qui partent pour leur armée, et moi-même je dois me mettre en route demain pour celle de Navarre et commencer l'entreprise dont Monseigneur m'a chargé. Je ne sais trop comment il sera possible de s'en tirer; tous les moyens me manquent jusqu'à présent, et je ne trouve pas le moindre concours de la part du gouvernement, Dieu seul y pourvoira. Imaginez-vous que je ne puis pas même obtenir un village où je puisse du moins ébaucher un rassemblement et une organisation. En vain notre ambassadeur, celui d'Angleterre, les ministres de Russie, de Prusse et d'Autriche, se réunissent pour tirer M. de Cevallos de sa léthargie, en vain Monseigneur a-t-il fait par écrit des demandes bien naturelles et bien simples. En désespoir de cause, depuis le départ de Monseigneur, j'ai eu une longue conversation avec le ministre, et ma logique a fermé la bouche à la sienne au point que ne sachant plus que me répondre, il m'a demandé une note par écrit qu'il mettrait sous les yeux du Roi. C'est sa manière d'agir lorsqu'il ne veut pas satisfaire les gens qui lui parlent. Je vous envoie une copie de la note, qui a eu une approbation générale ici, mais je n'en suis pas plus avancé, cet homme se refuse toujours à tout et entraîne le conseil d'État, dont la grande majorité est dans sa dépendance. J'ai cependant deux membres dans ma manche, le duc de San-Carlos et le fameux Escoïquis, mais jusqu'à présent cela ne m'a rien fait obtenir. . . . .

. . . .

IX.

LETTRES ET NOTES DE LAINÉ [1]

N° 98.

A. B.

Début de mars 1815.

Puisque la prudence veut qu'on prévoie des malheurs, je crois qu'il importe au salut de la monarchie que le Roi, après la bataille, se rende dans le Midi.

Supposez B. vainqueur, il ne sera pas plus tôt à Paris que les troupes étrangères entreront en France et alors il sera obligé de réunir toutes ses forces contre elles.

Si, dans cette perspective, le Roi se rendait au Nord, les pervers feraient courir le bruit qu'il invoque l'appui des secours étrangers contre son peuple. Cela donnerait à B. toutes les troupes réglées et produirait contre les étrangers un mouvement qui n'aura pas lieu, s'ils entrent sans avoir l'air de ramener le Roi contre le peuple.

Si le Roi se rendait dans le Nord après l'occupation de Paris, tout le Midi serait perdu pour le Roi. On sait quelle est dans toute la France l'influence de la capitale. Quelques

---

1. Lainé était président de la Chambre des députés, élue en 1814.

régiments et des commissaires de police soumettront tout au gouvernement de B. Les généraux du Midi seraient sans ressort et le mouvement des peuples serait comprimé.

Si, au contraire, après l'occupation de Paris, le Roi se rend dans le Midi, il dira : Ce n'est pas moi qui appelle dans notre patrie les troupes étrangères, c'est lui seul qui les attire.

Les sujets du Nord et du Midi dévoués trouveront un point de ralliement, le mouvement des départements au delà de la Loire se soutiendra, les généraux du Midi, prévoyant que B. ne peut lutter bien longtemps, auront intérêt à rester fidèles.

En prenant ce parti, le Roi aura les grandes villes du Midi ; les villes de Marseille et de Bordeaux, soit par elles-mêmes, soit par les voies de commerce, procureront des ressources immenses.

Par ce moyen toute la marine marchande et militaire restera au Roi, non seulement dans les ports que l'on vient de nommer ainsi qu'à Toulon, à Bayonne, sur les ports de la Méditerranée, mais encore tous les ports de la Bretagne et de la Normandie resteront mieux sous la domination.

Le pavillon blanc sera respecté sur mer, le pavillon tricolore ne le sera pas. Dès lors les villes de commerce et les ports ont un immense intérêt.

On sent que dans toute supposition, il est urgent de prendre des précautions vigoureuses pour la marine. L'esprit des marins n'est pas pour lui comme celui des soldats, et l'intérêt des ports et du commerce lui est tout à fait contraire.

Il le sera bien davantage lorsque les ports soumis au Roi seront ouverts aux étrangers et à nos vaisseaux déjà expédiés, tandis que les autres ne jouirent pas du même avantage. C'est même un objet si pressant qu'il n'y aurait pas un moment à perdre pour prendre bien des mesures relatives à la marine et se saisir des principaux papiers des bureaux de la marine.

Il est essentiel aussi que si le Roi se rend dans le Midi, il y convoque les Chambres à jour précis par une proclamation. On aura soin de dire que les Chambres ne se tiendront dans une autre ville que pendant que Paris sera occupé.

Tout donne la confiance que la majorité des Chambres s'y rendra. Quand il n'y aurait que les députés du Midi qui s'y présentassent, cela suffirait pour faire un gouvernement représentatif en conséquence de la Chárte qui n'a pas réglé le nombre.

D'ailleurs la réunion des députés des départements sous la main du Roi suffira. Le malheur sera moins grand quand le Roi aura momentanément un royaume séparé, moins exposé à l'invasion des étrangers, livré au commerce à l'abri des horreurs de la guerre. Que d'intérêts, de passions, d'affections se réuniront!

Si ce plan est adopté, il ne faudrait pas perdre une minute pour chercher des hommes qui entendent pour les moyens de communication et les finances l'organisation générale. On pourrait leur donner des missions pour le Midi et des ordres pour préparer l'exécution de ce plan.

C'est sans doute une chose délicate que de pourvoir au long voyage du Roi.

Mais les obstacles ne sont pas aussi grands qu'on le pense.

Il y a les routes de Limoges par Orléans, la route de Nantes, la route de Tours.

Elles conduisent toutes à Bordeaux.

Quel que soit le plan auquel on s'arrête, il faut préparer
la proclamation portant : Les Chambres sont convoquées
à.... elles ouvriront leurs séances le....

Elles y resteront tout le temps que Paris sera occupé
par l'ennemi. Il faudra défendre à tous les sujets de payer
des contributions aux agents de B. [1].

Tous les receveurs généraux verseront le montant des
contributions dans le trésor royal à.... (le lieu où les
Chambres seront convoquées.

La chose la plus urgente à faire, c'est de prendre des
moyens pour que la marine militaire et commerciale soit
dans la main du gouvernement du Roi.

Si l'on n'est pas sûr du dévouement du ministre actuel
de la marine, il faut chercher un chef de division dévoué
qui fasse tout.

Il faut préparer un ministère pour le Midi [2].

N° 99.

Lainé à M. le vicomte de Montmorency, à Pauillac [3].

A. B.

Bordeaux, 2 avril 1815.

Monsieur le Vicomte,

Je m'empresse de vous faire part d'une idée qui peut
être utile à la famille royale et à la France, c'est qu'un

---

1. Cf. ci-dessus, ordonnance du 23 mars, n° 14.

2. Cette opinion de Lainé était également celle de Vitrolles. Rapprocher
de ces notes le projet présenté par Vitrolles d'amener le roi à La Rochelle
et sa tentative pour organiser le gouvernement royal à Toulouse. « Il n'y
a qu'un ministre chouan pour proposer au roi de courir une pareille aventure, » disait l'abbé de Montesquiou. Lainé revint sur ce projet en juin ;
cf. n° 107.

3. Cf. ci-dessous, notes de Lainé, n° 102.

prince français aille à la Martinique, que là il établisse, au nom du Roi, un gouvernement pour toutes les colonies françaises [1], qu'il en ouvre les ports à toutes les nations et y reçoive tous les vaisseaux qui sortiront avec le pavillon blanc des ports français non soumis à B.... Ce prince déclarera que lorsque la France sera délivrée, les liens de la métropole et de la colonie seront rétablis.

Je n'ai pas le temps de vous développer toutes les conséquences de ce système ; vous en pénétrez plusieurs, et j'ose dire qu'elles seront plus utiles qu'elles ne paraissent au premier coup d'œil pour l'avantage et pour l'honneur. Que de Français iront s'y rallier au Roi avec leurs ressources ! Alors Cayenne sera rendu et il ne sera pas impossible d'avoir avant peu quelques ports à Saint-Domingue. Si on se trouvait heureux d'avoir quelque province française, combien ne doit-on pas apprécier davantage de garder sous la domination française la Martinique, la Guadeloupe, Cayenne, dans peu une partie de Saint-Domingue, peut-être un jour l'île de France, de se préparer ainsi des moyens indépendants de l'étranger pour appeler des Français et pour rentrer en France par quelques ports maritimes jaloux de ces liaisons.

Je vous conjure de ne pas perdre une minute pour faire savoir ce projet au Roi et le faire exécuter.

Agréez, monsieur le Vicomte, tous mes sentiments ; nos regrets, nos vœux, nos hommages suivent l'homme qui dans ces horribles catastrophes a le bonheur d'accompagner une princesse pour qui il me serait bien doux de mourir [2].

---

1. Pour les colonies, cf. t. II, correspondance de Stuart, n° 22, 18 avril ; n° 49, 9 mai. Correspondance de Goltz, n° 15, 16 juin.

2. Le vicomte de Montmorency accompagnait la duchesse d'Angoulême, contrainte d'abandonner Bordeaux.

N° 100.

Lainé au comte de Blacas [1].

Suscription : M. le comte de Blacas. *Pour lui seul.*   A. B.

Gand, samedi 19 avril 1815.

Monsieur le Comte,

Arrivé ici depuis quelques heures, ma première prière est de vous conjurer de ne pas dire en voyant ma signature que je suis à Gand. Il *importe* fort au service du Roi et peut-être au bien de mon pays que le président de la Chambre des députés soit ignoré et ne se trouve pas ici. Aussi bien, ma destination n'était pas pour Gand. Je suis parti de Bordeaux par mer, croyant aborder bien plus loin. Mais des circonstances particulières m'ont porté à Ostende, d'où je me suis acheminé vers le but de mon voyage.

---

1. *Moniteur universel*, n° 1, 14 avril. Déclaration de Lainé :
« Comme le duc d'Otrante, se disant ministre de la police, m'outrage assez pour me faire dire que je peux rester en sûreté à Bordeaux et vaquer aux travaux de ma profession, je déclare que si son maître et ses odieux agents ne me respectent pas assez pour me faire mourir pour mon pays, je les méprise trop pour recevoir leurs outrageants avis.... Non, je ne serai jamais soumis à Napoléon Buonaparte; et celui qui a été honoré de la qualité de chef des représentants de la France aspire à l'honneur d'être en son pays la première victime de l'ennemi du Roi, de la patrie et de la liberté, si, ce qui n'arrivera pas, il était réduit à l'impuissance de contribuer à les défendre. »

Il faut se rappeler que Lainé avait publié à Bordeaux, le 28 mars 1815, la proclamation suivante : « Au nom de la nation française et comme président de la Chambre des représentants, je déclare protester contre tous décrets par lesquels l'oppresseur de la France prétend prononcer la dissolution des Chambres. En conséquence, je déclare que tous les propriétaires sont dispensés de payer des contributions aux agents de Napoléon Buonaparte, et que toutes les familles doivent se garder de fournir, par voie de conscription ou de recrutement quelconque, des hommes pour sa force armée.... La présente protestation sera déposée dans les archives à l'abri des atteintes du tyran, pour y avoir recours au besoin. »

Je désirerais bien, monsieur le Comte, avoir un entretien avec vous sur plusieurs objets d'intérêt public. J'attends votre réponse à votre porte, et si cette lettre ne vous trouve pas libre de me répondre, je vous prie d'écrire à l'hôtel du Lion d'or, chambre n° 9, à M. Henri Bauman : c'est le nom que je porte et à l'aide duquel je suis parvenu à me soustraire à ce qu'on allait exiger de moi.

Je prends la liberté, monsieur le Comte, de vous répéter qu'il est de la *dernière importance* de cacher ma présence ici, et je vous prie d'agréer les respects de....

N° 101.

Lainé au comte de Blacas.

A. B.

Anvers, 19 mai 1815.

Monsieur le Comte,

J'ai différé à vous envoyer les notes que vous avez eu la bonté de me demander, parce que les événements ne les rendaient pas pressantes, et ensuite parce que j'en ai été empêché par des indispositions continuelles mêlées de fièvre.

Un contre-temps, qui tient aux événements commerciaux de cette ville, m'obligera à aller dans dix jours environ à Amsterdam, où l'amitié m'appelle. Mais ici ou là je serai toujours prêt à me rendre partout où Sa Majesté jugera à propos de m'employer.

Je vous supplie de continuer à observer à mon sujet la même réserve. Je n'ai aucune nouvelle de ma famille. Je sais seulement par une voie indirecte qu'elle n'a reçu aucune des nombreuses lettres que je lui ai adressées depuis mon départ.

Agréez, monsieur le Comte, l'assurance de la respectueuse affection de votre très humble et très obéissant serviteur.   H. B.

N° 102.

Notes de Lainé au comte de Blacas.

A. B.

Le Roi a auprès de lui plusieurs serviteurs fidèles et éclairés, et peut-être convient-il que le rédacteur de ces notes soit réservé pour continuer au premier moment les fonctions qui lui sont dévolues.

Son crédit et son influence diminueraient beaucoup en France, s'il se trouvait dans les lieux d'où les armées se dirigent contre la France, quoiqu'elles ne soient envoyées que contre son oppresseur et celui des nations.

Ceux qui l'ont engagé à se soustraire momentanément à la tyrannie de France l'ont conjuré de vivre ailleurs dans la retraite, comme ignoré, et pour se réserver plus utilement pour le Roi et la France.

A ces considérations, il est mû par l'intérêt de sa nombreuse famille dont il est le seul soutien, et si B. a contre lui le prétexte d'avoir suscité des étrangers, il fera séquestrer le bien qui est le seul asile et la seule ressource de huit personnes.

Cependant le service du Roi et de mon pays l'emporte sur tout et je continuerai à me dévouer en toutes choses, mais principalement, s'il se peut, dans celles qui peuvent se concilier avec ma position toute particulière.

Il paraît que les Anglais prennent les navires qui sortent des ports de France ou qui y rentrent. Bordeaux éprouvera à cause de cette mesure un dommage immense à raison

de ses anciens malheurs. Sa Majesté pourrait-elle obtenir
que le gouvernement anglais fût moins rigoureux et resti-
tuât aux correspondants de ceux que les propriétaires de
navires indiqueraient? Si cette idée pouvait devenir la matière d'une négociation particulière, je ferais ce qui dépen-
drait de moi pour remplir la mission que Sa Majesté dai-
gnerait me confier, et une fois en Angleterre, je trouverais
le moyen de donner cette espérance à mes compatriotes.

B. va prendre ou peut-être a déjà pris envers les États-
Unis d'Amérique tous les moyens d'ouvrir un commerce
à la France. Cet intérêt lui réconciliera bien des habitants
des villes de commerce. Ne serait-il pas bien convenable
qu'un avantage quelconque à ce sujet fut dû au Roi? Soit
sous ce rapport, soit sous tout autre, il doit y avoir des
communications à entretenir entre Sa Majesté et le gouvernement des États-Unis. Mes liaisons avec l'Amérique,
ma position en France, qui est toute du goût des Américains, me rendraient peut-être propre à être utile au Roi.
J'ose croire que les villes maritimes verraient avec intérêt
que je fusse chargé de quelque mission auprès des États-
Unis. Il n'est pas nécessaire que la mission soit solennelle
et je me dévouerai, si Sa Majesté le croit utile, pour une
simple commission secondaire.

Ma première pensée à Paris, au moment de la catastrophe, a été de songer au sort des colonies. Madame a dû
envoyer de Bordeaux une note [1] que j'ai remise à M. le vicomte de Montmorency. Je crois encore qu'il est de l'intérêt du Roi et de la monarchie que quelqu'un des princes
français se rende à la Martinique ; on ferait de cette
colonie une sorte de chef-lieu de toutes les autres. Pendant
la durée des circonstances actuelles, on ouvrirait les ports

1. Cf. ci-dessus, n° 99.

des colonies à toutes les nations, Anglais, Américains, etc., ce qui charmerait les colons et les Américains.

Par ce moyen les Anglais n'auraient aucun intérêt à reprendre les colonies françaises, ils rendraient l'île de Bourbon à Louis XVIII.

Au surplus, cela peut former la nature d'une communication avec l'Angleterre et les États-Unis.

Comme Madame a paru m'honorer d'une confiance particulière et qu'elle sait bien que je n'ai rien de plus à cœur qu'à sacrifier pour Son Altesse Royale le reste de ma vie, si Sa Majesté avait besoin de faire remplir auprès de Madame quelque commission de confiance, je serais heureux d'en être chargé et de rapporter la réponse.

En un mot, je suis disposé à tout ce qui me sera ordonné hors du lieu du théâtre ou des préparatifs de la guerre, parce que je crois qu'en ce cas on rendrait inutile un sujet qui peut servir autrement avec plus d'efficacité.

Si Sa Majesté croit devoir faire correspondre avec Bordeaux ou tout autre port de France, le port d'Amsterdam est celui qui peut fournir le plus de ressources sans suspicion, et j'offre, en m'y rendant, le secours de l'une des principales maisons de commerce.

N° 103.

Lainé au comte de Blacas [1].

A. B.

Sans date.

Le parti que le Roi aura à prendre à l'égard des Chambres dépendra de l'époque et des circonstances de sa

---

1. Cf., sur la question des Chambres, *Correspondance de Pozzo*, t. I, n° LXI. — Cf. ci-dessous la réponse de Blacas, 21 mai, 104. Ces notes sans date ont été rédigées postérieurement au 9 mai.

rentrée en France, car la convocation des Chambres peut être plus ou moins utile, selon les événements.

En général, puisque le Roi est réduit à rentrer en France avec les armées alliées, il est prudent peut-être de tout pacifier avec ce secours avant d'appeler les Chambres.

A quelle époque et en quel lieu que le Roi juge à propos de les rassembler, il y a une difficulté à examiner, celle de savoir si les membres qui ont pris part au gouvernement de Bonaparte y seront rappelés.

Peut-être faudra-t-il distinguer entre ceux qui y ont pris part simplement depuis son invasion et ceux qu'on pourrait justement accuser de l'avoir favorisée.

Il est bien certain qu'à l'égard de ces derniers, il est difficile de se résoudre à les voir siéger. Cependant le caractère des pairs pendant leur vie et dos députés pendant le temps de la députation passe pour indélébile. On pense assez généralement qu'ils ne peuvent cesser de l'être qu'en vertu de jugements qui les priveraient de cette qualité.

On avait pensé, dans le cas de la convocation, à déclarer que tel et tel s'abstiendraient de siéger jusqu'à ce que chacune des Chambres à laquelle ils appartiennent eût statué. Mais c'est donner à chaque Chambre un droit d'exclure, ce qu'on peut lui contester.

Ne vaudrait-il pas mieux fermer les yeux sur la conduite d'un très petit nombre de pairs ou de députés qui ont pu favoriser l'invasion de N. B.? Aussi bien, leur qualité n'empêchera pas qu'ils puissent être compris dans les poursuites à faire contre les vrais complices de N. B. s'ils le méritent.

D'ailleurs il est probable que si les membres des Chambres obéissent à la convocation, ils se conduiront d'une manière satisfaisante.

Mais parviendra-t-on à les rassembler si B. continue à occuper Paris ; — si les Chambres qu'il aura convoquées concourent à sa législation d'une manière active ; — si dans les Chambres de sa composition, il y a beaucoup de membres de la Chambre des pairs et de la Chambre des députés ?

Alors, dans le dernier cas surtout, la convocation des Chambres deviendrait impossible et il faudra bien chercher un autre expédient.

Ne vaudra-t-il pas mieux, pour convoquer les Chambres ou pour les remplacer, être à peu près dans une position fixe et sûre ? Le Roi, à mesure qu'il pénétrerait, s'entourerait des conseils généraux et gouvernerait à l'aide des ordonnances que la Charte autorise à faire, et comme ses actes seront étayés d'une force publique suffisante, on peut différer la convocation sans inconvénients. Toutefois le Roi doit toujours annoncer qu'il s'occupe des moyens de convoquer incessamment les représentants de la nation, pour agir selon son vœu, son intérêt, et celui de la monarchie, qui en est inséparable.

Supposez qu'on soit réduit à la nécessité de ne pas convoquer les mêmes Chambres, il faudra bien procéder à une nouvelle composition.

La Charte a établi des conditions pour être électeur [1] ou éligible, elle a promis une loi sur le mode d'élire, et cette loi n'est pas faite.

Mais le roi, en raison des circonstances et en conséquence de la Charte même, peut rendre une ordonnance pour procéder aux élections en se conformant autant qu'il sera possible aux conditions de la Charte.

---

1. Conditions de l'électorat : trente ans d'âge et paiement de 3oo fr. de contributions directes ; conditions de l'éligibilité : quarante ans d'âge et 1,ooo fr. de contributions.

Le mode le plus naturel et le plus prompt serait de convoquer pour cette fois les collèges électoraux de département seulement, en les chargeant d'élire les députés de chaque département.

Peut-être le Roi pourra-t-il convoquer en outre des députés des cours de justice, des principales chambres de commerce, des universités ou académies, de quelques corporations libérales. Il rentrerait ainsi un peu dans la formation des États généraux, véritable constitution de la France.

Si ce moyen n'est pas jugé assez populaire, on pourra convoquer (comme vient de le faire B.) et les collèges de département, et les collèges d'arrondissement, et les chambres de commerce.

Ce serait aussi un grand moyen de popularité de suivre les formes de la constitution de l'an IV pour la composition du conseil des Cinq-Cents [1]. Il n'en fut guère de plus libre, de plus nationale ; la France fut par elle vraiment prospère jusqu'au fatal 18 fructidor.

En agissant ainsi le Roi aura l'avantage de pouvoir dire : jusqu'à ce qu'il ait été fait par les Chambres une loi sur le mode d'élection, je suis le mode qui a eu le plus l'assentiment et le vœu national avant l'usurpation de N. B. Par cette constitution de l'an IV, il y avait bien un Conseil des Anciens, mais il est remplacé par la Chambre des pairs, dont la formation a le vœu général en France.

Il s'agit de savoir comment le Roi la composera : de tous

---

1. « Tout homme né et résidant en France, qui, âgé de vingt et un ans accomplis, s'est fait inscrire sur le registre civique de son canton, qui a demeuré pendant une année sur le territoire de la république et qui paie une contribution directe, foncière ou personnelle, est citoyen français. » Les citoyens forment les assemblées primaires qui nomment, par deux cents citoyens, un électeur âgé de vingt-cinq ans au moins et possédant un bien d'un revenu égal à la valeur locale de cent cinquante à deux cents journées de travail. « Pour être élu membre du Conseil des Cinq-Cents, il faut être âgé de trente ans accomplis. »

ceux qui n'ont pas pris part à la rébellion de B., de plusieurs hommes recommandables dont les noms sont à la fois une garantie pour les inquiétudes sacrées et pour la monarchie.

Résumons.

Si le Roi entre en France avant que les Chambres de B. soient organisées, ne convient-il pas, en fermant les yeux sur la conduite de quelques membres, de convoquer les Chambres faites selon la Charte?

Si au contraire la rentrée du Roi se fait plus tard, n'est-il pas à propos de gouverner par ordonnances, jusqu'à ce que la situation des choses soit plus fixe?

Au premier moment favorable, convoquer les électeurs sur les bases ci-dessus indiquées. On incline, afin de rendre le Roi plus populaire, qu'il choisisse les formes de la constitution altérée au 18 fructidor et depuis détruite par B.

Les derniers actes de l'usurpateur ne nécessitent-ils pas quelques mesures vigoureuses?

Le rapport du ministre Fouché, qui est dans les journaux anglais, et le décret qui le suit font voir que Bonaparte seul recommence la Convention.

Il est bien important d'ouvrir les yeux des Français sur cet acte; le *Journal* [1] *universel* ne peut-il pas s'étonner de ce que B. ayant abdiqué, non relevé de son abdication, proscrit au contraire par les puissances qui l'ont admis à abdiquer, s'ingère à faire des lois *sur les personnes et les propriétés?*

Quel outrage à une nation! Quelle faiblesse de sa part de souffrir qu'un homme qui n'a aucune qualité, qui agit à l'encontre de tous les titres, puisse faire les lois, disposer des personnes et des propriétés.

---

1. Rature : *officiel.*

Voilà comment il ajoute l'usurpation à l'usurpation, et s'arroge le pouvoir législatif le plus essentiel au moment où il promet à la nation l'exercice de ses droits.

Dira-t-on que le Code pénal prononce des peines et qu'il ne fait qu'en provoquer l'application? Mais depuis son abdication, les peines de ce Code, loin d'être contre ceux qui servent le Roi, sont applicables à ceux qui servent l'empereur.

On voit qu'il n'a d'autre but que de multiplier les confiscations dont il a besoin et qui fourmillent dans le Code pénal. Il peut, avec ce Code qui assurera à jamais la lâcheté des Français, faire confisquer les biens de tous ceux qui quittent la France, qui servent le Roi, qui dans l'intérieur maudissent son régime, au milieu même de leurs familles qui crient : vive le Roi! etc., etc.

Les rédacteurs du *Journal universel* peuvent éclairer la France, mais il importe peut-être que le Roi se prononce avec fermeté et multiplie les moyens de faire connaître en France ses décisions.

Jugera-t-on à propos de faire une ordonnance dans le sens suivant [1] :

Si nous savons apprécier le silence et compatir à la douleur des Français qui déplorent la perte de la liberté publique, les maux de leur patrie, et dont le cœur est toujours fidèle à leur Roi, notre justice et l'intérêt même de la nation dont nous sommes le premier dépositaire nous obligent à déployer la sévérité des lois contre ceux de nos sujets qui auront pris une part active à la rébellion de N. Bonaparte, et auront, au mépris de la Charte, des lois, de nos ordonnances, de leurs serments et de leurs devoirs, exécuté les actes émanés de sa volonté ou de son gouvernement.

---

1. Cf. ci-dessus, projet d'ordonnance, n° 22, l'ordonnance du 20 mai, n°˙ 23 et 24, et lettre d'André, n° 69.

En conséquence, etc., etc.

Nous prohibons à tous les Français de se réunir sous le nom de Chambre des représentants ou de Chambre des pairs, si ce n'est sur notre propre convocation, que nous nous proposons de faire incessamment; et ce, à peine d'être regardés comme complices de la rébellion de N. B. et punis comme tels. Ceux des pairs, nommés par nous, qui accepteront des fonctions quelconques sous N. B., cesseront de plein droit de faire partie de la Chambre des pairs, et si ce sont d'anciens sénateurs, ils seront privés de leur traitement.

Nous faisons inhibition et défense à tous procureurs généraux, à tous magistrats exerçant le ministère public, à tous juges des cours et tribunaux, à tous préfets, sous-préfets, maires ou commissaires à ce délégués, d'exécuter les actes qualifiés de décrets, d'arrêtés, de loi ou de tel autre nom, par lesquels N. B. ou ses agents ordonneraient des poursuites, des séquestrations, des confiscations, contre aucun de nos sujets, pour avoir favorisé la Restauration, pour être sortis de France depuis la rébellion, pour s'être attachés à notre service soit à l'intérieur, soit à l'extérieur de notre royaume. Tous ceux des susnommés qui auront exécuté lesdits actes ou concouru à leur exécution seront poursuivis selon la rigueur des lois et punis des peines qu'elles prononcent contre les personnes et les biens de ceux qui sont déclarés rebelles et qui ont attenté à la sûreté de l'État.

Les ministres de N. B. et les commissaires généraux délégués par lui, qui ont accepté leurs commissions, sont déclarés rebelles. Ils seront poursuivis selon la rigueur des lois et punis des peines qu'elles prononcent contre les personnes et les biens des rebelles qui ont attenté à la sûreté de l'État.

Le mot *biens*, qu'on remarque à la fin des deux derniers articles, ne veut pas dire que le Roi rétablit les confiscations. Les biens répondent toujours des dommages et des dépens, et au milieu des obscurités de la législation française, il n'est pas hors de propos de laisser un mot capable d'inspirer de grandes craintes.

Il y aurait quelque chose de plus utile : ce serait que les alliés proclamassent en leur nom : Les biens des ministres, des conseillers d'État, des commissaires généraux délégués dans les départements, des généraux en chef, de ceux qui figureront dans les Chambres se disant des pairs ou des représentants, composées par suite des actes émanés de N. B. depuis son abdication, seront affectés aux dépenses de la guerre que nécessitent la violation des traités et l'invasion de N. B.

Il est bien aisé de motiver une pareille résolution et d'expliquer pourquoi on se borne à ceux-là. C'est que l'on considère tous les autres, militaires ou civils, comme réduits à l'obéissance passive.

Si les alliés ne croient pas devoir faire une pareille déclaration, ne serait-il pas à propos que le Roi la proclamât en son nom dès qu'il entrerait en France ? Il y donnerait entre autres motifs celui-ci, que le poids de la guerre doit retomber principalement sur ceux qui l'ont rendue nécessaire.

N° 104.

Le comte de Blacas à Lainé.

A. B., *minute.*

Gand, ce 21 mai 1815.

Je suis très fâché, Monsieur, d'apprendre qu'une indisposition aussi longue ait été la cause d'un silence qui m'inquiétait. Ne sachant point votre adresse, je craignais qu'il me fût impossible d'avoir indirectement de vos nouvelles. Puisque vous paraissez décidé à vous éloigner encore, je vous prie de m'envoyer l'adresse de quelque négociant sous le couvert duquel je puisse vous adresser mes lettres.

Les notes que vous m'avez fait l'honneur de m'envoyer me paraissent remplies d'idées fort justes. Mais dans l'examen des hypothèses auxquelles vous en faites l'application, je penche à croire que celle dans laquelle le Roi sera contraint de différer la convocation des Chambres est la plus vraisemblable. Dans cette supposition il me semble que les deux questions suivantes peuvent être offertes à vos réflexions, en vous faisant observer qu'un certain nombre de membres de la Chambre des députés ont été déjà élus *représentants* dans l'assemblée illégale et rebelle formée par B.

1° Convient-il de convoquer les deux Chambres au seul effet de leur faire passer la loi des élections, mais en privant du droit de délibération, dans l'une comme dans l'autre, les membres sur lesquels pèse l'accusation de rébellion et d'infidélité? Cette loi une fois agréée, le Roi dissoudrait constitutionnellement la Chambre des députés et la remplacerait par une élection générale.

2° Est-il préférable ou même indispensable, d'après la confusion dans laquelle les élections ordonnées par Bonaparte vont jeter la représentation nationale, de régler comme vous le suggérez un mode provisoire d'élection? Pour le rendre conforme aux dispositions de la Charte, ne pourrait-on pas rassembler les éléments du corps électoral en faisant élire les députés par tous les citoyens payant 3oo francs de contribution, et parmi les contribuables que la Charte reconnaît comme éligibles, en privant pour cette fois du droit d'élection et d'éligibilité les hommes qui se sont déclarés ennemis du gouvernement royal par quelque acte authentique tel qu'une adhésion aux fédérations bonapartistes, l'acceptation d'une fonction publique, etc., etc.?

Je vous serais très obligé de vouloir bien réfléchir à ces deux questions et m'envoyer votre opinion sur l'une et sur l'autre, en partant des principes que vous avez établis et sur lesquels nous sommes entièrement d'accord.

Recevez, je vous prie, Monsieur, les assurances de ma considération la plus distinguée et du bien sincère attachement que je vous ai voué pour la vie.

N° 105.

Lainé au comte de Blacas.

A. B.

Anvers, 26 mai 1815.

Monsieur le Comte,

Plus j'y pense et plus je crois, comme vous le dites, que le gouvernement du Roi doit agir autant qu'il est possible, en conséquence de la Charte, et en la relisant bien on y trouve une autorisation suffisante de convoquer pour les élections ceux que la Charte désigne comme électeurs. Il est probable que si le Corps législatif avait eu le temps de faire une loi sur les élections, il aurait réglé les choses de manière que les électeurs payant 3oo fr. eussent composé un collège électoral *réduit*. Mais qui empêche de considérer comme formant le véritable collège électoral tous les propriétaires payant 3oo fr.? Il n'y aura d'embarras que pour Paris et les grandes villes, et d'autre

danger que d'avoir des assemblées trop démocratiques.
Mais quand on est réduit à choisir entre les inconvénients,
c'est une nécessité de prendre le parti qui en présente le
moins, en cherchant tous les moyens de diminuer les embarras et les dangers.

Appeler tous les électeurs devant les autorités exis-
tantes ou qui existeront, c'est s'exposer à de mauvais
résultats ou à des troubles. Il est donc à propos de nommer, comme le dit la Charte, un commissaire pour présider chaque collège électoral, c'est-à-dire pour se trouver
dans le lieu où les électeurs viendront porter leur vote.

Il semble nécessaire que chaque chef-lieu d'arrondissement de sous-préfecture soit désigné pour recevoir les votes.
Pour Paris et pour les grandes villes, il sera pris des
mesures particulières. Ce mode, que la nécessité semble
commander, obligera d'avoir un nombre de députés plus
considérable que celui qui compose la Chambre, mais en
cela la Charte n'est pas contredite, car elle ne parle que
du nombre de députés que chaque département a eu ; or,
dans les différentes phases de la Révolution, ce nombre a
varié. Au surplus, le gouvernement ne manquera pas d'a-
vertir, dans la proclamation, que dès que les Chambres
seront réunies, elles pourront s'occuper d'un autre mode
d'élection. ainsi que des moyens de perfectionner la
Charte.

Faut-il se borner à un député par arrondissement, cela
formerait environ cinq cents. Mais les villes populeuses
diront que les élections sont toujours en raison combinée
de la population et de la propriété. A la vérité on peut
dire : d'après la Charte, chaque collège d'arrondissement
peut choisir le député par tout le département et même
par toute la France, dès lors il y a peu d'intérêt à ce que
tel arrondissement en envoie plus que tel autre. Cepen-

dant, pour éviter les murmures, on peut donner à tel arrondissement fort peuplé le choix de tel nombre de députés que l'ordonnance fixera.

Il était dans la pensée du gouvernement du Roi et dans l'esprit de la Chambre que le président a manifesté, que les chambres de commerce des principales villes et les universités envoyassent des députés. Les gens de B. se sont emparés de cette idée en ce qui touche le commerce. Il serait bien à désirer que le gouvernement du Roi pût la mettre en pratique, mais la Charte en laisse-t-elle la faculté? Si vous ne le pensez pas, on peut se borner à regretter que la Charte ne l'autorise pas quant à présent et à annoncer que la question sera proposée aux Chambres.

Si l'on se borne à demander un député par arrondissement de sous-préfecture, en attribuant le choix d'un plus grand nombre aux arrondissements où sont les grandes villes, il deviendra indispensable de désigner par l'ordonnance le nom de chaque arrondissement qui aura la faculté d'envoyer plus d'un député.

Voici alors l'esquisse des principales dispositions de l'ordonnance.

Tous les Français jouissant de l'exercice de leurs droits civils et payant 3oo fr. de contributions directes procéderont au choix des représentants qui doivent former la Chambre des députés.

Ils se réuniront à cet effet en collège électoral au chef-lieu de l'arrondissement de la sous-préfecture de leur domicile pour y déposer leur vote, et dans les villes au-dessus de tant.... de mille âmes, ils se réuniront en autant d'assemblées qu'il y aura de députés à élire, conformément au tableau ci-annexé.

Une commission du Roi présidera la réception des votes.

La séance sera ouverte à neuf heures du matin jusqu'à . . . . heures du soir. Elle durera trois jours pour chaque scrutin, qui sera toujours dépouillé le quatrième.

La liste des vingt personnes qui auront obtenu le plus de voix au premier tour de scrutin, si personne n'a réuni la majorité absolue, sera affichée avant de procéder au second tour de scrutin.

Au troisième scrutin les voix ne pourront plus se porter que sur les deux qui auront obtenu le plus de voix au scrutin précédent.

Les électeurs se conformeront pour les élections aux conditions prescrites par la Charte. Néanmoins la Chambre des députés jugera seule de la validité ou invalidité des élections.

Par ce projet chaque assemblée d'électeurs n'aurait qu'à choisir un seul député, ce qui est très avantageux. Le gouvernement conserve une juste influence et l'assemblée a toute liberté.

A l'aide du mode, l'assemblée n'est pas du tout délibérante. On reçoit le scrutin à toute heure et par là le gouvernement a l'avantage d'être sûr qu'il y aura des élections, puisque ses partisans ne manqueront pas de s'y rendre.

On sent qu'il y a plusieurs articles de détail à faire, mais les bases principales sont posées et elles ont un avantage de plus, celui de se rapprocher des formes anglaises.

Le mode d'élection un peu long laisse au gouvernement la faculté de régler les choses, en attendant que la Chambre soit composée. En même temps que Sa Majesté rendra l'ordonnance pour les élections, elle pourra compléter et convoquer la Chambre des pairs. Cette convocation et la réunion des collèges électoraux neutraliseront les Cham-

bres de B. si elles existent encore à Paris, lorsque le Roi
jugera à propos de rendre ses ordonnances.

Voilà, monsieur le comte, après y avoir bien réfléchi,
le parti que je crois le plus expédient dans la nécessité
où l'on est, comme vous le dites, de procéder en conformité de la Charte.

Permettez-moi de vous prier d'observer que la conduite
des plénipotentiaires américains qui étaient en Angleterre,
et peut-être de leur gouvernement, exigerait bien que le
Roi eût un représentant qui, sans caractère solennel, fût à
portée de déjouer les efforts de B. On forcerait par là ce
gouvernement à s'expliquer ou du moins à ne pas recevoir
d'ambassadeurs de B. et à ne pas en envoyer près de
lui.

Vous pouvez, monsieur le comte, m'adresser vos lettres
toujours à la même adresse. Je prends des moyens pour
qu'elles me parviennent à Amsterdam durant le peu de
temps que j'y resterai.

J'ai l'honneur de vous réitérer l'assurance du respectueux dévouement....

N° 106.

Le comte de Blacas à Lainé.

A. B., *minute.*

Gand, ce 10 juin 1815.

Je n'ai point encore répondu, Monsieur, aux observations que vous m'avez fait l'honneur de m'adresser sur la
forme d'élection à laquelle il serait probable que l'on
serait obligé d'avoir recours après la rentrée du Roi et la
pacification de la France. Il me paraît que les circons-

tances du moment doivent plus que jamais fixer l'attention sur cet objet important et même fournir à cet égard quelques nouvelles lumières. Le nombre des hommes qui, violant leur serment, ont reconnu le gouvernement usurpateur et siègent dans une assemblée factieuse qui adhère à l'exclusion perpétuelle de la Maison royale, laisse dans la Chambre des députés un vide qui semblerait prescrire une nouvelle élection. D'un autre côté, lorsque ces scandaleuses défections rendent si nécessaire de fixer les regards publics sur des exemples de constance, il serait fâcheux que la partie saine de l'assemblée ne fût pas rendue au moins momentanément à ses fonctions. Les membres qui ont trahi d'une manière manifeste tous les devoirs de sujet et de citoyen, frappés d'ailleurs d'une accusation de flagrante trahison, me paraissent exclus par le fait même de leur délit. Dans cet état de choses, j'avoue que je pencherais beaucoup, Monsieur, pour une élection partielle dont l'objet serait de compléter la Chambre des députés, car je ne partage pas votre sentiment sur leur nombre, qui me paraît décidément fixé par la Charte, en ce qui concerne ceux des départements. Une innovation sur ce point ne serait, selon moi, ni dans l'intérêt du Roi, ni conforme aux principes constitutionnels dont il faut chercher à ne point s'écarter. Je proposerais que chacun des départements ayant des membres morts ou exclus les remplaçassent par un mode d'élection à peu près semblable à celui que vous indiquez, si ce n'est qu'il y aurait deux degrés d'élection. Ainsi, dans chaque arrondissement ou même dans chaque canton, les contribuables payant 3oo fr. d'impositions choisiraient un certain nombre de personnes pour former dans le chef-lieu du département un corps électoral réduit, lequel serait présidé par le commissaire du Roi et ferait l'élection définitive. De la sorte tous les contribuables de cette classe participeraient également au droit d'élection sans rien innover au nombre des députés. L'idée de faire entrer les députés du commerce pourrait se concilier avec un pareil plan. Quant aux universités, il semblerait indispensable d'ajourner leur droit d'élection jusqu'au moment où elles seront réorganisées.

Je vous prie, Monsieur, de réfléchir encore à ces idées que personne n'est plus que vous en état de soumettre à un examen éclairé. J'ai pensé que ce tempérament aurait l'avantage d'éviter l'extrême agitation, résultat presque infaillible d'une élection populaire dans un temps où toutes les passions seront fort exaltées, et de la rendre cependant assez nombreuse pour donner à la Chambre l'aspect d'une assemblée animée d'un nouvel esprit.

On parle beaucoup, à Paris, de l'existence d'un tiers parti entre les fauteurs de Bonaparte et les royalistes [1]. Son but serait d'offrir dans une autre usurpation une autre garantie à tous les crimes et à toutes les trahisons. Quelque force éventuelle qu'il acquière dans la capitale et parmi les complices mêmes de Napoléon, je doute qu'il fasse beaucoup de prosélytes en France.

Agréez, je vous prie, Monsieur, la plus sincère assurance de mon inaltérable attachement, et de la considéraration distinguée avec laquelle j'ai l'honneur d'être, Monsieur, votre très humble et très obéissant serviteur....

1. Cf. ci-dessus, n° 80, et la note 2, p. 158, et ci-dessous, n° 107. Il s'agit du parti qui songeait à offrir la couronne au duc d'Orléans.

N° 107.

Lainé au comte de Blacas.

A. B.

Lundi 19 juin 1815, Amsterdam.

Monsieur le Comte,

Les réflexions de votre lettre me paraissent d'une prudence consommée, et si j'ai incliné pour un grand nombre, c'est pour satisfaire à beaucoup d'opinions de poids, multiplier les partisans et proportionner la Chambre des députés à la Chambre des pairs. Si j'ai parlé d'un mode d'élection *de plano*, c'est que la Charte n'en a pas tracé d'autre, car le corps intermédiaire est tellement dans mon sentiment que mon projet était tout prêt. Je ne connais le nom de quelques députés à la Chambre de B. que par les journaux anglais, et j'étais loin de croire qu'un grand nombre des anciens y avaient pris part en consentant à proférer un exécrable serment. Si vous avez sous les yeux la liste de ceux qu'on appelle *représentants*, vous pouvez, en la comparant avec la vraie, juger si la majorité nous reste. En cas d'affirmative, on pourra convoquer même sans faire de nouvelles élections, en déclarant que ceux qui ont pris part au gouvernement de B., ayant abdiqué leur qualité, ne sont plus membres de la Chambre des députés. S'il en est de même de la Chambre des pairs, les choses deviennent assez plénières *(sic)*, et la première dont on s'occuperait serait une loi sur les élections. Je sens bien qu'il serait plus régulier de procéder en complétant comme vous le dites, mais je vous prie de peser les observations suivantes. Dans *tous* les départements il y a quelque député à remplacer, dès lors il faudrait partout convoquer les hommes payant 3oo fr., former dans chaque département un collège, et comme même après la rentrée du Roi, il y aura plûsieurs départements soumis aux pervers, on réunirait difficilement les députés qu'il peut être pressant de convoquer dès qu'une partie de la France aura recouvré son Roi et sa liberté. Je me plais toujours à croire qu'avec moins de vingt mille hommes, surtout à l'aide de la Vendée, on aurait tout le Midi et une grande partie des côtes de la Bretagne ; alors le projet que j'eus l'honneur de vous communiquer en mars [1] pourrait se continuer, et si le Roi ne jugeait pas à propos de s'y rendre, il pourrait déléguer Monsieur ou le duc d'Angoulême en qualité de lieutenant général. Je suis prêt à aller trouver Son Altesse Royale Mgr le duc d'Angoulême au premier ordre de Sa Majesté.

Je me suis déjà aperçu, par deux fragments des journaux anglais, et une grande insinuation de l'un d'eux, que le parti dont vous me parlez a fait des progrès en France et a quelques prosélytes même en Angleterre ; j'ai été *stupéfait,* dans les dernières journées de mon séjour à Paris, du nombre de gens qui inclinaient à cette effroyable idée, et lorsqu'en me pressentant très fortement on me nomma le prince [2], je répondis trop vivement : Dans le Midi nous aimons autant B. que lui. Permettez-moi, monsieur le Comte, de vous rappeler la pensée dont je vous ai fait part à Gand. Ne serait-il pas possible de tirer avantage de cette faction à l'aide du prince que j'aime à y croire étranger ? Si on peut compter sur lui, pourrait-on s'en servir pour abattre plus aisément B. en lui proposant

1. Cf. n° 98.
2. Le duc d'Orléans.

de s'honorer en déclarant ensuite aux yeux du monde qu'il n'agit que pour son Roi. Je sens que la chose est délicate; mais vous sentez que si l'âme du prince est aussi élevée qu'elle paraît éclairée, il peut jouer un rôle admirable, surtout si les souverains alliés sont mis dans la confidence.

Les horreurs que préparent les jacobins et le sort dont B. est menacé par eux doivent rassurer du côté de l'empereur d'Autriche, qui sans doute ne doit pas être disposé à exposer une archiduchesse à être traînée dans le faubourg Saint-Antoine.

Je vous prie, monsieur le Comte, d'excuser les irrégularités d'une réponse aussi précipitée; veuillez y trouver une preuve de mon dévouement et de ma respectueuse affection.

N° 108.

Lainé au comte de Blacas.

A. B.

Amsterdam, 17 juin 1815.

Monsieur le Comte,

Je reçois ici par l'Angleterre, et pour la première fois depuis mon départ de France, des lettres de Bordeaux datées du 23 mai. On y dit que dans la onzième division militaire, il n'y a pas plus de sept mille hommes de troupes de ligne, que plusieurs des officiers qui les commandent ne soupirent qu'après l'occasion de servir le Roi, que la plupart des soldats sont à B. parce qu'ils espèrent le pillage. On me mande que s'il avait paru dix mille hommes, tout le Midi était comme à la fin de mars. L'esprit de Bordeaux est toujours le même, les tribunaux n'entrent pas. On ne s'est pas rendu dans les collèges électoraux, les députés l'ont été par seize électeurs. On a nommé des agents de Fouché, des hommes pervers, et dans le reste du département, trois jacobins forcenés, entre autres un ex-général que j'ai trouvé dans votre antichambre aux Tuileries, qui était dès lors agent de B., que lord d'Halousie ne voulut pas faire arrêter malgré le cri public et s'appelle Cæsar Faucher [1] et est extrêmement dangereux, quoique fort corruptible.

Les mêmes lettres me mandent que toute communication est interrompue avec Nantes et les départements de l'Ouest. Le courrier de Paris était même en retard et on croyait qu'il serait intercepté à Poitiers. Mais en même temps on me mande que bien des gens se découragent à cause des retards, et qu'un coup de canon tiré au milieu du mois de mai aurait retenti dans tout le Midi. Les classes de la société les plus indifférentes ont horreur et frayeur des jacobins et de la domination de Paris, où ils paraissent régner.

J'ai conféré ici avec un homme du plus grand mérite et accoutumé aux troubles politiques. Il regrette que les hommes honnêtes aient eu le scrupule de ne pas se présenter dans les collèges et que s'il y en avait eu un peu plus grand nombre même dans la Chambre de B., la force de l'opinion publique les ferait prononcer en faveur du Roi. Ce même homme pense que dans l'intérêt du Roi on ne doit rien ménager pour s'y procurer des intelligences, car la plupart doivent être intéressés comme Paris même à renverser B.

---

1. César Faucher et son frère Constantin furent fusillés à la deuxième restauration. Il est curieux de noter qu'en 1793 ils avaient été condamnés à mort à la Rochelle pour avoir porté le deuil de Louis XVI et prononcé son éloge.

En rêvant aux moyens de se ménager ces intelligences, je me suis dit qu'on pourrait peut-être profiter de l'infâme décret qui porte que ceux qui ne seront pas rentrés au 3o juin seront poursuivis par les procureurs généraux pour être jugés. Dès qu'on connaîtrait des poursuites commencées contre quelques serviteurs du Roi, il serait bien d'en trouver d'assez dévoués pour demander publiquement à rentrer en France pour s'y défendre. Certes s'ils ont dirigé des poursuites contre moi, je suis prêt à me dévouer, je dirai que je demande à être jugé, pourvu que je le sois par des jurés et que ma défense soit publique. Avec les principes qu'ils sont obligés d'avoir, quoiqu'ils les détestent, la publicité d'un tel procès est propre à causer un mouvement et faciliterait les intelligences que, j'en suis convaincu, beaucoup désirent même parmi les membres de cet abominable gouvernement.

Je soumets, Monsieur le Comte, ces idées à votre sagesse et à votre circonspection, en vous réitérant que je suis toujours aux ordres du Roi.

Je suis avec respect votre bien dévoué serviteur.

H. B.

P.-S. — Les petites fièvres qui me minaient m'ont à peu près quitté, mais c'est pour me rendre des douleurs de rhumatisme qui m'ont retenu bien des jours sur la route. Les docteurs veulent que j'aille aux eaux, qui m'ont toujours été fort salutaires, mais des voyageurs me disent que B. a à Aix-la-Chapelle de nombreux et chauds partisans.

Vous pouvez, monsieur le Comte, m'écrire sous le couvert de M. Frazer, négociant, maison Gall, à Amsterdam.

N° 109.

Note de Lainé.

A. B.

Sans date.

Il paraît qu'on a eu l'intention de donner la faculté de suspendre le paiement de la totalité des droits réunis à l'exception des tabacs, qui se trouvent réservés par les derniers termes de l'article 23 [1].

Peut-être est-il prudent de ne pas donner des pouvoirs aussi généraux.

Dans tel département on a horreur de l'impôt sur le sel et on paie volontiers des droits sur les boissons. Dans tel autre on paie volontiers des droits sur les sels et les boissons et on résiste à la taxe sur les tabacs. L'Alsace et la Lorraine supportent ce dernier impôt fort impatiemment et consentent à tous les autres pourvu qu'elles aient la culture du tabac.

Ne conviendrait-il pas mieux de donner aux commissaires le pouvoir de suspendre le paiement de ceux des droits réunis qui sont les plus onéreux aux départements dans lesquels ils exercent leur fonction, ou, selon les circonstances et l'avantage du peuple, et l'intérêt du trésor, de réduire la taxe des impôts indirects?

Art. 22. — Ils sont à cet effet autorisés.... et déclareront la résolution où nous sommes de provoquer, aussitôt que nous pourrons réunir les deux Chambres, la suppression définitive des droits jugés les plus vexatoires, la réduction de certains autres et leur remplacement, si, etc., etc.

---

1. Cf. ci-dessus, n° 16. Les articles visés par Lainé y sont numérotés 19 et 20.

X.

WATERLOO.

—

N° 110.

Pozzo di Borgo à Louis XVIII.

A. B.

Bruxelles, 5 heures du matin, 19 juin 1815.

Sire,

Le duc de Wellington, que j'ai quitté à minuit, m'a chargé d'informer Votre Majesté des événements de la journée d'hier. Sa Seigneurie a gagné la bataille la plus complète, la plus contestée, la plus glorieuse et peut-être la plus conséquente de l'histoire. Le rival et les ennemis de la France ont été vaincus après neuf heures de combat. Le duc s'est surpassé en héroïsme, et la science militaire n'a jamais été mise à une plus grande épreuve.

L'ennemi est en pleine déroute, il a perdu son artillerie et perdu aujourd'hui les restes de son armée dispersée.

J'aurai l'honneur de soumettre à Votre Majesté les détails de cette mémorable journée, et je la supplie, en attendant, de vouloir bien agréer mes félicitations et mon profond respect.

N° III.

Le comte de Blacas à Wellington.

A. B., *minute.*

Sans date.

Mylord,

Avoir à féliciter Votre Excellence et l'Europe entière de la nouvelle gloire dont vous venez de vous couvrir est un bonheur auquel se joint, pour ceux qui vous connaissent, un sentiment dont j'ose me flatter que vous me croirez pénétré.

Le Roi a reçu [1] du général Pozzo di Borgo la nouvelle du triomphe décisif que vous avez remporté.

Autant qu'on peut juger par les premières informations, le succès de Votre Excellence a surpassé ceux dont sa brillante carrière était déjà remplie; je ne crois point, dans une pareille circonstance, lui paraître importun en lui rappelant une demande que j'avais eu déjà l'honneur de lui soumettre [2] et que la conjoncture

---

1. Ratures : *Ce matin du général Pozzo di Borgo, la nouvelle du triomphe décisif [qui vient d'illustrer encore. a couronné vos] que vous avez remporté [sur l'ennemi le plus redoutable, un ennemi, l'ennemi du monde ; et vous devez aussi penser que les espérances dont il est le gage n'est pas n'a pas été le seul motif du de la vive satisfaction] sur l'oppresseur de la France et S. M. me charge de vous exprimer [toute la part que S. M. prend] tout ce qu'elle éprouve dans cette occasion pour l'intérêt de ses sujets, [pour le celui de l'Europe, pour pour] pour la renommée de celui auquel elle aime à devoir une si juste admiration.*

Nous avons tenu à reproduire scrupuleusement et comme en fac-similé toutes les ratures qui, sur la minute, surchargent cette phrase. L'on éprouve quelque soulagement à constater que, du moins au début de sa lettre, le comte de Blacas ne trouva pas sans peine des mots pour louer le vainqueur d'une armée française.

2. Cf. ci-dessus, n°ˢ 49 à 53.

présente peut lui offrir maintenant sous un aspect plus favorable.

Votre Excellence connaît trop bien la France pour douter de l'effet qu'y produira la défaite signalée que vient d'essuyer Bonaparte. Les correspondances que j'ai entretenues avec les départements du Nord me garantissent maintenant la réussite complète d'une entreprise à laquelle la situation présente des affaires ne vous paraîtra plus, j'espère, mettre aucun obstacle. Si Votre Excellence approuve la proposition que j'ai l'honneur de lui renouveler sur cet objet, elle doit être assurée que mon idée ne se joint à aucune prétention indiscrète ou onéreuse aux armées alliées. La moindre force disponible et un faible détachement d'artillerie légère est l'unique assistance qui paraîtrait à peu près indispensable. La victoire que vous venez d'obtenir, Mylord, tiendra lieu d'une armée; et la seule chose qui serait absolument nécessaire est un certain nombre de fusils pour armer les habitants, qui ne demandent qu'à marcher à la voix du Roi.

Ce développement de l'opinion et de la force nationale en France doit être incontestablement du plus grand avantage non seulement pour le Roi, mais pour le repos du monde [1]. Votre Excellence, qui a déployé aux yeux de l'Europe assemblée cette pénétration qui distingue tour à tour en vous l'homme d'État et le grand capitaine, apercevra cette incontestable vérité. Elle sentira que la France, pour reprendre le rang que lui offrent encore les autres peuples parmi les premières puissances, ne doit pas perdre l'estime d'elle-même : elle ne doit pas

---

1. Rature : *La stabilité de l'ordre de choses qu'il s'agit de rétablir en Europe.*

rester dans une inaction que condamnent son honneur et ses plus chers intérêts. Il faut qu'elle contribue à sa délivrance. Il faut que l'exemple des provinces de l'Ouest [1] soit imité, et s'il est nécessaire, pour obtenir un pareil résultat, d'avoir recours au vainqueur d'une armée dont les succès mêmes eussent été la honte de la nation française, ce n'est pas trop, je crois, présumer du duc de Wellington que d'en attendre cet appui.

[1]. La Vendée s'était soulevée en mai.

XI.

LETTRES DU BARON VINCENT [1]

ARCHIVES IMPÉRIALES DE VIENNE

(Extraits)

—

N° 112.

Bruxelles, le 23 mai 1815.

Mon prince [2],

Je me suis rendu, samedi dernier 20, à Gand, ainsi que j'ai eu l'honneur d'en prévenir Votre Altesse par ma dépêche du 19. En passant à Alost j'ai vu le duc de Berry, qui y a son quartier, ainsi que les débris de la maison du roi, à laquelle se joignent des transfuges de l'armée française et des habitants des départements limitrophes. Le duc de Berry compte déjà quelques milliers d'hommes qui s'organisent et s'arment. L'Angleterre fournit des armes; il est arrivé 15,000 fusils à Ostende pour être mis à la disposition du roi de France [3].

---

1. Le général baron Vincent, ambassadeur d'Autriche auprès de Louis XVIII. Quand Napoléon fut rentré à Paris, Caulaincourt eut avec lui, comme avec le chargé d'affaires russe Boudiakine, une inutile entrevue. En quittant Paris, Vincent se rendit à Vienne, d'où il gagna Gand en mai.

2. Le prince de Metternich, chancelier de l'empire d'Autriche.

3. Cf. ci-dessus, n° 58. — Vincent exagérait la force de l'armée d'Alost, qui n'allait pas à un millier d'hommes.

Le Roi, que je n'ai vu que le lendemain de mon arrivée
et auquel j'ai remis la lettre de Sa Majesté notre auguste
souverain, ainsi que celle de Son Altesse Sérénissime le
grand-duc de Toscane, m'a reçu d'une manière très affectueuse. Il m'a répété qu'il mettait une confiance entière
dans le caractère personnel et les sentiments de Sa Majesté, qu'il espérait, avec l'aide de Dieu et l'assistance des
souverains, être bientôt rétabli dans ses droits ; que son
intérêt était celui de tous les rois ; qu'on ne pouvait être
indifférent ou tiède sur ce qui concernait sa propre cause,
sans offrir un exemple dangereux à tous les peuples et compromettre le repos de l'Europe ; qu'il n'ignorait pas toutes
les suggestions qu'on avait employées à Vienne ; mais que
la cause de la légitimité ne pouvait être méconnue ; que
tout ce qui y portait atteinte était autant dirigé contre les
souverains, ses frères, que contre lui-même [1] ; qu'il savait
qu'on faisait des reproches à son administration, mais
qu'on devait convenir que quelques individus seuls, de
concert avec l'armée, avaient produit le dernier événement ; que le reproche fait à sa conduite ne portait que sur
trop d'indulgence sans doute, mais que le temps eût ra-
mené la généralité de la France sous un régime doux et
paternel, si l'apparition de l'ennemi du monde et de l'ordre
social n'était venue inopinément reproduire dans l'armée
des idées d'ambition et de désordre que l'on était en train
d'amortir. Le Roi, en continuant, dit que toute atteinte
portée à l'intégrité de ses droits personnels ne ferait
qu'accroître en France la turbulence des esprits ; que les
souverains de l'Europe et leurs ministres n'ignoraient
sans doute pas que des idées nouvelles se répandaient

1. Louis XVIII développait, dans l'intérêt de son rétablissement, les
mêmes arguments que Talleyrand avait fait valoir au congrès de Vienne
en faveur du roi de Saxe et contre Murat.

parmi les peuples et même dans les armées ; qu'il fallait
mettre à profit une circonstance aussi importante que
l'était celle actuelle pour faire cesser en Europe des éléments de désordre et de combustion aussi contraires aux
prérogatives des souverains qu'aux véritables avantages
des peuples [1] ; que les réflexions qu'il exposait dans ce
moment étaient le fruit de l'adversité et de longues médi-
tations ; qu'enfin il pensait que la constitution qu'il avait
donnée à la France était une preuve de ce qu'il croyait
devoir faire en faveur de l'opinion ; que cette constitution,
une fois solidement établie, et son ministère formé convenablement, seraient pour l'avenir un garant de la tranquillité de la France.

Le roi passa ensuite au parti qu'il croyait pouvoir tirer
des dispositions de l'intérieur ; il me dit que chaque jour
il recevait les assurances de l'envie où on était dans la
plupart des provinces de seconder son retour ; si on en
excepte l'Alsace, la Lorraine, la Champagne, la Franche-
Comté, la Bourgogne et une partie de la Picardie, les
autres provinces sont très bien disposées ; elles s'opposent
de tous leurs efforts et contrarient les mesures du gouvernement de Bonaparte. Le roi eût désiré que les opérations
des armées alliées puissent bientôt seconder ce vœu aussi
général ; mais je crus devoir lui représenter que dans une
affaire aussi importante, aussi étendue, il était impossible
que quelques accessoires ne souffrissent pas, que les dispositions des provinces qui lui étaient attachées pouvaient
se maintenir, mais que l'ensemble nécessaire dans les
opérations des armées alliées était le préalable indispensable pour en assurer le succès ; qu'il fallait donc, avant

---

1. Louis XVIII parlait comme devait parler Metternich en 1819, au congrès de Carisbad.

toute chose, que les armées fussent en place, et qu'un mouvement partiel ne pourrait que déranger l'équilibre qu'on cherchait à établir ; je dois ajouter à cette occasion que le maréchal duc de Wellington est de l'opinion que je manifeste ici [1].

Le roi me donna aussi à connaître son désir de voir les troupes alliées, à leur entrée en France, user de modération envers les provinces où elles seraient accueillies, afin de ménager une opinion qui, en se répandant, ne pourrait qu'influer favorablement [2].

Le roi espère que les souverains alliés, appréciant ce motif d'une modération fondée en politique, donneront les ordres nécessaires afin que ce puissant ressort ne soit pas négligé. Le roi désire aussi de pouvoir envoyer quelques personnes aux différentes armées, afin de régler de concert avec leurs chefs la subsistance des troupes et veiller en même temps aux intérêts des provinces. Je n'ai rien répondu sur cette ouverture [3].

Le comte de Blacas est, à la cour de Gand, le but contre lequel tout se dirige [4]. On emploie pour le détruire tout ce que l'habitude de l'intrigue en France présente de ressources ; il n'est soutenu encore que par les sentiments particuliers que lui porte le roi. M. de Blacas m'a parlé lui-même de sa situation ; il a ajouté que, quoique certain d'avoir bien servi le roi, il ne serait jamais un obstacle à la régénération du ministère du roi ; qu'il ne tenait à sa place qu'afin que le roi eût un honnête homme près de lui ; que dès que son successeur, quel qu'il puisse être, au-

<hr>

1. Cf. ci-dessus, p. 7, et pièces 47 à 53, particulièrement les lettres de Wellington.
2 Cf. ci-dessus, n°° 83 et 91.
3. Cf. ci-dessus, n° 16, p. 28, note 1.
4. Cf. ci-dessus, n° 81.

rait cette qualité, il n'insisterait pas à conserver une place
qui, depuis qu'il l'occupait, n'avait été pour lui qu'une
source continuelle de peines et de contrariétés. . . . . .

. . . .

N° 113.

Bruxelles, le 4 juin 1815.

Mon Prince,

Par ma dépêche du 23 mai dernier, j'ai, entre autres, eu l'honneur de prévenir Vore Altesse du désir
qu'avait le roi d'envoyer des commissaires aux différentes
armées, afin qu'au moment où elles franchiront la frontière pour entrer en France, les commissaires, dans l'intérêt réciproque des armées et des provinces occupées,
puissent régulariser les prestations que ces dernières auront à fournir; c'est en conséquence de ce motif qu'étant
avant-hier à Gand, j'ai reçu, ainsi que mes collègues, la
note et l'ordonnance du roi ci-jointes [1], afin de les porter
à la connaissance de nos cours respectives. Le duc de Wellington, auquel j'en ai parlé hier, à mon retour ici, augure
bien de l'effet de cette mesure, dont il attend un effet favorable à l'opinion publique en France. Nous étant concertés, mes collègues et moi, sur l'usage à faire de cette
note du ministère du roi, nous avons cru qu'en effet le
roi, comme signataire du traité de Paris, et, depuis, étant
intervenu à toutes les opérations du congrès, renfermait
en sa personne tous les droits et réunissait tous les titres
qui pouvaient ramener les Français vers un centre d'au-

---

1. Ces pièces sont ci-dessus, n⁰ˢ 16 et 35.

torité légitime ; que la mesure proposée par le roi avait d'ailleurs l'avantage, en utilisant en faveur de l'armée les ressources de la France, d'empêcher les désordres qui pourraient aliéner les esprits et peut-être nationaliser la guerre.

Le maréchal Wellington partage cette opinion, et, à cette occasion, il m'a remis le projet de la convention à passer avec le roi Louis XVIII [1] ; en joignant ici une copie de cette pièce qui, par sa nature, devient une conséquence de la note remise par le ministère du roi, je prie Votre Altesse de me faire connaître comment, en mon particulier, je dois me comporter dans une affaire qui m'est devenue commune avec mes collègues, qui, de leur côté, en rendant compte de cet objet à leurs cours respectives, en attendent des directions.

N° 114.

Bruxelles, le 11 juin 1815.

Mon prince,

On considère assez généralement en France ce qui vient d'avoir lieu sous le nom d'assemblée du Champ de Mai comme une cérémonie, comme un vain étalage de formes et de moyens usés, secondés non d'un vœu public, mais d'une volonté purement militaire qui veut soutenir l'homme qu'elle a rappelé, et former avec lui une association d'intérêts réciproques ; elle veut l'engager à lui accorder ce qu'elle croyait avoir perdu, sous le règne du roi : de la fortune et des honneurs par des conquêtes, et de la licence après le combat. Quelques ambitions particulières

---

1. Le projet se trouve ci-dessus, n° 38.

se sont rattachées à ce système qui n'a rien de constitutionnel que le nom, où il n'est fait mention de la liberté individuelle que pour avoir le droit de la violer, dès que l'intérêt de l'usurpateur sera censé l'exiger. Il résulte de cette esquisse que la France se trouve sous un gouvernement purement militaire, et ceux qui ont provoqué la dernière révolution et ont cru y faire intervenir Bonaparte et l'armée comme instruments, se trouvent aujourd'hui tellement trompés dans leur attente que, voyant leur influence se réduire successivement à rien, ils se trouvent opprimés par celui qu'ils croyaient naguère pouvoir régir à leur gré. Ces considérations ont provoqué de leur part différentes ouvertures qui ont été sans suite, et les rejettent aujourd'hui vers le duc d'Orléans, qui, s'il pouvait se livrer à leurs suggestions, verrait son rôle fixé à celui d'être placé à la tête d'un parti de factieux, dépendant tour à tour de l'armée et d'un parti jacobin, repoussé par l'opinion la plus générale en France, n'offrant aucune sûreté au dehors et brisant pour longtemps encore tout système politique en Europe.

L'existence d'un roi légitime en France est nécessaire au système européen [1]. Elle l'est à la conservation de l'Autriche ; tout autre système de gouvernement en France que celui du roi, avec lequel toutes les puissances ont contracté, cherchera à se rapprocher avec la Russie ; il deviendra funeste à l'Autriche, dont les rapports avec la France royale et légitime sont naturels. Dans toute guerre continentale l'Angleterre suit tout naturellement le système ; c'est dans cet esprit que le duc de Wellington, qui me l'a répété plusieurs fois, a écrit à Votre Altesse. Le gouver-

---

1. Ce passage est curieux à rapprocher d'une lettre de Pozzo di Borgo, t. I, n° LXIV : « Les Bourbons sont une institution et non une famille. »

nement britannique semble se déclarer pour les principes honorables qui doivent servir de sûreté à tous les États contre des entreprises auxquelles l'exemple des armées françaises, les germes qu'elles ont répandus, et les maximes des jacobins modifiés dans d'autres pays, menacent la société en Europe et sur tous les points du globe où leur perversité pourra se développer [1].

Le duc de Wellington — ma position me mettra à même de le citer souvent — est d'opinion que l'Autriche doit prendre la part la plus active à la guerre actuelle par sa manière d'opérer, et reprendre par ce moyen la part d'influence publique qu'a cherché à lui enlever la Russie dans la dernière campagne et dans les événements qui lui ont succédé.

La Prusse, l'armée prussienne, ou plutôt la secte dominante, ne peuvent pas pardonner au roi de France son traité avec nous [2]; elles veulent s'en venger sur la France, et en la ruinant, nous priver de l'utilité de son alliance. Ces motifs peuvent être une raison pour seconder le roi dans les mesures qui peuvent amener son rétablissement en lui conservant son existence et sa force politique dans le plus d'étendue possible. . . . .

. . . .

N° 115.

Bruxelles, le 11 juin 1815.

Mon prince,

Le chevalier Stuart, ambassadeur d'Angleterre à la cour des Pays-Bas [3], m'a donné communication de la pièce ci-

---

1. Ce texte est la reproduction rigoureuse du texte de Vincent.
2. Le traité du 3 janvier 1815.
3. A la date du 11 juin, Stuart était ministre auprès de Louis XVIII.

jointe par laquelle le gouvernement britannique accepte
les commissaires que le roi Louis XVIII désire envoyer
aux armées alliées, ainsi que la convention à conclure
avec le roi relativement aux différentes prestations à fournir aux armées à leur entrée en France. J'ai l'honneur de
porter cette pièce à la connaissance de Votre Altesse.

N° 116.

*Extract of a despatch from Vicount Castlereagh to Sir
Charles Stuart, dated 7th june 1815.*

His Royal Highness has given ordres for full powers
to be transmitted to you authorising you to sign, in concert
with the ministers of the Allied Powers, a convention by
which Louis XVIIIth shall bind himself to furnish the necessary supplies to the allied armies whilst acting in
France, at the expense of that country.

It certainly is extremely desirable that the provisioning
of the troops and all other assistance required from that
country should as far as possible be obtained through the
local authorities, and specially those acting in name and
by the appointment of the legitimate sovereign ; and there
is every reason to hope that the acquaintances the people
will thus receive from His Majesty's officers in exchange
for produce, will materially facilitate the supply of the armies, and interest a great body of people in the success
of the royal cause ; but whilst every consideration will
induce the Allies to respect the king's authority, where it
shall exist in such a degree of efficiency as to secure the
necessary supplies for the armies, you must be cautions
distinctly to reserve to the Allies their full right of war,

where either from neglect or inability the king's officers shall be found wanting in the fulfillment of their duties.

With this exception sufficiently guarded, there seems no objection to your lending yourself to the arrangement in question ; and you may proceed with the negociation without waiting for the formal instrument [1].

TRADUCTION

Extrait d'une dépêche du vicomte Castlereagh à sir Ch. Stuart

Londres, 7 juin 1815.

Son Altesse Royale a donné ses instructions pour vous munir de pleins pouvoirs vous autorisant à signer, d'accord avec les ministres des Puissances alliées, une convention en vertu de laquelle S. M. Louis XVIII s'obligera à fournir les approvisionnements nécessaires aux armées alliées pendant qu'elles opèrent en France, aux frais de ce pays.

Il est certes extrêmement désirable que l'approvisionnement des troupes et toute autre assistance requise du pays soient obtenus, autant que possible, par l'intermédiaire des autorités locales, et spécialement par l'entremise de celles fonctionnant au nom et par l'investiture du souverain légitime, et il y a toutes raisons d'espérer que les récépissés que les personnes recevront alors par les agents de Sa Majesté, en échange de produits, faciliteront matériellement l'approvisionnement des armées et intéresseront la grande masse du peuple au succès de la cause royale. Mais bien que toutes les considérations doivent engager les Alliés à respecter l'autorité royale lorsqu'elle sera suffisamment établie pour assurer les approvisionnements nécessaires aux armées, vous devez avoir soin de réserver nettement aux Alliés le plein droit de guerre, lors-

---

1. Cette pièce fut également transmise par Goltz à la cour de France dans sa dépêche n° 14. Cf. t. II.

que, soit par négligence, soit par impuissance, les agents du roi manqueront à l'accomplissement de leurs devoirs.

Sauf cette restriction suffisamment établie, il ne semble y avoir aucune objection à ce que vous vous prêtiez à l'arrangement dont il s'agit, et vous pouvez passer outre à la négociation sans attendre l'instrument en forme.

N° 117.

Bruxelles, le 11 juin 1815.

Mon Prince,

Lord Clancarty, d'après ce qu'il en a témoigné au duc de Wellington, a ressenti vivement le secret qu'on lui a fait du départ de M. de la Besnardière [1] pour la France; il en a induit des rapports et des menées secrètes avec la France. Le maréchal Wellington m'a aussi parlé de l'arrivée de M. de Saint-Léon [2] à Vienne, du tort qui résultait pour la cause de ce défaut de confiance envers un allié comme l'Angleterre, et surtout de la divergence d'idées qui semblait exister sur un principe aussi important que celui de la légitimité. Il me dit que c'était pour l'Autriche en particulier une marche de saine politique, comme pour tous

1. La Besnardière, chef de la division du nord au ministère des affaires étrangères sous Napoléon. Il avait accompagné à Vienne Talleyrand, son patron; il se montra très hostile à Napoléon pendant tout son séjour. Il rentra à Paris, tandis que Talleyrand allait à Gand. Après Waterloo il fit partie de la commission chargée de négocier un armistice avec Wellington et Blücher. Louis XVIII le fit comte, le 22 août 1815. Cf. Pierre Bertrand, *Lettres inédites de Talleyrand à Napoléon*, Introduction.

2. Une des créatures de Fouché. Il réussit avec Monrond à atteindre Vienne, où il devait remettre une lettre de Fouché à Metternich. Les plaintes de lord Clancarty étaient peu justifiées, car il ne pouvait connaître la négociation secrète de Metternich avec Fouché, et le chancelier d'Autriche affectait au contraire de remettre au congrès, sans les ouvrir, les papiers et les lettres émanant de Napoléon et saisis sur ses agents.

un devoir religieux à remplir, que de ramener ce qui était relatif à la France au principe consacré par le traité de Paris ; que tout atteinte portée à ses stipulations, en même temps qu'elle détruisait notre propre union, devrait, par là même, causer des complications qui détruiraient tout système en Europe.

J'ai cru devoir faire une mention particulière de l'opinion qu'a manifestée le duc de Wellington dans cette occasion et sur une matière aussi grave.

J'ai l'honneur, etc.

N° 118.

Bruxelles, le 11 juin 1815.

Mon prince,

. . . .

Le comte de Blacas est déterminé à s'éloigner. On croit généralement cette mesure nécessaire à la composition d'un ministère qui satisfasse l'opinion en France. Je crois que c'est un sacrifice pénible pour le roi de se défaire d'un ministre fidèle et dont il a l'habitude. Je le considère comme une perte pour nous, en faveur de qui M. de Blacas avait de bonnes dispositions. L'arrivée de M. de Talleyrand, attendue avec impatience, mettra peut-être un terme à toutes les intrigues qui ont été employées et qui se continuent à Gand contre un ministre en faveur tel que M. de Blacas [1]. . . . .

. . . .

1. Cf. ci-dessus n° 80, page 160, note 1, et page 163, note 1.

N° 119.

Bruxelles, le 13 juin 1815.

Mon Prince,

La dépêche de Votre Altesse, en date du 4, a été écrite le jour même où j'avais eu l'honneur de lui transmettre le projet de convention que le duc de Wellington venait de communiquer à mes collègues et à moi, concernant l'administration des provinces françaises qui seront occupées par les armées alliées, et le mode d'approvisionnement de ces mêmes armées en France.

C'est lorsque nous étions à attendre les ordres de nos cours respectives sur cette proposition que ceux de Votre Altesse me sont parvenus. De concert avec mes collègues, je n'ai pas perdu un moment pour les porter à la connaissance du duc de Wellington, qui a cru ne pouvoir mieux manifester son opinion sur cette question importante qu'en écrivant lui-même à Votre Altesse [1]; cette lettre a été communiquée aux généraux des puissances qui se trouvent accrédités auprès de lui.

Le duc de Wellington nous a répété de vive voix qu'il regarde la mesure proposée par le roi comme propre en elle-même à faciliter les subsistances, et que, dans tous les cas, les droits de la guerre sont réservés aux Alliés dans leur intégrité, si elle se trouvait insuffisante; que les bons royaux offerts en paiement par les agents du roi créeront de nouveaux intérêts en faveur de la cause générale, puisque c'est de nos succès que dépend entièrement la

---

1. On trouvera ci-dessous le texte et la traduction de cette lettre, qui se trouve en annexe à la correspondance de Goltz, dépêche n° 14, 13 juin, mais que nous croyons utile de transporter ici.

possibilité de leur acquittement ; qu'une administration purement étrangère deviendra odieuse, et que l'absence de toute autorité au nom du souverain légitime jettera le public dans des perplexités nuisibles ; que si on ajoute aux réquisitions et fournitures extraordinaires que la subsistance des armées exige, l'appropriation des contributions et autres ressources intérieures des finances, les Français sentiront tout le poids de la conquête contre le principe actuel de la guerre, sans que les alliés en retirent des avantages proportionnés aux obstacles qui naîtront de cette mesure ; d'autant plus que, si on voulait se procurer des indemnités pour les frais de la guerre, on les obtiendrait du roi d'une manière plus utile en traitant avec lui, et en lui laissant les moyens de satisfaire à ses engagements, qu'en administrant pour notre compte, au milieu du désordre et de la confusion qu'il sera impossible d'éviter ; que l'interprétation que l'on donnerait en France au refus d'admettre le roi à l'administration du royaume ne saurait être équivoque, et que par cette mesure nous risquerions de détruire notre propre ouvrage ; enfin que sans se dissimuler les embarras que l'on ne saurait entièrement éviter, même en adoptant le plan propsé, ceux qui se présentent en le rejetant lui paraissent infiniment plus graves ; et qu'il désire que cette matière soit réexaminée dans tous ses rapports et dans toutes ses conséquences.

Votre Altesse ainsi que les autres cours sont maintenant informées de l'état de la question. En attendant des ordres ultérieurs, mes collègues et moi nous allons prier le roi de suspendre la nomination de ses commissaires jusqu'à de nouveaux éclaircissements. Il serait inutile de dire combien cette explication de notre part doit lui être pénible et quelle sensation elle peut faire sur ceux qui sont intéressés à son rétablissement.

Ce rapport est fait de concert avec mes autres collègues ;
partageant les mêmes idées et tenant, selon les ordres
reçus, la même ligne de conduite, nous l'avons adopté dans
les mêmes termes [1].

N° 120.

Wellington à Metternich.

Brussels, june 12 1815.

Mon Prince,

Baron Vincent has communicated to me the instructions
which he has received from Your Highness on the 4th inst,
regarding the commissaries appointed by the king of
France for providing for the subsistance of the armies
when in France, of which he has informed me that the
other ministers of the allies at the court of the king of
France will receive from their several sovereigns the
counterpart; and I have now the honour to inform Your
Highness I am directed by my own government and my
sense of duty towards the allies whose troops I am com-
manding by common consent, would induce me to act in
every respect on this subject in the same manner with
the other allies.

Therefore this subject like every other may be considered as one of general concern, in which all the allies are
equally interested : and it will I doubt not be decided a
view to the common interest.

On the same day that Your Highness dispatched your

---

1. On retrouve en effet le même texte, à quelques mots près, dans la
correspondance de Goltz et dans celle de Pozzo di Borgo.

messenger to general baron Vincent, one was dispatched from hence with the draft of a convention which it was proposed to conclude with the king of France, for regulating this matter of subsistance according to what is stipulated in the article of treaty of the 25th march.

It was I who suggested this convention to the ministers of the allies : and when I did so I considered that I was acting on the principles likewise suggested by me and as I imagined universally concerned in, in a conversation vhich we had upon this subject in presence of prince Talleyrand, in a conference at Your Highness's house at Vienna. I then recommended that we should make over the French districts which should fall into the hands of the allies, to officers to be appointed by the king of France. That the intendants or principal commissaries of the several armies should be put in communication with these officers to be appointed by the king of France, and should make upon them the requisitions for the several supplies they should require for their armies respectively; that the king's of France officers should enforce these requisitions upon the country, taking care to give to the owners proper receipts and vouchers for the property taken from them, and that these receipts and vouchers should be taken up and should be a charge upon the french government to be hereafter established.

I conceived this system to be entirely concurred in by Your Highness and by the other ministers of the allies, and that the 8th article of the treaty of the 25th march was framed with a view to its eventual adoption; and therefore when the subject lately came under discussion here I proposed that it should be embodied in a convention.

As the ministers of the allies here think it proper to refer this subject for farther consideration, I think it pro-

per to trouble Your Highness with a few lines to make you
acquainted with my reason for preferring it.

First. — It provides for taking that with regularity, and
without loss to individuals from the country, which the
country however unwilli[n]gly must provide ; and af-
fords the best chance of tranquillity in the rear of the
several armies.

Secondly. — Is tends to make partisans instead of ene-
mies of those who will have given their property for the
subsistance of the several armies.

Every man who will have in his possession a voucher
or receipt on the part of the officers of Louis XVIII, will
feel an interest in the success of the cause, in proportion
as he will value the property taken from him.

Thirdly. — It will put an end to very disagreable discussions between the commanders of the several armies,
myself particularly, and Louis XVIII. His Majesty being
an acceeding party to the treaty of alliance, will naturally
claim to take possession of the country which will fall
into the hands of the allies. If this system should not be
adopted, both parties, that is H. M. Louis XVIII and the
allies, will appoint officers to govern that country, and
disputes will arise not very creditable to the allies or en-
couraging to the royal party in France, or beneficial to the
operations of the allies.

Fourthly. — By adopting this system which is the most
simple, and as I have above shown, the most beneficial
to the allied armies, we should at the same time hold out
something to France to which the public opinion might
attach itself, and without in any degree pledging the allies to any thing, we should give the king's party, which
I beleive we all prefer, a fair chance of success.

Fifthly. — We should avoid the evil of seizing the pu-

blic treasure in France, an evil which it will be very dif-
ficult to avoid under any other system, and which will
be fatal to the discipline and reputation of the allied armies, and will give but too much reason to the french
people to beleive that the allies have forgotten or have
omitted to act upon the system laid down in their public
declaration and their treaties.

On these grounds I recommended the system embodied
in the convention of which you have the draft, which
I understood had been approved of; and I hope that a re-
consideration of the subject, and of the dispatch received
from England upon it, of which your ministers have the
copy, that the convention will be approved of.

If it should not however, I repeat to your Highness that
I am ready to act upon any system which may be adopted
by common accord.

TRADUCTION

Wellington à Metternich

Bruxelles, 12 juin 1815.

Prince,

Le baron Vincent m'a communiqué les instructions qu'il a
reçues de Votre Altesse en date du 4 de ce mois, concernánt
les commissaires désignés par le roi de France, afin de pourvoir à la subsistance des armées quand elles seront sur le
territoire français. Il m'a informé que les autres ministres des
alliés à la cour du roi de France recevront de leurs souverains
respectifs la contre-partie de ces instructions; et j'ai maintenant l'honneur d'informer Votre Altesse que les directions de
mon propre gouvernement et le sentiment de mes devoirs envers les alliés, dont je commande les troupes d'un commun
assentiment, me conduisent à agir en tout point à cet égard
de la même manière que les autres alliés.

En conséquence, ce sujet comme tout autre peut être considéré comme étant d'une importance générale : tous les alliés y sont également intéressés et je ne doute pas que les décisions ne soient prises dans un sens conforme à l'intérêt commun.

Le même jour où Votre Altesse expédiait un courrier au général baron Vincent, un messager était envoyé d'ici avec le texte d'une convention que l'on proposait de conclure avec le roi de France, pour régler cette question des subsistances, en conformité avec ce qui a été stipulé dans le traité du 25 mars.

C'est moi qui ai suggéré cette convention aux ministres des puissances alliées, et ce faisant, j'ai considéré que j'agissais d'après les principes également suggérés par moi et, à mon avis, d'un intérêt universel, dans une conversation que nous eûmes à ce sujet, en présence du prince de Talleyrand, lors d'une conférence qui eut lieu à l'hôtel de Votre Altesse, à Vienne. Je recommandais alors d'avoir affaire, dans les districts français qui tomberaient entre les mains des alliés, à des officiers nommés par le roi de France ; les intendants ou commissaires principaux des diverses armées seraient mis en rapport avec ces officiers désignés par le roi de France et s'adresseraient à eux pour les réquisitions des divers approvisionnements nécessaires à leurs armées respectives ; les officiers du roi de France feraient exécuter ces réquisitions par le pays, en ayant soin de donner aux propriétaires des bons en forme et des garanties pour les objets leur appartenant qui leur seraient pris ; ces bons et garanties seraient reconnus et viendraient à la charge du gouvernement qui sera ultérieurement établi en France.

Je me suis dit que ce système aurait l'entière approbation de Votre Altesse et des autres ministres des puissances alliées et que l'article 8 du traité du 25 mars a été élaboré en vue de son adoption éventuelle. C'est pourquoi, lorsque le sujet fut récemment discuté, je proposai qu'il devînt la matière d'une convention.

Comme les ministres des alliés ici jugent opportun de renvoyer le sujet à un examen ultérieur, je crois utile de mettre sous les yeux de Votre Altesse quelques lignes qui lui feront connaître mes raisons pour préférer ce système.

Primo : Il pourvoit aux prélèvements réguliers, et sans perte pour les individus, de ce que le pays doit livrer à son corps défendant, et donne les meilleures chances de tranquillité à l'arrière-garde des diverses armées.

Secundo : Il tend à faire des partisans, au lieu d'ennemis, de ceux qui ont donné des objets leur appartenant pour la subsistance des diverses armées. Toute personne qui aura en sa possession un bon ou autre garantie émanant des officiers de Louis XVIII, se sentira intéressée au succès de sa cause, dans la mesure qu'elle estimera ce qu'on lui a pris.

Tertio : Il mettra fin à toute discussion désagréable entre les commandants des diverses armées, moi-même en particulier, et Louis XVIII. Sa Majesté étant partie contractante dans le traité d'alliance, prétendra naturellement être mise en possession du pays qui tombera entre les mains des alliés. Si ce système n'était pas adopté, les deux parties, c'est-à-dire Sa Majesté et les alliés, désigneraient des officiers pour gouverner le pays conquis, et des discussions se produiront, peu honorables pour les alliés, et qui n'encourageront pas le parti royal en France et ne seront pas profitables aux opérations des alliés.

Quarto : En adoptant ce système qui est le plus simple et, comme je l'ai montré plus haut, le plus profitable aux armées alliées, nous offrirons en même temps à la France quelque chose qui peut influer sur l'opinion publique, et sans engager les alliés à aucun degré, nous donnerions au parti du roi, que nous préférons tous, je crois, une chance sérieuse de succès.

Quinto : Nous éviterions le mal de mettre la main sur le trésor public en France, mal qu'il serait très difficile d'éviter dans tout autre système et qui serait fatal à la discipline, à la renommée des armées alliées, et qui ne donnerait que trop raison à la croyance du peuple français que les alliés ont oublié ou négligé d'agir d'après le système établi dans leur déclaration publique et leurs traités.

Pour ces motifs, j'ai recommandé le système contenu dans la convention dont vous possédez le texte, lequel, j'ai compris, a été approuvé, et j'espère qu'un nouvel examen de la question et de la dépêche reçue d'Angleterre à son sujet, dépêche dont vos ministres ont la copie, conduira à l'approbation de la convention.

Pourtant, s'il n'en était point ainsi, je répète à Votre Altesse que je suis prêt à agir d'après tout système qui pourrait être adopté d'un commun accord.

N° 121.

Le baron de Binder [1] *au prince de Metternich.*

La Haye, le 10 juin 1815.

. . . .

On a reçu ici, avec des lettres de Gand du 7, une proclamation du roi de France, — dont je n'ai pas vu le texte, au reste — qui annonce que Sa Majesté nommera des commissaires politiques pour résider aux différents quartiers généraux des armées alliées, et pour régler, à leur entrée en France, tout ce qui a rapport à l'approvisionnement des troupes. Votre Altesse aura probablement déjà reçu cette pièce par M. de Vincent. Le gouvernement d'ici, qui y voit un moyen par lequel Sa Majesté Très Chrétienne veut effectuer en son nom la conquête des provinces françaises que les armées occuperont, et réduire ces armées au rôle de corps auxiliaires, juge, avec raison, que cette mesure a grand besoin de l'assentiment des souverains alliés. . . . .

1. Représentant de l'Autriche auprès du roi des Pays-Bas.

INDEX ALPHABÉTIQUE

Frazer, 218.
Frédéric-Guillaume (roi de Prusse),
    15, 16.
Farnes, 68.

G

Gaète, 21.
Gain de Montagnac, 101, 115, 116, 141,
    148, 152, 154, 157, 161.
Galiffet (comte de), 111.
Gall, 218.
Gallicie, 108.
Gand, 1, 3, 4, 8, 16, 18, 19, 21, 49, 56, 59,
    66, 70, 74, 83, 90, 92, 95, 96, 102, 109,
    110, 111, 115, 117, 118, 120, 123, 126, 127,
    128, 129, 131, 136, 143, 170, 182, 194, 205,
    211, 215, 224, 227, 228, 234, 235, 244.
Genève, 131.
Georges IV, 4.
Gérard (général), 134.
Gilly (général), 2, 79.
Goltz (comte de), 16, 18, 233, 236, 238.
Gouvion Saint-Cyr (maréchal), 73, 74,
    132.
Grammont (duc de), 146, 147, 172.
Grey (lord), 144.
Grosbois (de), 70.
Grouchy (maréchal), 79, 130.
Guadeloupe, 193.
Guillaume (prince d'Orange), 14, 117.

H

Hambourg, 119.
Harrowby (lord), 6, 129, 149.
Hartwell, 180.
Hazebrouck, 102, 104.
Herbouville, 70, 133.
Hollandais, 95.
Hollande, 129, 138.
Hortense (Reine), 124.
Houdin, 140.
Huc, 114.
Hyde de Neuville, 76, 77.

I

Imbert (baron d'), 139.
Ischia, 21.
Italie, 21.

J

Jaucourt (de), 7, 28, 57, 61, 79, 86, 119,
    124, 125, 126, 137, 142, 143.
Juan (golfe), 2.

L

Labisbal (comte de), 187.
Labrador, 168.
Lacretelle, 118, 119, 121, 139.
Laeken, 117, 123, 138.
Lainé, 189, 192, 194, 195, 196, 207, 211,
    214, 216, 219.
Lally-Tollendal, 7, 49, 53, 93, 97, 119,
    121, 139.
La Rochelle, 192.
Lascours (baron de), 113.
Laval-Montmorency (prince de), 165,
    170, 182, 185.
Ligny, 137.
Lille, 3, 11, 12, 23, 25, 27, 69, 70, 99, 101, 113.
Limoges, 191.
Lisbonne, 108.
Liverpool (lord), 6, 149.
Loire, 72, 190.
Londres, 127, 141, 148, 154, 157.
Lorraine, 219.
Louis XVIII, 1, 3, 4, 9, 11, 12, 14, 16, 18,
    21, 23, 25, 26, 45, 46, 49, 55, 64, 88, 89,
    112, 113, 120, 122, 124, 125, 128, 130,
    132, 134, 165, 172, 173, 174, 178, 198, 220,
    224, 225, 226, 229, 231, 232, 233, 240, 243.
Luxembourg, 3, 13, 14, 131.

M

Macdonald (maréchal), 3, 69, 72, 132,
    133. Voir Tarente.
Madame, 1, 2, 8, 163, 165, 166, 167, 168,
    169, 174, 175, 182, 183, 197, 198. Voir
    Angoulême.
Madrid, 66, 127, 165, 172, 174, 175, 176,
    177, 178, 182, 183, 186, 187.
Malines, 137.
Marmont (maréchal), 4, 8, 81, 101, 136.
Marseille, 2, 180, 190.
Martinique, 193, 197.
Menin, 99, 114, 134.
Metternich (prince de), 224, 226, 234,
    238, 241, 244.
Metz, 123.
Mons, 147.
Montélegier, 135.
Montélimart, 2, 130.
Montesquiou (l'abbé de), 119, 192.
Montmorency (vicomte de), 192, 193,
    197.
Morbihan, 73, 75.
Moreau, 60.
Mortier (maréchal), 3, 69, 108. Voir
    Trévise.

TABLE DES MATIÈRES

CHAPITRE III

LES COMMISSAIRES ROYAUX AUX ARMÉES ALLIÉES

CHAPITRE IV

LA DÉCLARATION ROYALE DU 2 MAI

CHAPITRE V

L'ACTION ROYALISTE DANS LE NORD

CHAPITRE VI

LETTRES DU COMTE D'ARTOIS ET PIÈCES ANNEXES

CHAPITRE VII

MISSION DE GAIN DE MONTAGNAC A LONDRES

CHAPITRE VIII

NÉGOCIATIONS EN ESPAGNE. — LETTRES DU DUC D'ANGOULÊME

BESANÇON. — IMP. ET STÉRÉOT. DE PAUL JACQUIN.

9 7 8 2 0 1 9 9 3 6 8 1 5